中华人民共和国
行政处罚法

(实用版)

中国法制出版社
CHINA LEGAL PUBLISHING HOUSE

■ **实用版**

编辑说明

运用法律维护权利和利益，是读者选购法律图书的主要目的。法律文本单行本提供最基本的法律依据，但单纯的法律文本中的有些概念、术语，读者不易理解；法律释义类图书有助于读者理解法律的本义，但又过于繁杂、冗长。"实用版"法律图书至今已行销多年，因其实用、易懂的优点，成为广大读者理解、掌握法律的首选工具。

"**实用版系列**"独具五重使用价值：

1. **专业出版**。中国法制出版社是中央级法律类图书专业出版社，是国家法律、行政法规文本的权威出版机构。

2. **法律文本规范**。法律条文利用了本社法律单行本的资源，与国家法律、行政法规正式版本完全一致，确保条文准确、权威。

3. **条文解读详致**。本书中的【理解与适用】从庞杂的相互关联的法律条文以及全国人大常委会法制工作委员会等对条文的解读中精选、提炼而来；【典型案例指引】来自最高人民法院指导案例、公报、各高级人民法院判决书等，点出适用要点，展示解决法律问题的实例。

4. **附录实用**。书末收录经提炼的法律流程图、诉讼文书、办案常用数据等内容，帮助提高处理法律纠纷的效率。

5. **附赠电子版**。与本分册主题相关、因篇幅所限而未收录的相关文件、"典型案例指引"所涉及的部分重要案例全文，均制作成电子版文件。扫一扫封底"法规编辑部"即可免费获取。

中国法制出版社
2021 年 3 月

《中华人民共和国行政处罚法》理解与适用

《中华人民共和国行政处罚法》（以下简称《行政处罚法》）是我国规范政府共同行政行为的一部重要法律，于1996年3月17日由第八届全国人民代表大会第四次会议通过，根据2009年8月27日第十一届全国人民代表大会常务委员会第十次会议《关于修改部分法律的决定》第一次修正，根据2017年9月1日第十二届全国人民代表大会常务委员会第二十九次会议《关于修改〈中华人民共和国法官法〉等八部法律的决定》第二次修正，2021年1月22日由第十三届全国人民代表大会常务委员会第二十五次会议修订通过，自2021年7月15日起施行。

制定和修改《行政处罚法》，是我国行政法治建设中的一件大事，也是加强社会主义民主政治建设的一个重要步骤。《行政处罚法》的制定和修改，对于规范行政机关有效地依法行政，改进行政管理工作，加强廉政建设，维护社会秩序和公共利益，保护公民的合法权益，促进社会主义市场经济的健康发展，起到重要作用。

本次修订的主要考虑包括：一是贯彻落实党中央重大决策部署，立法主动适应改革需要，体现和巩固行政执法领域中取得的重大改革成果。二是坚持问题导向，适应实践需要，扩大地方的行政处罚设定权限，加大重点领域行政处罚力度。三是坚持权由法定的法治原则，增加综合行政执法，赋予乡镇人民政府、街道办事处行政处罚权，完善行政处罚程序，严格行政执法责任，更好地保障严格规范公正文明执法。四是把握通用性，从行政处罚法是行政处罚领域的通用规范出发，认真总结实践经验，发展和完善行政处罚的实体和程序规则，为单行法律、法规设定行政处罚和行政机关实施行政处罚提供基本遵循。

1. 增加行政处罚的定义、扩大行政处罚的种类

原《行政处罚法》第八条列举了七项行政处罚种类，但没有规定何为行政处罚，实践中遇到不少困难，本次修订作了完善。(1) 增加行政处罚的定义。第二条规定："行政处罚是指行政机关依法对违反行政管理秩序的公民、法人或者其他组织，以减损权益或者增加义务的方式予以惩戒的行为。"简单来讲就是新的不利处分。(2) 增加行政处罚种类。第九条增加规定通报批评、降低资质等级、限制开展生产经营活动、责令关闭、限制从业。

2. 扩大地方性法规设定行政处罚的权限

为充分发挥地方性法规在地方治理中的作用，第十二条第三款增加规定："法律、行政法规对违法行为未作出行政处罚规定，地方性法规为实施法律、行政法规，可以补充设定行政处罚。拟补充设定行政处罚的，应当通过听证会、论证会等形式广泛听取意见，并向制定机关作出书面说明。地方性法规报送备案时，应当说明补充设定行政处罚的情况。"同时，第十一条第三款进一步明确了行政法规设定行政处罚的创制性立法权。

3. 完善行政处罚实施主体规定

(1) 根据党和国家机构改革和行政执法体制改革要求，首次规定"综合行政执法"，在原第十六条基础上增加一款，作为第十八条第一款，规定："国家在城市管理、市场监管、生态环境、文化市场、交通运输、应急管理、农业等领域推行建立综合行政执法制度，相对集中行政处罚权。"(2) 进一步规范委托行政处罚。在原第十八条基础上增加一款，作为第二十条第二款，规定："委托书应当载明委托的具体事项、权限、期限等内容。委托行政机关和受委托组织应当将委托书向社会公布。"(3) 规定交由乡镇人民政府、街道办事处行使县级人民政府部门的行政处罚权，但第二十四条规定了基层管理迫切需要、能够有效承接、定期组织评估、省（自治区、直辖市）决定应当公布、加强执法能力建设、完善评议考核制度等诸多限制性要求。

4. 完善行政处罚的适用

（1）规定责令退赔和非法所得为"利润"。第二十八条第二款规定："当事人有违法所得，除依法应当退赔的外，应当予以没收。违法所得是指实施违法行为所取得的款项。法律、行政法规、部门规章对违法所得的计算另有规定的，从其规定。"（2）规定过错推定原则。这是对应受行政处罚行为构成要件的重大修改。第三十三条第二款规定："当事人有证据足以证明没有主观过错的，不予行政处罚。法律、行政法规另有规定的，从其规定。"（3）首次规定了行政协助。第二十六条规定："行政机关因实施行政处罚的需要，可以向有关机关提出协助请求。协助事项属于被请求机关职权范围内的，应当依法予以协助。"（4）规定同一个违法行为违反多个法律规范应当给予罚款处罚的，按照罚款数额高的规定处罚。（5）完善了"两法衔接"。首次要求从司法机关到行政机关的逆循环，及"对依法不需要追究刑事责任或者免予刑事处罚，但应当给予行政处罚的，司法机关应当及时将案件移送有关行政机关"，并对衔接机制作了进一步规定，要求"行政处罚实施机关与司法机关之间应当加强协调配合，建立健全案件移送制度，加强证据材料移交、接收衔接，完善案件处理信息通报机制"。（6）规范行政处罚自由裁量权行使。完善了从轻或者减轻行政处罚，增加了初次违法可以不予处罚。增加规定行政机关可以依法制定行政处罚裁量基准。（7）完善追责时效，涉及公民生命健康安全、金融安全等重点领域的违法行为的追责期限由两年延长至五年。（8）增加"从旧兼从轻"适用规则，实施行政处罚，适用违法行为发生时的法律、法规、规章的规定。但是，作出行政处罚决定时，法律、法规、规章已被修改或者废止，且新的规定处罚较轻或者不认为是违法的,适用新的规定。(9)完善行政处罚决定无效制度。行政处罚没有依据或者实施主体不具有行政主体资格的,以及违反法定程序构成重大且明显违法的,行政处罚无效。(10)明确行政处罚证据种类和适用规则,规定证据必须经查证属实,方可作为认定案件事实的根据;以非法手段取得的证据,不得作为认定案件事实的根据。(11)进一步明确适用范围。外国人、无国籍人、外国组织在中华人民共和国领域内有违法行为,应当给予行政处罚的,适用本法,法律另有规定的除外。

5. 完善行政处罚的程序

(1)明确公示要求,增加规定行政处罚的实施机关、立案依据、实施程序和救济渠道等信息应当公示;具有一定社会影响的行政处罚决定应当依法公开。(2)体现全程记录,增加规定行政机关应当依法以文字、音像等形式,对行政处罚的启动、调查取证、审核、决定、送达、执行等进行全过程记录,归档保存。(3)细化法制审核程序,列明适用情形,明确未经法制审核或者审核未通过的,不得作出行政处罚决定。(4)规范非现场执法,利用电子技术监控设备收集、固定违法事实的,应当经过法制和技术审核,确保电子技术监控设备符合标准、设置合理、标志明显,设置地点应当向社会公布。电子技术监控设备记录违法事实应当真实、清晰、完整、准确。同时,要保障陈述权、申辩权。(5)进一步完善回避制度,细化回避情形,明确对回避申请应当依法审查,但不停止调查或者实施行政处罚。(6)增加规定发生重大传染病疫情等突发事件,为了控制、减轻和消除突发事件引起的社会危害,行政机关对违反突发事件应对措施的行为,依法快速、从重处罚,但不完全等于简化程序。(7)适应行政执法实际需要,将适用简易程序的罚款数额由五十元以下和一千元以下,分别提高至二百元以下和三千元以下。(8)增加立案程序和办理时限,除当场作出的行政处罚外,行政机关认为符合立案标准的,应当立案;案件办理时限原则上是九十日。（9）完善听证程序，扩大适用范围，增加了没收较大数额违法所得、没收较大价值非法财物，降低资质等级，责令关闭，限制从业，其他较重的行政处罚，适当延长申请期限，明确行政机关应当结合听证笔录作出决定。（10）增加电子送达，当事人同意并签订确认书的，行政机关可以采用传真、电子邮件等方式，将行政处罚决定书等送达当事人。

6. 完善行政处罚的执行

（1）适应行政执法实际需要，将行政机关当场收缴的罚款数额由二十元以下提高至一百元以下。（2）与《行政强制法》相衔接，完善行政处罚的强制执行程序，规定当事人逾期不履行行政处罚决定的，行政机关可以根据法律规定实施行政强制执行。（3）明确行政机关批准延期、分期缴纳罚款的，申请人民法院强制执行的期限，自暂缓或者分期缴纳罚款期限结束之日起计算。（4）增加对限制人身自由的行政处罚决定，当事人可以申请暂缓执行。（5）明确当事人申请行政复议或者提起行政诉讼的，加处罚款的数额在行政复议或者行政诉讼期间不予计算。（6）增加电子支付，当事人还可以通过电子支付系统缴纳罚款。

7. 加强行政执法监督

（1）增加规定罚款、没收违法所得或者没收非法财物拍卖的款项，不得同作出行政处罚决定的行政机关及其工作人员的考核、考评直接或者变相挂钩。（2）增加规定县级以上人民政府应当定期组织开展行政执法评议、考核，加强对行政处罚的监督检查，规范和保障行政处罚的实施。

目　录

中华人民共和国行政处罚法

第一章　总　　则

| 2 | 第一条　【立法目的】
| 2 | 第二条　【行政处罚的定义】
| 3 | 第三条　【适用范围】
| | 　　　　［行政处罚法定原则］
| 4 | 第四条　【适用对象】
| | 　　　　［行政处罚的适用条件］
| 4 | 第五条　【适用原则】
| | 　　　　［公正、公开原则］
| | 　　　　［过罚相当原则］
| 7 | 第六条　【处罚与教育相结合原则】
| 7 | 第七条　【被处罚者的权利】
| | 　　　　［陈述权、申辩权］
| | 　　　　［救济权］
| 8 | 第八条　【被处罚者承担的其他法律责任】

第二章　行政处罚的种类和设定

| 9 | 第九条　【处罚的种类】
| | 　　　　［警告、通报批评］
| | 　　　　［罚款、没收违法所得、没收非法财物］

1

　　　　　　　［暂扣许可证件、降低资质等级、吊销许可证件］
　　　　　　　［限制开展生产经营活动、责令停产停业、责令关闭、限制从业］
　　　　　　　［行政拘留］
　　　　　　　［法律、行政法规规定的其他行政处罚］
12　　第 十 条　【法律对处罚的设定】
12　　第十一条　【行政法规对处罚的设定】
13　　第十二条　【地方性法规对处罚的设定】
　　　　　　　［地方性法规设定行政处罚的具体要求］
　　　　　　　［单行条例能否设定行政处罚］
　　　　　　　［地方性法规的补充设定权］
16　　第十三条　【国务院部门规章对处罚的设定】
　　　　　　　［部门规章设定行政处罚的情形］
　　　　　　　［部门规章与地方性法规规定的处罚幅度不一致的，如何适用］
17　　第十四条　【地方政府规章对处罚的设定】
　　　　　　　［罚款的限额］
18　　第十五条　【对行政处罚定期评估】
19　　第十六条　【其他规范性文件不得设定行政处罚】
　　　　　　　［其他规范性文件］

第三章　行政处罚的实施机关

20　　第十七条　【处罚的实施】
　　　　　　　［处罚的实施机关］
　　　　　　　［处罚的实施范围］
21　　第十八条　【相对集中行政处罚权】
22　　第十九条　【授权实施行政处罚】
　　　　　　　［法律、法规授权］

	［有效授权成立的条件］
23	第二十条　【委托实施行政处罚】
	［行政处罚的委托］
	［委托机关的义务］
	［受委托组织的义务］
	［县级以上人民政府能否委托事业组织实施行政处罚］
24	第二十一条　【受托组织的条件】
	［行政执法资格］

第四章　行政处罚的管辖和适用

25	第二十二条　【地域管辖】
	［违法行为发生地］
26	第二十三条　【级别管辖】
	［级别管辖］
	［职能管辖］
27	第二十四条　【行政处罚权的承接】
	［政策背景］
27	第二十五条　【管辖权争议】
	［共同的上一级行政机关］
	［如何报请指定管辖］
	［如何进行指定管辖］
29	第二十六条　【行政协助】
29	第二十七条　【行政处罚与刑事司法的衔接】
	［移送的条件］
	［移送的对象］
	［移送的内容］
31	第二十八条　【改正违法行为及没收违法所得】

32	第二十九条	【同一行为不得重复处罚】
		［一事不二罚］
		［如何理解"按照罚款数额高的规定处罚"］
33	第 三 十 条	【对未成年人处罚的限制】
		［ "已满"和"不满"］
		［关于应当从轻或者减轻行政处罚的适用问题］
34	第三十一条	【精神病人及限制性精神病人处罚的限制】
35	第三十二条	【从轻、减轻处罚的条件】
		［从轻处罚］
		［减轻处罚］
		［主动供述行政机关尚未掌握的违法行为］
36	第三十三条	【不予处罚的条件】
		［不予处罚］
		［初次违法］
37	第三十四条	【行政处罚裁量基准】
		［行政裁量］
37	第三十五条	【刑罚的折抵】
		［刑事责任优先原则］
		［同类处罚措施可以折抵］
38	第三十六条	【处罚的时效】
		［违法行为的连续状态］
		［违法行为的继续状态］
		［未被发现］
		［长期追诉时效］
		［时效的特别规定］
40	第三十七条	【法不溯及既往】
40	第三十八条	【行政处罚的无效】

4

　　　　　　［主体资格］
　　　　　　［程序违法］

第五章　行政处罚的决定

41　第一节　一般规定
41　第三十九条　【信息公示】
　　　　　　［事前公示］
41　第 四 十 条　【处罚的前提】
　　　　　　［查明事实］
42　第四十一条　【电子技术监控设备的适用】
43　第四十二条　【执法人员要求】
44　第四十三条　【回避】
44　第四十四条　【行政机关的告知义务】
　　　　　　［告知事项］
46　第四十五条　【当事人的陈述权和申辩权】
46　第四十六条　【证据】
49　第四十七条　【行政处罚全过程记录】
　　　　　　［文字记录］
　　　　　　［音像记录］
50　第四十八条　【行政处罚决定公示制度】
50　第四十九条　【突发事件应对】
51　第 五 十 条　【保密义务】
　　　　　　［国家秘密］
　　　　　　［商业秘密］
　　　　　　［个人隐私］
53　第二节　简易程序
53　第五十一条　【当场处罚的情形】
　　　　　　［当场处罚的条件］

5

54	第五十二条	【当场处罚的程序】
55	第五十三条	【当场处罚的履行】
56	第三节 普通程序	
56	第五十四条	【调查取证与立案】
		[行政机关收集证据的要求]
		[应当立案而不予立案]
57	第五十五条	【出示证件与协助调查】
57	第五十六条	【证据收集程序】
		[对证据的先行登记保存]
58	第五十七条	【处罚决定】
59	第五十八条	【法制审核】
		[审核内容]
		[审核意见]
		[国家统一法律职业资格]
61	第五十九条	【行政处罚决定书的内容】
		[行政处罚的履行方式和期限]
62	第 六 十 条	【行政处罚决定作出期限】
62	第六十一条	【送达】
		[送达回证]
		[送达方式]
		[送达确认书]
64	第六十二条	【处罚的成立条件】
64	第四节 听证程序	
64	第六十三条	【听证权】
65	第六十四条	【听证程序】
		[当事人申请听证的期限]
		[缺席听证的法律后果]
67	第六十五条	【听证结束后的处理】

第六章　行政处罚的执行

页码	条文	标题
68	第六十六条	【履行义务】
		［自行、主动履行］
		［延期、分期缴纳罚款］
69	第六十七条	【罚缴分离原则】
		［电子支付］
		［罚缴分离］
70	第六十八条	【当场收缴罚款范围】
70	第六十九条	【边远地区当场收缴罚款】
71	第 七 十 条	【罚款票据】
72	第七十一条	【当场收缴罚款的缴纳期限】
72	第七十二条	【执行措施】
74	第七十三条	【不停止执行及暂缓执行】
75	第七十四条	【没收的非法财物的处理】
76	第七十五条	【监督检查】

第七章　法律责任

页码	条文	标题
77	第七十六条	【上级行政机关的监督】
		［执法人员未取得执法证件的］
79	第七十七条	【当事人的拒绝处罚权及检举权】
79	第七十八条	【自行收缴罚款的处理】
80	第七十九条	【私分罚没财物的处理】
80	第 八 十 条	【使用、损毁查封、扣押财物的法律责任】
81	第八十一条	【违法实行检查和执行措施的法律责任】
81	第八十二条	【以行代刑的责任】
82	第八十三条	【行政不作为的法律责任】

7

第八章　附　　则

82	第八十四条	【属地原则】
83	第八十五条	【工作日】
83	第八十六条	【施行日期】

实用核心法规

84	中华人民共和国行政强制法
	（2011年6月30日）
98	中华人民共和国行政复议法
	（2017年9月1日）
107	中华人民共和国行政诉讼法
	（2017年6月27日）
126	最高人民法院关于适用《中华人民共和国行政诉讼法》的解释
	（2018年2月6日）
159	中华人民共和国治安管理处罚法
	（2012年10月26日）
181	中华人民共和国国家赔偿法（节录）
	（2012年10月26日）
187	最高人民法院关于审理行政赔偿案件若干问题的规定
	（2022年3月20日）
193	罚款决定与罚款收缴分离实施办法
	（1997年11月17日）
195	违反行政事业性收费和罚没收入收支两条线管理规定行政处分暂行规定
	（2000年2月12日）
198	行政执法机关移送涉嫌犯罪案件的规定
	（2020年8月7日）

202 国务院关于进一步推进相对集中行政处罚权工作的决定
（2002年8月22日）
208 国务院办公厅关于全面推行行政执法公示制度执法全过程记录制度重大执法决定法制审核制度的指导意见
（2018年12月5日）

实用附录

216 《中华人民共和国行政处罚法》新旧对照
245 行政处罚听证流程图
247 当场收缴罚款流程图

电子版增补法规（请扫封底"法规编辑部"二维码获取）

修订说明

关于《中华人民共和国行政处罚法（修订草案）》的说明
（2020年6月28日）

全国人民代表大会宪法和法律委员会关于《中华人民共和国行政处罚法（修订草案）》修改情况的汇报
（2020年10月13日）

全国人民代表大会宪法和法律委员会关于《中华人民共和国行政处罚法（修订草案）》审议结果的报告
（2021年1月20日）

全国人民代表大会宪法和法律委员会关于《中华人民共和国行政处罚法（修订草案三次审议稿）》修改意见的报告
（2021年1月22日）

解释与答复

全国人大常委会法制工作委员会对建筑施工企业母公司承接工程后交由子公司实施是否属于转包以及行政处罚两年追溯期认定法律适用问题的意见

（2017年9月4日）

全国人民代表大会常务委员会法制工作委员会关于提请明确对行政处罚追诉时效"二年未被发现"认定问题的函的研究意见

（2004年12月24日）

全国人民代表大会常务委员会法制工作委员会关于环保部门就环境行政处罚决定申请人民法院强制执行的期限有关问题的答复

（2001年6月25日）

全国人民代表大会常务委员会法制工作委员会关于如何理解"有行政处罚权的行政机关"问题的答复

（1997年1月3日）

全国人民代表大会常务委员会法制工作委员会关于地方性法规对法律规定的执法主体可否作出调整问题的答复

（1996年9月20日）

全国人民代表大会常务委员会法制工作委员会关于地方性法规对法律中没有规定的行政处罚行为可否作出补充规定问题的答复

（1996年4月26日）

最高人民法院关于安监部门是否有权适用《安全生产法》及《生产安全事故报告和调查处理条例》对道路交通安全问题予以行政处罚及适用法律问题的答复

（2010年10月27日）

最高人民法院关于交通警察支队的下属大队能否作为行政处罚主体等问题的答复
（2009年12月2日）

最高人民法院行政审判庭关于行政处罚的加处罚款在诉讼期间应否计算问题的答复
（2007年4月27日）

最高人民法院关于没收财产是否应进行听证及没收经营药品行为等有关法律问题的答复
（2004年9月4日）

最高人民法院关于审理涉及保险公司不正当竞争行为的行政处罚案件时如何确定行政主体问题的复函
（2003年12月8日）

最高人民法院关于诉商业银行行政处罚案件的适格被告问题的答复
（2003年8月8日）

最高人民法院对《关于秦大树不服重庆市涪陵区林业局行政处罚争议再审一案如何适用法律的请示》的答复
（2003年6月23日）

最高人民法院行政审判庭关于如何适用最高人民法院《关于审理行政赔偿案件若干问题的规定》第二十一条第（四）项和第三十四条规定的答复
（2001年12月24日）

关联法规

中华人民共和国立法法
（2023年3月13日）

中华人民共和国行政许可法
（2019年4月23日）

中华人民共和国行政复议法实施条例
　　（2007年5月29日）
中华人民共和国政府信息公开条例
　　（2019年4月3日）
中华人民共和国道路交通安全法
　　（2021年4月29日）
中华人民共和国道路交通安全法实施条例
　　（2017年10月7日）
价格违法行为行政处罚规定
　　（2010年12月4日）

中华人民共和国行政处罚法

（1996年3月17日第八届全国人民代表大会第四次会议通过　根据2009年8月27日第十一届全国人民代表大会常务委员会第十次会议《关于修改部分法律的决定》第一次修正　根据2017年9月1日第十二届全国人民代表大会常务委员会第二十九次会议《关于修改〈中华人民共和国法官法〉等八部法律的决定》第二次修正　2021年1月22日第十三届全国人民代表大会常务委员会第二十五次会议修订　2021年1月22日中华人民共和国主席令第70号公布　自2021年7月15日起施行）

目　　录

第一章　总　　则
第二章　行政处罚的种类和设定
第三章　行政处罚的实施机关
第四章　行政处罚的管辖和适用
第五章　行政处罚的决定
　第一节　一般规定
　第二节　简易程序
　第三节　普通程序
　第四节　听证程序
第六章　行政处罚的执行
第七章　法律责任
第八章　附　　则

第一章 总　则

第一条　立法目的*

为了规范行政处罚的设定和实施，保障和监督行政机关有效实施行政管理，维护公共利益和社会秩序，保护公民、法人或者其他组织的合法权益，根据宪法，制定本法。

▶理解与适用

根据本条的规定，《行政处罚法》**的立法目的主要体现在以下几个方面：第一，规范行政处罚的设定和实施；第二，保障和监督行政机关有效实施行政管理；第三，维护公共利益和社会秩序；第四，保护公民、法人或者其他组织的合法权益。

第二条　行政处罚的定义

行政处罚是指行政机关依法对违反行政管理秩序的公民、法人或者其他组织，以减损权益或者增加义务的方式予以惩戒的行为。

▶理解与适用

本条是新增条款。在理解本条内容时，应着重考虑以下五个方面：

1. 行政处罚的实施主体是行政主体。尽管本条表述的是"行政机关"，但需要注意的是，并非所有的行政机关都是行政处罚的主体。另外，除行政机关外，拥有行政处罚权限的法律法规授权组织和受行政机关委托的组织也是行政处罚的实施主体。

---

* 条文主旨为编者所加，下同。
** 为便于阅读，本书中相关法律文件标题中的"中华人民共和国"字样都予以省略。

2. 行政处罚针对的是公民、法人或其他组织违反行政管理秩序的行为。本条所规定的违反行政管理秩序的行为，并不包括情形严重已经构成犯罪的行为。

3. 行政处罚的方式是减损权益或者增加义务。所谓权益，是指权利和利益，即行为主体在法律规定的范围内，为满足其特定的需求而自主享有的权利和利益。因此，所谓减损权益，严格来说是指减损应受行政处罚行为当事人的权利和利益。

4. 行政处罚的对象是作为外部相对人的公民、法人或者其他组织，而非内部相对人，这可使行政处罚区别于行政机关基于行政隶属关系、行政监察机关对公务员所作出的处分行为。

5. 行政处罚的目的是"惩戒"。

第三条　适用范围

行政处罚的设定和实施，适用本法。

▶理解与适用

[行政处罚法定原则]

本条体现了行政处罚法定原则，包括行政处罚依法设定和行政处罚依法实施两个方面。

第一，行政处罚的设定必须法定，是指受到行政处罚的当事人行为、种类、幅度等设定都需要有法律依据，主要包括行政处罚的种类法定和行政处罚设定权限法定。在行政处罚的种类设定方面，本法第9条对行政处罚的种类作了明确规定。据此，行政机关只能在其所规定的种类范围内予以处罚，不得超出法律规定范围自行创设行政处罚种类。并且，本法第9条还明确规定，只有法律和行政法规才能创设新的行政处罚种类。同时，在行政处罚的设定权限方面，本法第10条至第14条也明确规定了法律、行政法规、地方性法规、部门规章和地方政府规章各自的设定权限。除此之外，其他规范性文件禁止设定行政处罚。

第二，行政处罚的实施必须法定，是指行政处罚实施主体及其职权、实施原则和实施程序都必须法定，主要包括行政处罚实施主体法定、实施程序法定等内容。在行政处罚实施主体法定方面，本法第三章作了明确规定。按照规定，不是所有行政机关都能够实施行政处罚，必须是具有行政处罚权的行政机关在法定职权范围内方可实施行政处罚；在行政处罚实施程序法定方面，本法第五章也作了明确规定。行政机关在实施行政处罚时，不仅要求有实体法律依据，而且必须遵守本法规定的程序。

第四条 适用对象

公民、法人或者其他组织违反行政管理秩序的行为，应当给予行政处罚的，依照本法由法律、法规、规章规定，并由行政机关依照本法规定的程序实施。

▶理解与适用

为了统一规定行政处罚的效力，2021年修订时将原法第3条第2款"没有法定依据或者不遵守法定程序的，行政处罚无效"移至本法第38条。

[行政处罚的适用条件]

行政处罚的适用条件如下：(1) 公民、法人或者其他组织的行为违反行政管理秩序应当承担法律责任。(2) 法律、法规或者规章明确规定，公民、法人或者其他组织违反行政管理秩序应当给予行政处罚的，才能给予行政处罚。(3) 行政处罚只能由行政机关依照法定程序实施。这是行政处罚区别于刑事处罚的关键。

第五条 适用原则

行政处罚遵循公正、公开的原则。

设定和实施行政处罚必须以事实为依据，与违法行为的事实、性质、情节以及社会危害程度相当。

对违法行为给予行政处罚的规定必须公布；未经公布的，不得作为行政处罚的依据。

▶理解与适用

［公正、公开原则］

公正,是指公平正直、不偏私。公正原则是处罚合法原则的必要补充,这是因为在行政处罚时,有时虽然在形式上是合法的,是在法定的幅度和范围内实施的,但是有明显的不合理、不适当之处。

公开,是指不加隐蔽。公开原则是合法原则、公正原则的外在表现形式,具体是指处罚的依据、过程、决定等是公开的、开放的。主要表现在:(1)处罚的依据必须是公开的,不能依据内部文件实施处罚;(2)处罚的程序对相对人是公开的,例如,获取证据的渠道是公开的,检查是公开的,处罚决定是公开的;(3)在行政处罚的实施过程中,行为人有申辩和了解有关情况的权利。

［过罚相当原则］

违法行为与处罚相适应的原则,也叫过罚相当原则,是指实施的处罚与行为人的主观过错、违法行为造成的后果相当。其具体要求是:对违法事实、性质、情节及社会危害程度等因素基本相同的同类行政违法行为,所采取的措施和手段应当必要、适当,所适用的法律依据、处罚种类和幅度应当基本相同,行政处罚的种类、轻重程度、减免应与违法行为相适应,排除不相关因素的干扰,防止处罚畸轻畸重、重责轻罚、轻责重罚等。

违反过罚相当原则的直接表现是行政处罚显失公正。行政处罚显失公正是指行政机关及其工作人员或法律、法规授权组织在对行政管理相对人实施行政处罚时,给予的行政处罚存在明显的不合理性。其表现形式有畸轻畸重、同种情况不同对待或不同情况同样对待等。

▶条文参见

《政府信息公开条例》;《国务院办公厅关于全面推行行政执法公示制度执法全过程记录制度重大执法决定法制审核制度的指

导意见》；《交通运输部关于规范交通运输行政处罚自由裁量权的若干意见》；《规范环境行政处罚自由裁量权若干意见》

▶典型案例指引

1. 焦某刚诉某公安分局治安管理处罚决定行政纠纷案（《最高人民法院公报》2006年第10期）

案件适用要点： 一、依法作出的行政处罚决定一旦生效，其法律效力不仅及于行政相对人，也及于行政机关，不能随意被撤销。已经生效的行政处罚决定如果随意被撤销，不利于社会秩序的恢复和稳定。二、错误的治安管理行政处罚决定只能依照法定程序纠正。《公安机关内部执法监督工作规定》是公安部为保障公安机关及其人民警察依法正确履行职责，防止和纠正违法和不当的执法行为，保护公民、法人和其他组织的合法权益而制定的内部规章，不能成为制作治安管理行政处罚决定的法律依据。三、在行政处罚程序中始终贯彻允许当事人陈述和申辩的原则，只能有利于事实的查明和法律的正确适用，不会混淆是非，更不会因此而使违法行为人逃脱应有的惩罚。

2. 陈某诉某市城市公共客运管理服务中心客运管理行政处罚案（《最高人民法院公报》2018年第2期）

案件适用要点： 行政处罚应当遵循比例原则，做到罚当其过。处罚结果应当与违法行为的事实、性质、情节以及社会危害程度相当，以达到制止违法行为不再发生的目的。本案中，原告陈某通过网络约车软件进行道路运输经营，而原告与网络约车平台的关系及与乘客最终产生的车费是否实际支付或结算完毕，被告某市客运管理服务中心未提供证据证明，具体几方受益也没有证据证明，尚不明确。因此，虽然被告对未经许可擅自从事出租汽车客运的行为可以依法进行处罚，但原告在本案所涉道路运输经营行为中仅具体实施了其中的部分行为，在现有证据下，被告将本案行政处罚所针对的违法行为及其后果全部归责于原告，并对其个人作出了较重的行政处罚，处罚幅度和数额畸重，存在明显不当。根据《行政诉讼法》第70条的规定精神，依法应当予以撤销。

第六条　处罚与教育相结合原则

实施行政处罚，纠正违法行为，应当坚持处罚与教育相结合，教育公民、法人或者其他组织自觉守法。

▶理解与适用

处罚与教育相结合是行政处罚法的重要原则之一，在理解行政处罚时尤其需要理解：行政处罚不是目的，而是一种手段，应当把处罚的手段和教育的目的结合起来，既不能以教代罚，更不能以罚代教，只有坚持处罚与教育相结合，才能真正达到保障法律实施、防止违法和犯罪、保障公民合法权益、维护安定团结的社会秩序的最终目的。

本条应与不予处罚、可以不予处罚、减轻处罚、从轻处罚等条款结合起来适用。实践中不少地方和部门编制了上述四张清单。各省、自治区、直辖市基本制定了行政处罚裁量基准。

第七条　被处罚者的权利

公民、法人或者其他组织对行政机关所给予的行政处罚，享有陈述权、申辩权；对行政处罚不服的，有权依法申请行政复议或者提起行政诉讼。

公民、法人或者其他组织因行政机关违法给予行政处罚受到损害的，有权依法提出赔偿要求。

▶理解与适用

［陈述权、申辩权］

陈述权、申辩权是指行政相对人在行政机关实施行政处罚的过程中，可以陈述事实、理由，可以对被指控的事实进行答辩；行政机关实施处罚时应当听取当事人对所指控的事实和适用法律、法规或者规章的意见,允许其申辩。行政机关不得因为相对人的陈述和申辩而加重处罚。

[救济权]

公民、法人或者其他组织因行政机关的违法或不当行为,致使其合法权益受到损害,可以按照不同的途径请求国家予以补救。这里所指的救济途径很多,如相对人请求行政机关改正错误、申诉、申请行政复议或者提起行政诉讼、要求国家赔偿等。

▶条文参见

《行政复议法》第6条;《行政诉讼法》第12条;《国家赔偿法》第3-5条

第八条 被处罚者承担的其他法律责任

公民、法人或者其他组织因违法行为受到行政处罚,其违法行为对他人造成损害的,应当依法承担民事责任。

违法行为构成犯罪,应当依法追究刑事责任的,不得以行政处罚代替刑事处罚。

▶理解与适用

行政处罚与民事责任的竞合适用上,由于两种法律责任的性质完全相异,一个是行政机关给予违法者以行政处罚,一个是违法者向受害者承担民事侵权责任,在责任的承担上既不发生冲突,也不会发生重责吸收轻责的情况。因此,违法者应同时承担两种法律责任,不能因予以行政处罚而免除其民事责任,也不能因其已承担民事责任而免除或从轻、减轻行政处罚。此外,需要结合本法没收违法所得、责令退赔的规定,以及《民法典》第187条等,贯彻民事责任优先赔偿规定。

同样的道理,违法行为构成犯罪的,也不能以行政处罚代替刑事处罚,必须移送司法机关处理,本法第27条、第35条都作了相应规定,《行政执法机关移送涉嫌犯罪案件的规定》是本法的配套规定。

▶条文参见

《刑法》第13条;《治安管理处罚法》第8条;《行政执法机关移送涉嫌犯罪案件的规定》

第二章 行政处罚的种类和设定

第九条 处罚的种类

行政处罚的种类:
(一)警告、通报批评;
(二)罚款、没收违法所得、没收非法财物;
(三)暂扣许可证件、降低资质等级、吊销许可证件;
(四)限制开展生产经营活动、责令停产停业、责令关闭、限制从业;
(五)行政拘留;
(六)法律、行政法规规定的其他行政处罚。

▶理解与适用

2021年本法修订时本条增加了通报批评、降低资质等级、限制开展生产经营活动、责令关闭、限制从业等行政处罚类型。将修订前《行政处罚法》中"暂扣或者吊销许可证、暂扣或者吊销执照"统一规定为"暂扣许可证件"以及"吊销许可证件"。

[警告、通报批评]

警告和通报批评属于申诫罚。

警告是指行政机关对有违法行为的公民、法人或者其他组织提出警示和告诫,使其认识所应负责任的一种处罚。其目的是通过给予行为人告诫,使其以后不再作出违法行为。警告通常用于情节较轻、危害性不大的违法行为,如《治安管理处罚法》第75条第1款规定,饲养动物,干扰他人正常生活的,处警告。根据修订后的《行政处罚法》第59条第1款的规定,行政机关给予当事人行政处罚应当制作行政处罚决定书。行政处罚一般是要式行政行为，但警告在特定情况下可以通过口头方式作出，如《道路交通安全法》第87条第2款规定，对于情节轻微，未影响道路通行的，指出违法行为，给予口头警告后放行。

通报批评虽未被修订前的《行政处罚法》纳入行政处罚种类之内，但广泛存在于其他法律、法规以及行政执法实践中。如《审计法》第47条规定，被审计单位违反本法规定，拒绝、拖延提供与审计事项有关的资料的，或者提供的资料不真实、不完整的，或者拒绝、阻碍检查、调查、核实有关情况的，由审计机关责令改正，可以通报批评，给予警告；拒不改正的，依法追究责任。又如行政执法实践中，食品药品监管部门对存在问题的企业往往会向社会公开发布检查结果公告，并责令其积极整改。通报批评主要表现为行政机关在一定范围内对违法行为人的违法事实予以公布，借此既制裁和教育违法者，又广泛教育他人。

[罚款、没收违法所得、没收非法财物]

罚款、没收违法所得、没收非法财物属于传统财产罚。本条将旧法中分两项规定的"罚款""没收违法所得、没收非法财物"合并为一项。罚款指行政机关责令有违法行为的公民、法人或者其他组织在一定期限内缴纳一定数量货币的处罚行为。罚款是实践中被广泛适用的行政处罚种类。没收违法所得与没收非法财物指国家行政机关将违法所得与非法财物收归国有的行政处罚，具有强制性与无偿性的特征。较罚款而言，其惩戒程度更为严厉，在适用程序上要求也相对更为严格。

[暂扣许可证件、降低资质等级、吊销许可证件]

暂扣许可证件、降低资质等级、吊销许可证件属于资格罚，指行政机关对有违法行为的公民、法人或者其他组织，通过暂扣、吊销许可证件、降低资质等级的方式暂时剥夺或永久剥夺其从事生产或经营权利的行政处罚。暂扣许可证件、降低资质等级、吊销许可证件是较为严厉的行政处罚，只有法律和行政法规可以设定吊销营业执照的行政处罚，地方性法规无权设定此类处罚。

[限制开展生产经营活动、责令停产停业、责令关闭、限制从业]

限制开展生产经营活动、责令停产停业、责令关闭、限制从业属于行为罚,指行政机关对违反法律、法规的当事人,在一定期限内或者永久剥夺其从事某项生产经营活动权利的行政处罚。行为罚部分是本条修改的重点之一,与修订前的《行政处罚法》相比,本条新增了限制开展生产经营活动、责令关闭、限制从业三项内容。

限制开展生产经营活动相对于责令停产停业而言,范围和效果更轻,限制开展生产经营活动是在原有生产经营范围的基础上加以控制或缩减,但生产经营活动并不停止,而责令停产停业则意味着生产经营活动处于全面暂停的状态。限制从业多发生在对于行业准入有特定要求的专业领域内,如《食品安全法》第135条第1款规定,被吊销许可证的食品生产经营者及其法定代表人、直接负责的主管人员和其他直接责任人员自处罚决定作出之日起5年内不得申请食品生产经营许可,或者从事食品生产经营管理工作、担任食品生产经营企业食品安全管理人员。

[行政拘留]

行政拘留是指有关行政机关对违反行政法律规范的公民,在短期内限制其人身自由的一种处罚。由于目前我国的行政拘留主要是治安拘留,因此,行政拘留也称治安拘留。行政拘留不同于刑事拘留,前者是特定行政机关(公安机关)依据行政管理法律对违反行政法律规范的公民所实施的一种惩戒措施,而后者则是公安机关依据刑事诉讼法,对于应该逮捕的现行犯或重大犯罪嫌疑分子实施的一种强制措施。另外,行政拘留的期限也不同于刑事拘留的期限。

[法律、行政法规规定的其他行政处罚]

这一规定主要有两个目的:一是现行法律、行政法规对行政处罚其他种类的规定仍然保留、有效;二是以后的法律、行政法规还可以在行政处罚法规定的处罚种类之外设定其他处罚种类。

▶条文参见

《治安管理处罚法》第 10 条;《道路交通安全法》第 88、89 条;《工商行政管理机关行政处罚案件违法所得认定办法》;《国务院法制办公室对中国人民银行关于〈金融违法行为处罚办法〉有关问题的请示的复函》;《国务院法制办公室关于"责令限期拆除"是否是行政处罚行为的答复》;《对违法排污行为适用行政拘留处罚问题的意见》

第十条 法律对处罚的设定

法律可以设定各种行政处罚。
限制人身自由的行政处罚,只能由法律设定。

▶理解与适用

这里的法律是指全国人大及其常委会按照立法程序制定的法律规范。法律不仅可以设定《行政处罚法》第 9 条规定的各种行政处罚,也可以规定其他种类的行政处罚。另外,由于限制人身自由的行政处罚包括行政拘留和其他人身罚,均涉及公民的人身自由权利,应当而且只能由法律来设定。其他法律规范,包括行政法规、地方性法规和规章均不得设定限制人身自由的行政处罚。

▶条文参见

《立法法》第 11 条

第十一条 行政法规对处罚的设定

行政法规可以设定除限制人身自由以外的行政处罚。
法律对违法行为已经作出行政处罚规定,行政法规需要作出具体规定的,必须在法律规定的给予行政处罚的行为、种类和幅度的范围内规定。

> 法律对违法行为未作出行政处罚规定，行政法规为实施法律，可以补充设定行政处罚。拟补充设定行政处罚的，应当通过听证会、论证会等形式广泛听取意见，并向制定机关作出书面说明。行政法规报送备案时，应当说明补充设定行政处罚的情况。

▶理解与适用

行政法规是国务院按照立法程序制定的法律规范，其效力仅次于宪法、法律。行政法规的行政处罚设定权的特点：一方面，行政法规设定行政处罚比宪法、法律以外的其他法律规范的权限要大；另一方面，它又受一定的限制，不仅不能设定限制人身自由的行政处罚，而且法律对违法行为已经作出行政处罚规定，行政法规需要作出具体规定的，必须在法律规定的给予行政处罚的行为、种类和幅度的范围内规定。除此之外，行政法规根据过罚相当的原则，可以设定其他任何形式的行政处罚。

2021年修订新增本条第3款，即行政法规的补充设定权。"补充设定"即对于法律已有考虑但仍存在漏洞的情况进行补充。补充设定权的行使，以"法律对违法行为未作出行政处罚规定"为前提，以实施法律为目的，以通过广泛听取意见并向制定机关作出书面说明为手段，以备案说明补充设定行政处罚的情况为补充。

▶条文参见

《立法法》第12、72条

第十二条　地方性法规对处罚的设定

> 地方性法规可以设定除限制人身自由、吊销营业执照以外的行政处罚。

> 法律、行政法规对违法行为已经作出行政处罚规定，地方性法规需要作出具体规定的，必须在法律、行政法规规定的给予行政处罚的行为、种类和幅度的范围内规定。
>
> 法律、行政法规对违法行为未作出行政处罚规定，地方性法规为实施法律、行政法规，可以补充设定行政处罚。拟补充设定行政处罚的，应当通过听证会、论证会等形式广泛听取意见，并向制定机关作出书面说明。地方性法规报送备案时，应当说明补充设定行政处罚的情况。

▶ 理解与适用

[地方性法规设定行政处罚的具体要求]

地方性法规是指省、自治区、直辖市、设区的市的人民代表大会及其常务委员会制定的法律规范性文件。

需要注意的是：(1) 法律、行政法规已经对应受行政处罚的行为作出明确规定的，地方性法规不得在此之外再增加新的应受行政处罚的行为；(2) 法律、行政法规已经对某一受行政处罚行为设定了几种处罚种类，地方性法规不得在此之外增加或者变相增加其他处罚种类，如法律只规定了警告、责令拆除，地方性法规就不能增加罚款；(3) 法律、行政法规对行政处罚的幅度已有明确规定，地方性法规只能在规定的行政处罚幅度内作出规定，可以在法律、行政法规规定的行政处罚的幅度内提高下限或者降低上限，但不得突破行政处罚的幅度，降低下限或者提高上限。比如，法律规定对某一行为处以1万元以上2万元以下的罚款，地方性法规就不得超越这个幅度，规定处以5千元以上2.5万元以下的罚款。

[单行条例能否设定行政处罚]

自治区制定的地方性法规可以设定行政处罚，自治区制定的自治条例、单行条例也可以设定行政处罚。但自治州、自治县制定的自治条例、单行条例不能设定行政处罚。另外需注意的是，自治条例和单行条例一律不能设定行政许可，即使自治区制定的自治条例也不可以。

[地方性法规的补充设定权]

2021年修订新增本条第3款，即地方性法规的补充设定权。在法律和行政法规已有考虑但仍存在漏洞的情况下，地方性法规可以对于法律、行政法规进行补充。地方性法规补充设定权的行使，以法律、行政法规对违法行为未作出行政处罚规定为前提，以实施法律、行政法规为目的，以通过广泛听取意见并向制定机关作出书面说明为手段，以备案说明补充设定行政处罚的情况为补充。

▶条文参见

《立法法》第82条；《国务院法制办公室对〈关于请明确对未取得出租车客运经营许可擅自从事经营活动实施行政处罚法律依据的函〉的复函》

▶典型案例指引

新泰市某盐业有限公司诉原新泰市盐务局行政处罚案（2020年7月27日最高人民法院产权保护行政诉讼典型案例之六）

案件适用要点：盐资源作为关系国计民生的重要物资，盐业行政主管部门应当依法依规对相关生产、经营活动进行监管，深化"放管服"改革，满足市场和企业发展需求。《盐业管理条例》① 作为规范盐业管理领域的行政法规，对违反该条例的行为设定了相应的行政处罚，但对盐业公司之外的其他企业购买经营工业用盐的行为没有设定行政处罚，地方性法规不能对该行为设定行政处罚，盐业行政主管部门不能超出《盐业管理条例》规定的给予行政处罚行为的范围作出行政处罚决定。本案的典型意义在于，人民法院通过再审审查程序明确了设定行政处罚的权限，彰显了司法的监督纠错功能，保护了企业正常的生产经营权，有利于进一步激发市场活力，促进民营经济健康发展。

---

① 后被《食盐专营办法》废止。

第十三条 国务院部门规章对处罚的设定

国务院部门规章可以在法律、行政法规规定的给予行政处罚的行为、种类和幅度的范围内作出具体规定。

尚未制定法律、行政法规的，国务院部门规章对违反行政管理秩序的行为，可以设定警告、通报批评或者一定数额罚款的行政处罚。罚款的限额由国务院规定。

▶理解与适用

［部门规章设定行政处罚的情形］

国务院部门规章设定行政处罚可以分为两种情况：

第一，法律、行政法规规定了行政处罚，规章可以在法律、法规规定的给予行政处罚的行为、种类和幅度范围内作出具体的规定，这也是本条第1款的规定。但本条第1款并不是指规章可以设定一项新的行政处罚，而是指规章可以在上位法规定的范围内作出更为具体的规定。也就是说，如果上位法规定了某一行为可以处以相应的处罚，那么规章可以根据这一行为的轻重情节，在处罚种类和幅度范围内作出更为具体、详细的规定，这是对于上位法规定的细化。

第二，法律、行政法规尚未规定行政处罚的，规章可以对违反行政管理秩序的行为设定警告、通报批评或者一定数额罚款的行政处罚。规章设定行政处罚的行为范围并没有特别限制，本条规定的"违反行政管理秩序的行为"与本法第2条中行政处罚的定义内容相一致，也就是说，规章可以就所有类型的行为设定相应的处罚。规章设定行政处罚的种类范围限于"警告、通报批评或者一定数额罚款的行政处罚"，同时罚款的数额应符合国务院的规定。

法律可以设定各种行政处罚，行政法规可以设定除限制人身自由以外的行政处罚，地方性法规可以设定除限制人身自由、吊销营业执照以外的行政处罚，与法律、法规相比，规章设定行政处罚的种类范围更为狭小，仅能设定警告、通报批评和一定数额的罚款。

[部门规章与地方性法规规定的处罚幅度不一致的，如何适用]

《行政诉讼法》第63条第1款、第3款规定，人民法院审理行政案件，以法律和行政法规、地方性法规为依据。地方性法规适用于本行政区域内发生的行政案件。人民法院审理行政案件，参照规章。《立法法》第106条第1款第2项规定，地方性法规与部门规章之间对同一事项的规定不一致，不能确定如何适用时，由国务院提出意见，国务院认为应当适用地方性法规的，应当决定在该地方适用地方性法规的规定；认为应当适用部门规章的，应当提请全国人民代表大会常务委员会裁决。

根据上述规定，地方性法规与国务院部门规章对同一事项规定不一致，人民法院认为应当适用地方性法规的，可以适用地方性法规的规定；认为不能确定如何适用时，可以依照《立法法》第106条第1款第2项的规定办理。

▶条文参见

《立法法》第91条

第十四条 地方政府规章对处罚的设定

地方政府规章可以在法律、法规规定的给予行政处罚的行为、种类和幅度的范围内作出具体规定。

尚未制定法律、法规的，地方政府规章对违反行政管理秩序的行为，可以设定警告、通报批评或者一定数额罚款的行政处罚。罚款的限额由省、自治区、直辖市人民代表大会常务委员会规定。

▶理解与适用

地方政府规章有行政处罚规定权，但必须在上位法规定的"行为、种类和幅度"范围内。2021年修订增加了地方政府规章可以设定通报批评的行政处罚。

[罚款的限额]

罚款的限额，省、自治区、直辖市人民代表大会常务委员会规定不一。比如，广东省规定，尚未制定法律、行政法规或者地方性法规的，规章对违反行政管理秩序的行为，设定的罚款数额不得超过20万元；但对涉及公共安全、生态环境保护、历史文化保护、有限自然资源开发利用以及食品药品安全等直接关系人身健康、生命财产安全方面的违反行政管理秩序的行为，可以设定不超过30万元的罚款。再如，江西省规定，政府规章设定罚款限额按下列规定执行：（1）对公民违反行政管理秩序的行为，设定罚款不超过500元，但对直接关系人身健康、生命财产安全以及直接涉及国家安全、生态环境保护、历史文化保护、有限自然资源开发利用方面的违反行政管理秩序的行为，从事经营活动的，设定罚款不超过5万元；非经营活动的，设定罚款不超过3万元。（2）对法人或者其他组织违反行政管理秩序的行为，设定罚款不超过3万元，但对直接关系人身健康、生命财产安全以及直接涉及国家安全、生态环境保护、历史文化保护、有限自然资源开发利用方面的违反行政管理秩序的行为，从事经营活动的，设定罚款不超过20万元；非经营活动的，设定罚款不超过10万元。

▶条文参见

《立法法》第93条

第十五条　对行政处罚定期评估

国务院部门和省、自治区、直辖市人民政府及其有关部门应当定期组织评估行政处罚的实施情况和必要性，对不适当的行政处罚事项及种类、罚款数额等，应当提出修改或者废止的建议。

▶理解与适用

本条为2021年修订时新增条款，设立了行政处罚立法后的评估机制。"立法后评估"是指"法律实施一定时间后对法律的功能作用、实施效果的评论估价和在此基础上对整个立法质量、价值的评论估价"[①]。

本条重在对行政处罚的实施过程进行跟踪评价，发现不恰当的行政处罚相关规定并及时修正。从修订后的《行政处罚法》第10条至第14条的规定来看，不仅法律、行政法规可以设定行政处罚，地方性法规、国务院部门规章、地方政府规章均可以在一定范围内设定行政处罚，设定行政处罚的机关范围广、层级也各不相同。行政处罚会对公民、法人或者其他组织的权益造成严重不利的影响，在设定行政处罚前需要对科学性、必要性、合理性作严密论证，在设定之后仍需要对实施过程中反映的问题加以收集、研判，对于其中不适当的规定应当通过法定程序予以修改或废止。因此，本条的规定对于完善行政处罚立法的整体制度、推动行政处罚立法更适应社会现实发展，无疑具有重要的意义，并且弥补了之前法律规定的缺失。

▶条文参见

《立法法》第67条

第十六条 其他规范性文件不得设定行政处罚

除法律、法规、规章外，其他规范性文件不得设定行政处罚。

▶理解与适用

[其他规范性文件]

本条所指的其他规范性文件，主要包括：无法律或者地方

[①] 孙晓东：《立法后评估的原理与应用》，中国政法大学出版社2016年版，第5页。

性法规制定权的国家权力机关制定的规范性文件,无行政法规或者规章制定权的行政机关制定的具有普遍约束力的决定、命令,军事机关、审判机关、检察机关的规范性文件,社会团体、行业组织章程,政党的文件,等等。上述规范性文件因其性质不能设定公民、组织的义务,因此,不得设定行政处罚。

法律、法规或者规章以外的规范性文件,虽然不能设定行政处罚,但可以在上一层法律规范赋予的自由裁量权范围内,对行政处罚的种类、幅度作出具体的规定。

第三章 行政处罚的实施机关

第十七条 处罚的实施

行政处罚由具有行政处罚权的行政机关在法定职权范围内实施。

▶ 理解与适用

[处罚的实施机关]

行政机关并非都具有行政处罚权。行政机关作为国家机关的一种,是由国家依法设立并代表国家依法行使行政权,掌管国家行政事务的机关,它们都具有法定的行政权力,但作为行政处罚主体的,只能是那些具有外部管理职能的行政机关。那些没有外部管理职能的内部行政机关,如机关事务管理部门、人事部门、决策咨询机构、内部协调机构等不能作为行政处罚的主体。

[处罚的实施范围]

违反行政管理秩序的行为只能由主管行政机关依职权给予行政处罚,行政机关对自己职权范围外的违法行为没有行政处罚权。例如,行政拘留只能由公安机关行使,公安机关以外的其他行政机关不得作为实施行政拘留的处罚主体。

▶条文参见

《治安管理处罚法》第7条;《道路交通安全法》第5条;《矿产资源法》第39、40、42、44条;《国务院法制办公室对〈文化部关于提请就执行《互联网上网服务营业场所管理条例》有关问题进行解释的函〉的复函》;《国务院法制办公室对河南省人民政府法制办公室〈关于转呈郑州市《关于确认查处经营发行非法音像制品案件执法主体的请示》的函〉的复函》;《国家工商行政管理局关于民族自治州工商行政管理局是否具有对公用企业或者其他依法具有独占地位的经营者限制竞争行为行政处罚权问题的答复》

第十八条　相对集中行政处罚权

国家在城市管理、市场监管、生态环境、文化市场、交通运输、应急管理、农业等领域推行建立综合行政执法制度,相对集中行政处罚权。

国务院或者省、自治区、直辖市人民政府可以决定一个行政机关行使有关行政机关的行政处罚权。

限制人身自由的行政处罚权只能由公安机关和法律规定的其他机关行使。

▶理解与适用

原则上,行政处罚由具有行政处罚权的行政机关在法定职权范围内实施,但是在一定的条件下,一个行政机关可以行使有关行政机关的行政处罚权,这就是行政处罚权的调配制度。行政处罚权的合理调配,有利于提高行政处罚的工作效率。按照本条的规定,行政处罚权的集中调配应该符合以下条件:一是行政处罚权的集中调配只能由国务院或者省、自治区、直辖市人民政府决定,其他任何组织和个人均不得调配行政处罚权;二是一个行政机关行使另一个行政机关的行政处罚权,这两个行政机关之间职权相互接近或者具有相互关联性;三是限制人身自由的行政处罚权只能由公安机关和法律规定的其他机关行使。

根据中共中央办公厅、国务院办公厅《关于深化市场监管综合行政执法改革的指导意见》《关于深化交通运输综合行政执法改革的指导意见》《关于深化生态环境保护综合行政执法改革的指导意见》等，综合行政执法的事项既有跨部门的，如生态综合执法；也有部门内部的，如农业综合执法。具体的执法事项目录由各部门印发，如《农业综合行政执法事项指导目录（2020年版）》。

第十九条 授权实施行政处罚

> 法律、法规授权的具有管理公共事务职能的组织可以在法定授权范围内实施行政处罚。

▶理解与适用

［法律、法规授权］

授权是指特定的国家机关以法律、法规的形式把某些行政权力授予非行政机关的组织行使，从而使该组织取得行政管理的主体资格，即在法定授权范围内可以以自己的名义独立地行使权力，独立地承担因行使这些权力而引起的法律后果。

［有效授权成立的条件］

1. 授权主体必须是特定的国家机关，任何个人都不能作为授权主体。根据《行政处罚法》的规定，下列机关可以成为授权的主体：（1）全国人大及其常委会；（2）国务院；（3）省级地方人大及其常委会。当然，不同的授权主体各自的授权范围和授权内容是有明显区别的。

2. 授权必须在法律规定的范围内实施，某些专有权力不得授权。如行政拘留等限制人身自由的行政处罚只能由公安机关实施，则法律法规不得授权给其他行政机关实施。

3. 授权应当以公开、规范的方式进行。所谓公开，是指授权的内容、范围及被授权组织的地位、作用等必须公之于众，通过内部文件方式确定授权是无效的，对相对人不具有法律拘束力。所谓规范化，是指授权的内容、范围及被授权组织的地位等事项应当是具有相当稳定性和普遍适用性的。根据《行政处罚法》的规定，授权非行政机关的组织实施行政处罚，必须以法律、行政法规或者地方性法规的方式进行，其他形式的授权是无效的。

▶条文参见

《国务院法制办公室对政府赋予行政管理职能的直属事业单位能否作为法定行政执法主体问题的复函》

第二十条　委托实施行政处罚

行政机关依照法律、法规、规章的规定，可以在其法定权限内书面委托符合本法第二十一条规定条件的组织实施行政处罚。行政机关不得委托其他组织或者个人实施行政处罚。

委托书应当载明委托的具体事项、权限、期限等内容。委托行政机关和受委托组织应当将委托书向社会公布。

委托行政机关对受委托组织实施行政处罚的行为应当负责监督，并对该行为的后果承担法律责任。

受委托组织在委托范围内，以委托行政机关名义实施行政处罚；不得再委托其他组织或者个人实施行政处罚。

▶理解与适用

[行政处罚的委托]

行政处罚的委托，是指有行政处罚权的行政机关，依法将其部分行政处罚权委托给有关组织，由受委托的组织在委托的权限内以委托行政机关的名义实施行政处罚。行政处罚的委托是一种具有特殊性质的行政行为，其主要特征是：被委托者以委托行政机关的名义实施行政处罚，行为的法律后果由委托行政机关承受。

[委托机关的义务]

委托行政机关对受委托组织在委托权限内的行为的后果承担法律责任。委托行政机关应当对受委托的组织实施行政处罚的行为负责监督，包括对受委托组织的行为、行为方式及行为后果等诸多方面的监督。

[受委托组织的义务]

1. 受委托组织必须以委托行政机关的名义实施行政处罚，以自己名义实施的行政处罚无效，并应承担法律责任。

2. 受委托组织应当在委托权限内实施行政处罚，不得超越具体的权限范围。受委托组织可以实施什么种类的行政处罚以及适用条件都有明确的界限，受委托组织应在这个界限内活动，委托行政机关不对超越委托权限的行为负责。

3. 受委托组织不得再委托其他组织或者个人实施行政处罚。再委托是指被委托人把处罚权又转委托其他组织或者个人行使。

[县级以上人民政府能否委托事业组织实施行政处罚]

县级以上人民政府依照法律、法规或者规章的规定，可以委托符合法定条件的事业组织实施行政处罚，受委托组织在委托范围内，以委托的县级以上人民政府的名义实施处罚。

▶条文参见

《国务院法制办公室对西宁市人民政府法制办公室〈关于将城市园林、市容卫生、城市建设等行政主管部门的处罚权委托依法成立的城市广场管理事业组织问题的请示〉的答复》

第二十一条 受托组织的条件

受委托组织必须符合以下条件：

（一）依法成立并具有管理公共事务职能；

（二）有熟悉有关法律、法规、规章和业务并取得行政执法资格的工作人员；

（三）需要进行技术检查或者技术鉴定的，应当有条件组织进行相应的技术检查或者技术鉴定。

▶理解与适用

[行政执法资格]

2021年本法修订时还进一步强调了受委托组织的执法工作人员需取得行政执法资格。行政执法资格是从事行政执法活动人员应当具备的基本要件,是从事行政执法活动的前提和基础。确立行政执法人员资格制度的目的是通过设立执法准入门槛,增强行政执法的严肃性,规范行政执法行为,提高执法水平和质量,达到依法行政的目的。

▶条文参见

《民用航空行政处罚实施办法》第11-17条;《水行政处罚实施办法》第10-16条

第四章 行政处罚的管辖和适用

第二十二条 地域管辖

行政处罚由违法行为发生地的行政机关管辖。法律、行政法规、部门规章另有规定的,从其规定。

▶理解与适用

[违法行为发生地]

违法行为发生地是确定管辖的基本标准。行为人实施了行政违法行为,在其实施过程中任何一个阶段被发现,该地方都可以成为违法行为发生地。违法行为发生地可以包括违法行为实施地和违法行为结果地。制造、运输、销售假药涉及多个地方的,每个地方相应的行政机关都拥有地域管辖权。

▶条文参见

《治安管理处罚法》第91条;《海关行政处罚实施条例》

第3、4条；《教育行政处罚暂行实施办法》第5条；《道路交通安全违法行为处理程序规定》第4、5条；《生态环境行政处罚办法》第11-17条；《安全生产违法行为行政处罚办法》第6、10、11条；《市场监督管理行政处罚程序规定》第7-17条。

第二十三条 级别管辖

行政处罚由县级以上地方人民政府具有行政处罚权的行政机关管辖。法律、行政法规另有规定的，从其规定。

▶ 理解与适用

[级别管辖]

县级以上地方人民政府的部门拥有行政处罚权，这是基本规定。根据单行法，我国行政处罚权的实施主体配置面广，从国务院一直到乡镇政府，从国务院部门到县级政府部门甚至是县级政府部门的派出机构，都有行政处罚权。法律、行政法规明确赋予地方人民政府的职权，县级以上地方各级人大及其常委会、县级以上地方各级人民政府不得擅自改变。法律、行政法规笼统规定由地方各级人民政府或者县级以上地方各级人民政府行使的职权，中央已决定就有关领域的行政管理体制进行改革的，设区的市政府可以据此对市辖区政府的职权进行调整或者上收。

[职能管辖]

并不是所有的行政机关都"具有行政处罚权"，"具有行政处罚权"也必须按照法定权限和程序，由两名以上具有行政执法人员资格的执法人员执法。上级法律规范规定了职能管辖机关的，下级法律规范不能与其相抵触，不能改变这一规定。

第二十四条 行政处罚权的承接

省、自治区、直辖市根据当地实际情况，可以决定将基层管理迫切需要的县级人民政府部门的行政处罚权交由能够有效承接的乡镇人民政府、街道办事处行使，并定期组织评估。决定应当公布。

承接行政处罚权的乡镇人民政府、街道办事处应当加强执法能力建设，按照规定范围、依照法定程序实施行政处罚。

有关地方人民政府及其部门应当加强组织协调、业务指导、执法监督，建立健全行政处罚协调配合机制，完善评议、考核制度。

▶理解与适用

[政策背景]

2016年，中共中央办公厅、国务院办公厅《关于深入推进经济发达镇行政管理体制改革的指导意见》提出，省（自治区、直辖市）政府可以将基层管理迫切需要且能够有效承接的一些县级管理权限包括行政处罚等赋予经济发达镇。2018年，中共中央办公厅、国务院办公厅《关于推进基层整合审批服务执法力量的实施意见》提出，推进行政执法权限和力量向基层延伸和下沉，强化乡镇和街道的统一指挥和统筹协调职责。整合现有站所、分局执法力量和资源，组建统一的综合行政执法机构。

第二十五条 管辖权争议

两个以上行政机关都有管辖权的，由最先立案的行政机关管辖。

对管辖发生争议的，应当协商解决，协商不成的，报请共同的上一级行政机关指定管辖；也可以直接由共同的上一级行政机关指定管辖。

▶理解与适用

［共同的上一级行政机关］

指定管辖的原则和法律基础是上下级行政关系。这里的共同上一级行政机关，与共同上级行政机关不同，是指能够同时指挥、管理不同下级行政机关且最为直接的行政管理机关。《行政处罚法》作出这样的规定，一方面是考虑指定管辖的权威性，另一方面也不至于过度影响执法效率。发生管辖权争议的不同行政机关，如果是同级人民政府的不同工作部门，则共同的上一级行政机关为同级人民政府；如果一个是同级人民政府的工作部门，一个是上级垂直管理部门，则要层报至上级垂直管理部门所属的人民政府指定管辖；如果是不同行政区域的同一性质的工作部门，则层报共同的上一级行政主管部门；如果是不同区域的县级以上人民政府，则由共同的上一级人民政府，直至国务院进行指定管辖。

［如何报请指定管辖］

报请应当是正式的行政程序，既可以由其中一个行政机关逐级呈报，也可以由涉及管辖权争议的全部行政机关共同进行呈报。报请指定管辖不仅应当制作正式的请示文件，还应当附必要的说明材料或初步调查的证据材料，以供上级行政机关判断是否属于均有法定管辖权的行政机关之间发生的管辖权异议。

［如何进行指定管辖］

共同的上一级行政机关收到报请指定管辖的请示后，应当进行必要的审查后作出指定管辖决定书，并分别通知各具有管辖权的行政机关。为及时解决管辖权异议，尽快启动立案调查程序，上一级行政机关也应当在合理的期限内作出指定管辖决定，如果有法律、法规、规章对此作出明确规定，应当按照该规定执行。例如，《市场监督管理行政处罚程序暂行规定》第16条规定："报请上一级市场监督管理部门管辖或者指定管辖的，上一级市场监督管理部门应当在收到报送材料之日起七个工作日内确定案件的管辖部门。"

第二十六条　行政协助

行政机关因实施行政处罚的需要，可以向有关机关提出协助请求。协助事项属于被请求机关职权范围内的，应当依法予以协助。

▶理解与适用

行政协助是行政管理的常态，是指行政机关和法律、法规授权的具有管理公共事务职能的组织，因全面履行行政职责需要，向无隶属关系的行政机关请求协助，被请求机关依法提供协助的行为。

协助的原因通常包括：出于法定原因，单独行使职权难以实现行政目标的；行使职权所必需的文书、资料等信息为被请求机关所掌握，自行收集难以获得的；等等。

协助事项不属于被请求机关职权范围内的，违反请求协助程序的，协助请求缺乏合法性依据，被请求机关应当拒绝协助。由被请求机关以外的其他行政机关提供协助更具效能的，被请求行政机关提供协助将严重妨碍自身履行职权的，被请求机关可以拒绝协助。

第二十七条　行政处罚与刑事司法的衔接

违法行为涉嫌犯罪的，行政机关应当及时将案件移送司法机关，依法追究刑事责任。对依法不需要追究刑事责任或者免予刑事处罚，但应当给予行政处罚的，司法机关应当及时将案件移送有关行政机关。

行政处罚实施机关与司法机关之间应当加强协调配合，建立健全案件移送制度，加强证据材料移交、接收衔接，完善案件处理信息通报机制。

▶理解与适用

［移送的条件］

第一种情形是行政机关向司法机关的移送。违法当事人的违法行为涉嫌犯罪是行政处罚案件由行政机关向司法机关移送的前提条件。若该违法行为不涉嫌犯罪，则不论其后果多么严重、情节多么恶劣，行政机关都不必把案件移送司法机关。第二种情形是司法机关向行政机关的移送。即司法机关审查发现对该违法行为依法不需要追究刑事责任或者免予刑事处罚，但应当给予行政处罚的，司法机关应当及时将案件移送有关行政机关。无论是哪一种情形下的移送，都必须遵循及时性的要求。

［移送的对象］

在我国，法院、检察院、公安机关通常都被称作司法机关。三机关在行使司法权方面各有分工。《刑事诉讼法》第3条第1款规定："对刑事案件的侦查、拘留、执行逮捕、预审，由公安机关负责。检察、批准逮捕、检察机关直接受理的案件的侦查、提起公诉，由人民检察院负责。审判由人民法院负责。除法律特别规定的以外，其他任何机关、团体和个人都无权行使这些权力。"这样，行政处罚案件的移送，实际上是依照三机关各自不同的司法管辖权限而将案件在行政机关和司法机关之间移送。

［移送的内容］

行政机关及司法机关在移送案件时应当全案移送，同时将所收集的证据材料全部移交。本条规定，行政处罚实施机关与司法机关之间应当加强协调配合，加强证据材料移交、接收衔接。对于行政执法程序中收集的相关证据能否在刑事程序中直接适用，根据《刑事诉讼法》及《公安机关办理刑事案件程序规定》，主要有直接适用和重新收集两种形式。在行政执法与刑事司法行刑衔接中，行政证据的合理高效使用制度还有待司法实践进一步完善。

▶条文参见

《行政执法机关移送涉嫌犯罪案件的规定》；《公安机关办理行政案件程序规定》；《公安机关受理行政执法机关移送涉嫌犯罪案件规定》；《最高人民检察院关于推进行政执法与刑事司法衔接工作的规定》

第二十八条 改正违法行为及没收违法所得

行政机关实施行政处罚时，应当责令当事人改正或者限期改正违法行为。

当事人有违法所得，除依法应当退赔的外，应当予以没收。违法所得是指实施违法行为所取得的款项。法律、行政法规、部门规章对违法所得的计算另有规定的，从其规定。

▶理解与适用

在执法实践中，关于违法所得的相关法律、行政法规及规章众多，对于违法所得也有不同的处理方式，比如，《食品安全法》规定直接没收违法所得，《保险法》规定没收违法所得与以违法所得为基数的罚款并处，《民办教育促进法》规定以退还为前提没收违法所得，《证券投资基金法》规定以违法所得作为罚款数额的依据，《财政违法行为处罚处分条例》规定限期退还违法所得等多种不同处理方式。本条第2款规定，"法律、行政法规、部门规章对违法所得的计算另有规定的，从其规定"，据此，本法对法律、行政法规及部门规章所规定的这些处理方式均予以认可。

▶典型案例指引

邵某国诉黄浦区安监局安全生产行政处罚决定案（《最高人民法院公报》2006年第8期）

案件适用要点：《安全生产法》第81条[*]第2款所称"前款

---

[*] 现行《安全生产法》第94条。

31

违法行为"，是指该条第1款"生产经营单位的主要负责人未履行本法规定的安全生产管理职责"的行为。这种违法行为无论是否被安全生产监管部门发现并责令限期改正，只要导致发生了生产安全事故，安全生产监管部门都有权依照《安全生产法》第81条第2款的规定，直接对生产经营单位的主要负责人给予行政处罚，不必先责令限期改正后再实施行政处罚。

第二十九条　同一行为不得重复处罚

对当事人的同一个违法行为，不得给予两次以上罚款的行政处罚。同一个违法行为违反多个法律规范应当给予罚款处罚的，按照罚款数额高的规定处罚。

▶ 理解与适用

［一事不二罚］

本条规定含有两层意思：（1）对当事人的同一个违法行为，可能存在两次以上的行政处罚；（2）对当事人同一个违法行为需要给予两次以上行政处罚的，不允许给予两次以上的罚款处罚。但是，以下几种情况不受本条规定的限制：（1）行政机关作出的罚款处罚因为法定事由被撤销，但根据具体情况仍需要对违法行为进行处理的，行政机关依法重新作出罚款的处罚。（2）行政机关对违法行为同时适用罚款和其他处罚，罚款执行后，其他处罚出于客观原因无法执行，于是行政机关依法将其他处罚变更为罚款。（3）行政机关作出罚款决定后，行为人有能力履行而拒不履行的，行政机关依法提高原罚款数额。

［如何理解"按照罚款数额高的规定处罚"］

如何理解"按照罚款数额高的规定处罚"？是不同行政机关分别履行行政程序，明确拟罚款的金额之后，互相协商比较，再作出一个数额较高的处罚，还是直接比较两种违法行为法律责任中罚款的幅度？实务中，出于行政效率和可操作性的考量，应当理解为后者为宜。例如，甲规范的罚款幅度是5000元到

10000元，乙规范的处罚幅度是1000元到50000元，则应当按照乙规范的规定处罚。如此，也更符合本条后半句的语义。但是，乙规范所授权的行政机关在裁量罚款金额时，应当将甲规范的罚款幅度也纳入裁量要素予以考虑，一般不得低于甲规范的处罚幅度下限。

上述情形主要适用于同步启动的行政程序。如果适用甲规范的行政程序已经完成，行政机关不知道乙规范的存在，已经作出了罚款决定，则出于法秩序安定的考虑，没有必要把已作出的罚款决定撤销，再由适用乙规范的行政机关启动行政程序作出数额更高的罚款决定。换句话说，适用乙规范的行政机关应当受到本条第一句的拘束，而无适用本条第二句的空间。但是，适用乙规范的行政机关可以通过内部行政方式告知适用甲规范的行政机关。

第三十条　对未成年人处罚的限制

不满十四周岁的未成年人有违法行为的，不予行政处罚，责令监护人加以管教；已满十四周岁不满十八周岁的未成年人有违法行为的，应当从轻或者减轻行政处罚。

▶理解与适用

["已满"和"不满"]

2021年修订后的《行政处罚法》的附则部分没有对"以上""以下""不满"等用语进行定义，因此对"已满"和"不满"的理解适用应当遵循语义解释的一般规则。《民法典》第13条规定"自然人从出生时起到死亡时止"。第17条规定："十八周岁以上的自然人为成年人。不满十八周岁的自然人为未成年人。"因此，自然人在14周岁生日当天实施违法行为的，不能适用"不予行政处罚"的规定；自然人在18周岁生日当天实施违法行为的，不能适用"应当从轻或者减轻行政处罚"的规定。

[关于应当从轻或者减轻行政处罚的适用问题]

针对已满14周岁不满18周岁的未成年人实施的违法行为,本条在从轻或者减轻行政处罚之前增加了"应当"二字。从立法技术角度,这一规定更加规范。本条适用时需要注意,"应当"二字既修饰"从轻或者减轻行政处罚",即相对于成年人实施相同违法行为的处罚,应当从轻或者减轻;同时,"应当"也修饰"行政处罚",即相对于不满14周岁的未成年人,已满14周岁不满18周岁的未成年人实施违法行为的,不能不予处罚。

▶条文参见

《治安管理处罚法》第12、21条

第三十一条 精神病人及限制性精神病人处罚的限制

精神病人、智力残疾人在不能辨认或者不能控制自己行为时有违法行为的,不予行政处罚,但应当责令其监护人严加看管和治疗。间歇性精神病人在精神正常时有违法行为的,应当给予行政处罚。尚未完全丧失辨认或者控制自己行为能力的精神病人、智力残疾人有违法行为的,可以从轻或者减轻行政处罚。

▶理解与适用

精神病人、智力残疾人不承担行政处罚责任的原因在于其不具备识别和避免风险发生的能力,不构成行政违法行为。精神病人、智力残疾人,间歇性精神病人在不能辨认或者不能控制自己行为时有违法行为的,违法行为相关的违禁品,有关行政机关可以依法予以收缴。

▶条文参见

《治安管理处罚法》第13条;《民法典》第28、36条

第三十二条　从轻、减轻处罚的条件

当事人有下列情形之一，应当从轻或者减轻行政处罚：
（一）主动消除或者减轻违法行为危害后果的；
（二）受他人胁迫或者诱骗实施违法行为的；
（三）主动供述行政机关尚未掌握的违法行为的；
（四）配合行政机关查处违法行为有立功表现的；
（五）法律、法规、规章规定其他应当从轻或者减轻行政处罚的。

▶ 理解与适用

[从轻处罚]

从轻处罚，是指行政机关在法定的处罚方式和处罚幅度内，对有违法行为的当事人在数种处罚方式所允许的幅度内适用较低限的处罚。从轻处罚并不是绝对要适用最轻的处罚方式和最低的处罚幅度，而是由行政机关在具体的违法案件中，根据法定或者酌定的从轻情节予以裁量。

[减轻处罚]

减轻处罚，是指行政机关对有违法行为的当事人在法定的处罚幅度最低限以下适用行政处罚。减轻处罚是对当事人科以低于法定最低限的处罚，但减轻处罚不是毫无限制地减轻，它必须是有减轻处罚的情节，而且体现过罚相当的原则。在程度上，它应位于从轻处罚与免除处罚之间，而不得逾越这一范围，处罚减轻的程度不得达到免除处罚的程度。

[主动供述行政机关尚未掌握的违法行为]

这里所说"主动供述行政机关尚未掌握的违法行为"，既包括在行政机关尚未发现违法行为人之前主动向行政机关供述自己的违法行为，也包括在被行政机关调查后主动供述行政机关尚未掌握的自己的其他违法行为。如果供述的是行政机关尚未掌握的他人的违法行为则不属于这种情况，符合立功条件的，按照本条第4项处理。主动供述违法行为表现了违法行为人改恶向善的意愿，相对于负隅顽抗甚至故意编造谎言误导行政机关调查工作的违法行为人而言，更易于教育，适用较轻的行政处罚即可达到处罚目的。应当注意的是，实践中有的违法行为人供述违法事实后，对自己的行为性质进行辩解，这种情况可以视为陈述或申辩，不影响供述情节的成立。

▶条文参见

《治安管理处罚法》第19、20条；《公安机关办理行政案件程序规定》第159条；《价格违法行为行政处罚规定》第17条；《安全生产违法行为行政处罚办法》第55、56条；《交通运输部关于规范交通运输行政处罚自由裁量权的若干意见》；《规范环境行政处罚自由裁量权若干意见》

第三十三条　不予处罚的条件

违法行为轻微并及时改正，没有造成危害后果的，不予行政处罚。初次违法且危害后果轻微并及时改正的，可以不予行政处罚。

当事人有证据足以证明没有主观过错的，不予行政处罚。法律、行政法规另有规定的，从其规定。

对当事人的违法行为依法不予行政处罚的，行政机关应当对当事人进行教育。

▶理解与适用

［不予处罚］

不予处罚，是指行政主体依照法律、法规的规定，因为有法定事由存在，对本应给予处罚的违法行为人免除对其适用行政处罚。

［初次违法］

初次违法，是指当事人第一次实施违法行为。如果当事人存在多次违法的情况，即便违法行为轻微、及时纠正且没有危害后果，行政机关一般也不能不予行政处罚。

▶条文参见

《治安管理处罚法》第21条；《公安机关办理行政案件程序规定》第157、158条

第三十四条　行政处罚裁量基准

行政机关可以依法制定行政处罚裁量基准，规范行使行政处罚裁量权。行政处罚裁量基准应当向社会公布。

▶理解与适用

[行政裁量]

行政裁量是行政主体在适用法律规范裁断个案时由于法律规范与案件事实之间的差异而享有的由类推法律要件、补充法律要件进而确定法律效果的自由，简言之，行政机关有事实裁量和效果裁量两类裁量权。

行政机关实施行政管理，应当遵循公平、公正的原则。要平等对待行政管理相对人，不偏私、不歧视。行使自由裁量权应当符合法律目的，排除不相关因素的干扰；所采取的措施和手段应当必要、适当；行政机关实施行政管理可以采用多种方式实现行政目的的，应当避免采用损害当事人权益的方式。

▶条文参见

《国务院办公厅关于进一步规范行政裁量权基准制定和管理工作的意见》

第三十五条　刑罚的折抵

违法行为构成犯罪，人民法院判处拘役或者有期徒刑时，行政机关已经给予当事人行政拘留的，应当依法折抵相应刑期。

> 违法行为构成犯罪，人民法院判处罚金时，行政机关已经给予当事人罚款的，应当折抵相应罚金；行政机关尚未给予当事人罚款的，不再给予罚款。

▶理解与适用

［刑事责任优先原则］

行政处罚案件实施过程中，违法行为构成犯罪的，应当中止行政处罚程序，根据《行政执法机关移送涉嫌犯罪案件的规定》等规定及时移送。

［同类处罚措施可以折抵］

本条的目的是避免同一违法行为受到两次评价，这是广义的"一事不二罚"，或者是"禁止双重评价"。拘役或者有期徒刑、行政拘留都属于人身自由方面的惩戒，折抵可以一日折抵一日，罚款和罚金也可以直接折抵。

▶条文参见

《治安管理处罚法》第92条；《行政执法机关移送涉嫌犯罪案件的规定》第11条

第三十六条 处罚的时效

> 违法行为在二年内未被发现的，不再给予行政处罚；涉及公民生命健康安全、金融安全且有危害后果的，上述期限延长至五年。法律另有规定的除外。
>
> 前款规定的期限，从违法行为发生之日起计算；违法行为有连续或者继续状态的，从行为终了之日起计算。

▶理解与适用

［违法行为的连续状态］

违法行为有连续状态，是指当事人基于同一个违法故意，连续实施数个独立的行政违法行为，并触犯同一个行政处罚规定的情形。如在相隔不太长的时间里多次贩卖盗版光碟，或者多次制造假酒等情况，就属于违法行为有连续状态。

［违法行为的继续状态］

违法行为有继续状态，是指行为人的一个违法行为实施后，该行为及其造成的不法状态处于不间断持续的状态。如违规搭建棚屋或其他建筑物、开设地下赌场等。

［未被发现］

本条规定的发现违法违纪行为的主体是处罚机关或有权处罚的机关，公安、检察、法院、纪检监察机关和司法行政机关都是行使社会公权力的机关，对违法违纪行为的发现都应该具有《行政处罚法》规定的法律效力。因此上述任何一个机关对违法违纪行为只要启动调查、取证和立案程序，均可视为"发现"；群众举报后被认定属实的，发现时间以举报时间为准。

对于违法建筑物，即使没有被有关行政机关发现，但是违法的状态在持续之中，应随时发现随时处理。只要违法建筑物存在，就不受"二年内未发现"的限制。

［长期追诉时效］

长期追诉时效为5年。"公民生命健康安全、金融安全等"列入5年追诉时效是为了加大对重大违法行为的惩戒。

［时效的特别规定］

(1) 违反治安管理行为在6个月内没有被公安机关发现的，不再处罚。(2) 违反税收法律、行政法规应当给予行政处罚的行为，在5年内未被发现的，不再给予行政处罚。

▶条文参见

《治安管理处罚法》第22条；《税收征收管理法》第86条；《国务院法制办公室对湖北省人民政府法制办公室〈关于如何确认违法行为连续或继续状态的请示〉的复函》

第三十七条　法不溯及既往

实施行政处罚，适用违法行为发生时的法律、法规、规章的规定。但是，作出行政处罚决定时，法律、法规、规章已被修改或者废止，且新的规定处罚较轻或者不认为是违法的，适用新的规定。

▶理解与适用

法不溯及既往原则是基本原则。本条采用从旧兼从轻原则，即原则上适用旧法，但新法对行为人有利时，适用新法，体现了对当事人权益的保障。

第三十八条　行政处罚的无效

行政处罚没有依据或者实施主体不具有行政主体资格的，行政处罚无效。

违反法定程序构成重大且明显违法的，行政处罚无效。

▶理解与适用

［主体资格］

行政机关必须在本机关职权范围内实施，超出自己机关的职权实施行政处罚的，行政处罚无效。行政机关之外的其他组织，应当具有法律、行政法规、地方性法规的授权。除了以上按照职权执法之外，还有委托执法，受委托组织也可以以委托主体的名义开展执法。

［程序违法］

程序影响行政处罚行为效力的限度是"重大且明显违法"。《行政诉讼法》第75条规定："行政行为有实施主体不具有行政主体资格或者没有依据等重大且明显违法情形，原告申请确认行政行为无效的，人民法院判决确认无效。"第76条规定："人民法院判决确认违法或者无效的，可以同时判决责令被告采取补救措施；给原告造成损失的，依法判决被告承担赔偿责任。"此外，第74条规定，行政行为程序轻微违法，但对原告权利不产生实际影响的，人民法院判决确认违法，但不撤销行政行为。

第五章　行政处罚的决定

第一节　一般规定

第三十九条　信息公示

行政处罚的实施机关、立案依据、实施程序和救济渠道等信息应当公示。

▶理解与适用

[事前公示]

本条规定的是事前公示。《国务院办公厅关于全面推行行政执法公示制度执法全过程记录制度重大执法决定法制审核制度的指导意见》规定，行政执法机关要统筹推进行政执法事前公开与政府信息公开、权责清单公布、"双随机、一公开"监管等工作。全面准确及时主动公开行政执法主体、人员、职责、权限、依据、程序、救济渠道和随机抽查事项清单等信息。根据有关法律法规，结合自身职权职责，编制并公开本机关的服务指南、执法流程图，明确执法事项名称、受理机构、审批机构、受理条件、办理时限等内容。公开的信息要简明扼要、通俗易懂，并及时根据法律法规及机构职能变化情况进行动态调整。

第四十条　处罚的前提

公民、法人或者其他组织违反行政管理秩序的行为，依法应当给予行政处罚的，行政机关必须查明事实；违法事实不清、证据不足的，不得给予行政处罚。

▶理解与适用

［查明事实］

（1）查明违法行为主体是一人或几个人（法人或者其他组织），行为主体是否具有责任能力；

（2）是在什么时间实施的行为，是否超过追究时效；

（3）是在什么地点实施的行为；

（4）行为的具体情况、过程等；

（5）行为造成了什么样的结果。

▶条文参见

《治安管理处罚法》第93条

第四十一条　电子技术监控设备的适用

行政机关依照法律、行政法规规定利用电子技术监控设备收集、固定违法事实的，应当经过法制和技术审核，确保电子技术监控设备符合标准、设置合理、标志明显，设置地点应当向社会公布。

电子技术监控设备记录违法事实应当真实、清晰、完整、准确。行政机关应当审核记录内容是否符合要求；未经审核或者经审核不符合要求的，不得作为行政处罚的证据。

行政机关应当及时告知当事人违法事实，并采取信息化手段或者其他措施，为当事人查询、陈述和申辩提供便利。不得限制或者变相限制当事人享有的陈述权、申辩权。

▶理解与适用

设定电子技术监控设备必须经过法制和技术审核。实践中，注意与本法第50条关于国家秘密、商业秘密和个人隐私的保密规定结合起来适用。《民法典》第1039条规定："国家机关、承担行政职能的法定机构及其工作人员对于履行职责过程中知悉的自然人的隐私和个人信息，应当予以保密，不得泄露或者向他人非法提供。"

电子技术监控设备记录具有证据效力的前提是，满足证据的真实性、关联性、合法性要求，"真实、清晰、完整、准确"是具体标准。鉴于电子技术监控设备记录可能存在瑕疵，因此，本条规定了"人机结合"，目的是通过执法人员的审核，确保其符合证据的基本要求。实践中，注意与本法第58条关于处罚决定法制审核的规定结合起来适用。

在此情形下，行政机关的告知义务和当事人的查询、陈述和申辩权是法定权利。未履行相关程序的，根据本法第38条的规定，相关行政处罚行为可以被认定为无效。与普通程序不同，当事人拥有查询权。

▶条文参见

《民法典》第1039条

第四十二条　执法人员要求

行政处罚应当由具有行政执法资格的执法人员实施。执法人员不得少于两人，法律另有规定的除外。

执法人员应当文明执法，尊重和保护当事人合法权益。

▶理解与适用

不是行政机关所有的工作人员都有权开展执法活动。行政机关的在职在编的工作人员，且必须具有行政执法人员才能够执法。行政执法人员是通过行政执法资格认证，取得行政执法证件，在法定职权范围内从事行政执法活动的人员。目前，绝大多数地方都规定了行政执法人员资格制度，如《山东省行政执法人员资格认证和行政执法证件管理办法》。

文明执法是我国对行政执法的基本要求之一，保障当事人合法权益是基本原则之一。文明执法要求加强内部管理，健全纪律约束机制，加强行政执法人员思想建设、作风建设。行政执法所采取的措施和手段应当必要、适当；行政机关实施行政管理可以采用多种方式实现行政目的的，应当避免采用损害当事人权益的方式实施处罚。

第四十三条　回避

执法人员与案件有直接利害关系或者有其他关系可能影响公正执法的，应当回避。

当事人认为执法人员与案件有直接利害关系或者有其他关系可能影响公正执法的，有权申请回避。

当事人提出回避申请的，行政机关应当依法审查，由行政机关负责人决定。决定作出之前，不停止调查。

▶理解与适用

回避是程序正当的基本要求。行政机关工作人员履行职责，与行政管理相对人存在利害关系时，应当回避。应当回避而没有回避的，应当适用本法第38条的规定，行政处罚无效。

回避的情形包括行政执法人员是当事人或者代理人的配偶、父母、子女、兄弟姐妹、祖父母、外祖父母、孙子女、外孙子女等近亲属，伯叔姑舅姨、兄弟姐妹、堂兄弟姐妹、表兄弟姐妹、侄子女、甥子女等三代以内旁系血亲关系，朋友、同学等其他关系密切人员，以及与本案有利益冲突等可能影响公正执法的人员。

第四十四条　行政机关的告知义务

行政机关在作出行政处罚决定之前，应当告知当事人拟作出的行政处罚内容及事实、理由、依据，并告知当事人依法享有的陈述、申辩、要求听证等权利。

▶理解与适用

［告知事项］

根据本条的规定，行政机关应当告知当事人如下事项：（1）拟作出的行政处罚内容及事实、理由这种事实必须清楚、明确,而且必须有相应的证据证明。(2)拟作出的行政处罚的依据。即行政机关是根据哪一部法律、法规、规章的哪些具体规定作出行政处罚的。(3)当事人依法享有的权利。按照本法规定,当事人有如下权利:①陈述权和包括听证在内的申辩权。当事人可以陈述自己的理由,依法要求举行听证会,就事实和法律的适用等为自己申辩。②申请行政复议或提起行政诉讼的权利。③要求行政赔偿的权利。公民、法人或者其他组织因行政机关违法给予行政处罚受到损害的,有权依法获得赔偿。

▶典型案例指引

1. 上海某经贸总公司诉新疆维吾尔自治区工商行政管理局行政处罚案(《最高人民法院公报》2006年第4期)

案件适用要点:根据本法第31条①、第39条②的规定,行政机关在作出行政处罚决定前,应当告知当事人作出行政处罚决定的事实、理由和依据,并告知当事人依法享有的权利;行政处罚决定书也应当载明上述必要内容。如果行政机关没有作出正式的行政处罚决定书,而是仅仅向当事人出具罚款证明,且未向当事人告知前述必要内容,致使当事人无从判断,当事人因此未经行政复议直接向人民法院起诉的,人民法院应当予以受理。

2. 昆明某商贸有限责任公司与昆明市规划局、第三人昆明市盘龙区人民政府东华街道办事处行政处罚纠纷案(《最高人民法院公报》2009年第10期)

案件适用要点:根据本法第31条③规定,行政机关在作出行政处罚决定之前,应当告知当事人作出行政处罚决定的事实、理由及依据,并告知当事人依法享有的权利。被上诉人昆明市规划局作出昆规法罚〔2006〕0063号行政处罚决定之前,没有告知第三人东华街道办事处作出处罚决定的事实、理由及依据和第

---

① 2021年《行政处罚法》第44条。
② 2021年《行政处罚法》第59条。
③ 2021年《行政处罚法》第44条。

三人东华街道办事处依法享有的权利，因此其行政行为违法。

第四十五条 **当事人的陈述权和申辩权**

> 当事人有权进行陈述和申辩。行政机关必须充分听取当事人的意见，对当事人提出的事实、理由和证据，应当进行复核；当事人提出的事实、理由或者证据成立的，行政机关应当采纳。
>
> 行政机关不得因当事人陈述、申辩而给予更重的处罚。

▶理解与适用

陈述、申辩、要求听证等是当事人的权利，当事人可以放弃。陈述、申辩过程中，当事人提出的事实、理由和证据成立的，行政机关要予以采纳。本法第33条第2款规定了过错推定条款，当事人要证明自己没有主观过错的，可以在陈述、申辩过程中提出。

为了保护当事人充分行使陈述权、申辩权，本条规定了陈述、申辩不加罚，类似于刑事诉讼过程中的"上诉不加刑"。

▶条文参见

《治安管理处罚法》第94条；《道路交通安全法实施条例》第110条；《国家环境保护总局关于实施行政处罚时听取陈述申辩时限问题的复函》

第四十六条 **证据**

> 证据包括：
> （一）书证；
> （二）物证；
> （三）视听资料；
> （四）电子数据；
> （五）证人证言；

（六）当事人的陈述；
（七）鉴定意见；
（八）勘验笔录、现场笔录。
证据必须经查证属实，方可作为认定案件事实的根据。
以非法手段取得的证据，不得作为认定案件事实的根据。

▶理解与适用

本条是新增条文。

证据的种类具体包括：

第一，书证。是指以文字、符号所记录或者表达的思想内容，证明案件事实的文书，如罚款单据、财产没收单据、营业执照、商标注册证、档案、报表、图纸、会计账册、专业技术资料等。

第二，物证。是指用外形、特征、质量等说明案件事实的部分或者全部物品。物证具有较强的客观性、特定性和不可替代性。书证和物证的区别在于，书证以其内容来证明案件事实，物证则以其物质属性和外观特征来证明案件事实。有时同一个物体既可以作物证也可以作书证。

第三，视听资料。是指运用录音、录像等科学技术手段记录下来的有关案件事实和材料，如用手机录制的当事人的谈话、拍摄的当事人形象及活动等。结合《最高人民法院关于行政诉讼证据若干问题的规定》第12条规定，行政机关用以证明案件事实的录音、录像等视听资料，应当符合下列要求：（1）提供有关资料的原始载体，提供原始载体确有困难的，可以提供复制件；（2）注明制作方法、制作时间、制作人和证明对象等；（3）声音资料应当附有该声音内容的文字记录。难以识别是否经过修改的视听资料，不能单独作为定案依据。同时，行政机关利用电子技术监控设备形成的视听资料，还应符合本法第41条的相关规定。

第四，电子数据。是指以数字化形式存储、处理、传输的数据。《最高人民法院关于民事诉讼证据的若干规定》第14条规定，电子数据包括下列信息、电子文件：（1）网页、博客、微博客等网络平台发布的信息；（2）手机短信、电子邮件、即时通信、通讯群组等网络应用服务的通信信息；（3）用户注册信息、身份认证信息、电子交易记录、通信记录、登录日志等信息；（4）文档、图片、音频、视频、数字证书、计算机程序等电子文件；（5）其他以数字化形式存储、处理、传输的能够证明案件事实的信息。

第五，证人证言。是指证人以口头或者书面方式向行政机关所作的对案件事实的陈述。凡是知道案件情况，可以真实表述的人，都可以成为证人。

第六，当事人的陈述。是指当事人就自己所经历的案件事实，向行政机关所作的叙述、承认和辩解。当事人主要包括违法行为人及受害人。

第七，鉴定意见。是指鉴定机构或者行政机关指定具有专门知识或者技能的人，对案件中出现的专门性问题，通过分析、检验、鉴别等方式作出的书面意见。

第八，勘验笔录、现场笔录。勘验笔录是指行政机关对能够证明案件事实的现场的物证，就地进行分析、检验、勘查后作出的记录。

根据《最高人民法院关于适用〈中华人民共和国行政诉讼法〉的解释》第43条的规定，有下列情形之一的，属于"以非法手段取得的证据"：（1）严重违反法定程序收集的证据材料；（2）以违反法律强制性规定的手段获取且侵害他人合法权益的证据材料；（3）以利诱、欺诈、胁迫、暴力等手段获取的证据材料。

▶条文参见

《最高人民法院关于行政诉讼证据若干问题的规定》；《最高人民法院关于民事诉讼证据的若干规定》

第四十七条　行政处罚全过程记录

行政机关应当依法以文字、音像等形式，对行政处罚的启动、调查取证、审核、决定、送达、执行等进行全过程记录，归档保存。

▶理解与适用

本条是新增条文。行政执法全过程记录是行政执法活动合法有效的重要保证。行政执法机关要通过文字、音像等记录形式，对行政执法的启动、调查取证、审核、决定、送达、执行等全部过程进行记录，并全面系统归档保存，做到执法全过程留痕和可回溯管理。

［文字记录］

文字记录是以纸质文件或电子文件形式对行政执法活动进行全过程记录的方式。主要包括对行政处罚程序的立案审批、调查取证、行政处罚事先告知书、听证告知书、听证笔录、鉴定意见、法制审核过程、处罚决定、文书送达过程等的记录。

［音像记录］

音像记录是通过照相机、录音机、摄像机、执法记录仪、视频监控等记录设备，实时对行政执法过程进行记录的方式。行政机关应建立健全执法音像记录管理制度，明确执法音像记录的设备配备、使用规范、记录要素、存储应用、监督管理等要求。

▶条文参见

《公安机关办理行政案件程序规定》第52条；《海洋行政执法档案管理规定》；《生态环境行政处罚办法》第77－81条；《国务院办公厅关于全面推行行政执法公示制度执法全过程记录制度重大执法决定法制审核制度的指导意见》

第四十八条　行政处罚决定公示制度

具有一定社会影响的行政处罚决定应当依法公开。

公开的行政处罚决定被依法变更、撤销、确认违法或者确认无效的，行政机关应当在三日内撤回行政处罚决定信息并公开说明理由。

▶ 理解与适用

本条规定的行政处罚决定公示制度，制度设计来源于《国务院办公厅关于全面推行行政执法公示制度执法全过程记录制度重大执法决定法制审核制度的指导意见》和《政府信息公开条例》第20条等。行政执法公示是保障行政相对人和社会公众知情权、参与权、表达权、监督权的重要措施。行政执法机关要在执法决定作出之日起20个工作日内，向社会公布执法机关、执法对象、执法类别、执法结论等信息，接受社会监督，行政许可、行政处罚的执法决定信息要在执法决定作出之日起7个工作日内公开，但法律、行政法规另有规定的除外。根据《政府信息公开条例》第20条，本行政机关认为具有一定社会影响的行政处罚决定，属于主动公开的范围。

▶ 条文参见

《自然资源行政处罚办法》第40条；《政府信息公开条例》第23、24、25条；《国务院办公厅关于全面推行行政执法公示制度执法全过程记录制度重大执法决定法制审核制度的指导意见》；《市场监督管理行政处罚信息公示规定》第13条

第四十九条　突发事件应对

发生重大传染病疫情等突发事件，为了控制、减轻和消除突发事件引起的社会危害，行政机关对违反突发事件应对措施的行为，依法快速、从重处罚。

▶理解与适用

突发事件是指突然发生,造成或者可能造成严重社会危害,需要采取应急处置措施予以应对的自然灾害、事故灾难、公共卫生事件和社会安全事件。按照社会危害程度、影响范围等因素,自然灾害、事故灾难、公共卫生事件分为特别重大、重大、较大和一般四级。在此状态下,"快速、从重处罚"的目的是减轻社会危害后果,充分发挥行政处罚的矫正和预防功能。

▶条文参见

《突发事件应对法》;《传染病防治法》;《突发公共卫生事件应急条例》;《国家突发公共卫生事件应急预案》

第五十条 保密义务

行政机关及其工作人员对实施行政处罚过程中知悉的国家秘密、商业秘密或者个人隐私,应当依法予以保密。

▶理解与适用

本条是新增条文。

[国家秘密]

根据《保守国家秘密法》第2条、第9条的规定,国家秘密是指关系国家安全和利益,依照法定程序确定,在一定时间内只限一定范围的人员知悉的事项。具体内容包括:(1)国家事务重大决策中的秘密事项;(2)国防建设和武装力量活动中的秘密事项;(3)外交和外事活动中的秘密事项以及对外承担保密义务的秘密事项;(4)国民经济和社会发展中的秘密事项;(5)科学技术中的秘密事项;(6)维护国家安全活动和追查刑事犯罪中的秘密事项;(7)经国家保密行政管理部门确定的其他秘密事项。政党的秘密事项中符合上述规定的,属于国家秘密。

[商业秘密]

根据《反不正当竞争法》第9条第4款的规定,商业秘密是指不为公众所知悉、具有商业价值并经权利人采取相应保密措施的技术信息、经营信息等商业信息。根据《最高人民法院关于审理侵犯商业秘密民事案件适用法律若干问题的规定》第1条的规定,技术信息是指与技术有关的结构、原料、组分、配方、材料、样品、样式、植物新品种繁殖材料、工艺、方法或其步骤、算法、数据、计算机程序及其有关文档等信息。经营信息是指与经营活动有关的创意、管理、销售、财务、计划、样本、招投标材料、客户信息、数据等信息。判断权利人是否采取了相应保密措施,可以根据商业秘密及其载体的性质、商业秘密的商业价值、保密措施的可识别程度、保密措施与商业秘密的对应程度以及权利人的保密意愿等因素综合认定。

[个人隐私]

隐私是指自然人的私人生活安宁和不愿为他人知晓的私密空间、私密活动、私密信息。自然人享有隐私权,任何组织或者个人不得以刺探、侵扰、泄露、公开等方式侵害他人的隐私权。自然人的个人信息受法律保护。个人信息是指以电子或者其他方式记录的能够单独或者与其他信息结合识别特定自然人的各种信息,包括自然人的姓名、出生日期、身份证件号码、生物识别信息、住址、电话号码、电子邮箱、健康信息、行踪信息等。

▶条文参见

《民法典》第1032、1034、1039条;《保守国家秘密法》第2、9条;《反不正当竞争法》第9条;《最高人民法院关于审理侵犯商业秘密民事案件适用法律若干问题的规定》第1、5条;《政府信息公开条例》第14、15条;《公职人员政务处分法》第39条;《刑法》第219、253、398条

第二节 简易程序

第五十一条 当场处罚的情形

> 违法事实确凿并有法定依据，对公民处以二百元以下、对法人或者其他组织处以三千元以下罚款或者警告的行政处罚的，可以当场作出行政处罚决定。法律另有规定的，从其规定。

▶理解与适用

［当场处罚的条件］

1. 违法的事实确凿。一般来说，当场处罚的行政违法行为具有案情简单、事实清楚、证据确凿的特点，因此执法人员比较容易查明事实真相。

2. 当场处罚须有法定的依据。对当场处罚的行为，必须有法律、行政法规或者规章的规定，而且这些规定应符合本法规定。

3. 仅限于对公民处以200元以下、对法人或者其他组织处以3000元以下罚款或者警告的行政处罚。

▶条文参见

《治安管理处罚法》第100条；《道路交通安全法》第107条

▶典型案例指引

1. 廖某荣诉重庆市公安局交通管理局第二支队道路交通管理行政处罚决定案（《最高人民法院公报》2007年第1期）

案件适用要点：一、依照《道路交通安全法》第87条规定，交通警察执行职务时，对所在辖区内发现的道路安全违法行为，有权及时纠正。交通警察对违法行为所作陈述如果没有相反证据否定其客观真实性，且没有证据证明该交通警察与违法行为人之间存在利害关系，交通警察的陈述应当作为证明违法行为存在的优势证据。二、交通警察一人执法时，对违法行为人当场给予200元以下罚款，符合道路交通安全法关于依法管理，方便群众，保障道路交通有序、安全、畅通的原则和该法第107条规定，也符合《道路交通安全违法行为处理程序规定》的规定，是合法的具体行政行为。

2. 贝某丰诉海宁市公安局交通警察大队道路交通管理行政处罚案（2017年11月15日最高人民法院指导案例90号）

案件适用要点：贝某丰驾驶案涉车辆沿海宁市西山路行驶，遇行人正在通过人行横道，未停车让行。海宁交警大队执法交警当场将案涉车辆截停，核实了贝某丰的驾驶员身份，适用简易程序向贝某丰口头告知了违法行为的基本事实、拟作出的行政处罚、依据及其享有的权利等，并在听取贝某丰的陈述和申辩后，当场制作并送达了公安交通管理简易程序处罚决定书。

礼让行人是文明安全驾驶的基本要求。机动车驾驶人驾驶车辆行经人行横道，遇行人正在人行横道通行或者停留时，应当主动停车让行，除非行人明确示意机动车先通过。公安机关交通管理部门对不礼让行人的机动车驾驶人依法作出行政处罚的，人民法院应予支持。

第五十二条　当场处罚的程序

执法人员当场作出行政处罚决定的，应当向当事人出示执法证件，填写预定格式、编有号码的行政处罚决定书，并当场交付当事人。当事人拒绝签收的，应当在行政处罚决定书上注明。

前款规定的行政处罚决定书应当载明当事人的违法行为、行政处罚的种类和依据、罚款数额、时间、地点、申请行政复议、提起行政诉讼的途径和期限以及行政机关名称，并由执法人员签名或者盖章。

执法人员当场作出的行政处罚决定，应当报所属行政机关备案。

▶理解与适用

2021年修订突出了执法人员要出示执法证件、当事人拒绝签收的处理，以及救济权的告知等。当场作出行政处罚决定的，必须用有号码的格式文书、事后还要备案，送达方式是当场直接送达。执法文书不能省略违法行为，必须告知当事人救济权。根据《行政复议法》第12条，对县级以上地方各级人民政府工作部门的具体行政行为不服的，申请人可以选择向该部门的本级人民政府或者上一级主管部门申请行政复议。对海关、金融、国税、外汇管理等实行垂直领导的行政机关和国家安全机关的具体行政行为不服的，向上一级主管部门申请行政复议。

▶条文参见

《治安管理处罚法》第101条；《道路交通安全法实施条例》第107-109条

第五十三条　当场处罚的履行

对当场作出的行政处罚决定，当事人应当依照本法第六十七条至第六十九条的规定履行。

▶理解与适用

本条是从修订前的《行政处罚法》第33条简易程序适用条件中分离出的内容。本条是关于履行当场作出的行政处罚决定的规定。当事人签收行政处罚决定书后，该行政处罚决定即发生法律效力，当事人应当依法全面履行行政处罚决定确定的义务。本条规定对简易程序作出的行政处罚决定同样应当遵照本法第67条、第68条、第69条的规定，以决定和收缴相分离为原则、以当场收缴为例外。需要指出的是，无论是决定和收缴分离还是当场收缴罚款，行政机关及其执法人员都必须依法出具国务院财政部门或者省、自治区、直辖市人民政府财政部门统一制发的专用票据。不出具财政部门统一制发的专用票据的，当事人有权拒绝缴纳罚款。

第三节 普通程序

第五十四条 调查取证与立案

除本法第五十一条规定的可以当场作出的行政处罚外，行政机关发现公民、法人或者其他组织有依法应当给予行政处罚的行为的，必须全面、客观、公正地调查，收集有关证据；必要时，依照法律、法规的规定，可以进行检查。

符合立案标准的，行政机关应当及时立案。

▶理解与适用

[行政机关收集证据的要求]

所谓全面，就是要收集所有能够证明行政违法行为的证据，既要收集对当事人可以实施行政处罚的证据，也要收集有利于当事人的证据；既要收集原始证据，也要收集传来证据；既要收集直接证据，也要收集间接证据；既要收集书面证据，也要收集口头证据。

所谓客观，就是从客观实际出发，避免先入为主地去收集证据。

所谓公正，主要是指依法实施行政处罚可能要涉及双方当事人，或者当事人有数个，此时收集证据就要做到公正，不能为偏袒某方而在收集证据上失去公正。

[应当立案而不予立案]

本条第2款的目的是防止行政机关不作为，应当立案而不予立案的，依据本法第75条，县级以上人民政府可以主动监督，公民、法人或者其他组织对行政机关实施行政处罚的行为，有权申诉或者检举；行政机关应当认真审查，发现有错误的，应当主动改正。第76条对不立案也在法律责任方面作出了规定。

▶条文参见

《行政诉讼法》第 70 条;《治安管理处罚法》第 79 条

第五十五条　出示证件与协助调查

执法人员在调查或者进行检查时,应当主动向当事人或者有关人员出示执法证件。当事人或者有关人员有权要求执法人员出示执法证件。执法人员不出示执法证件的,当事人或者有关人员有权拒绝接受调查或者检查。

当事人或者有关人员应当如实回答询问,并协助调查或者检查,不得拒绝或者阻挠。询问或者检查应当制作笔录。

▶理解与适用

行政执法人员执法必须出示执法证件,以代表国家公权力,各省、自治区、直辖市所属部门执法人员实施行政处罚的,必须持省级政府颁发的执法证件,国务院部门执法人员执法的,需要持本部门颁发的执法证件。根据《行政强制法》第 18 条,行政机关实施行政强制措施应当出示执法身份证件。"执法人员不得少于两人"是基本规定,2021 年修订时删除,是因为第 42 条已经规定。

第五十六条　证据收集程序

行政机关在收集证据时,可以采取抽样取证的方法;在证据可能灭失或者以后难以取得的情况下,经行政机关负责人批准,可以先行登记保存,并应当在七日内及时作出处理决定,在此期间,当事人或者有关人员不得销毁或者转移证据。

▶理解与适用

[对证据的先行登记保存]

在司法实践中,对先行登记保存证据行为进行审查应注意以下几个方面：一是先行登记保存的证据必须是与违法行为有直接必然关联的证据；二是先行登记保存的证据是行政执法人员收集证据时，在证据可能灭失或者以后难以取得的情况下采取的必要措施，必须具有先行登记保存的必要性；三是证据保存手段应当与证据保存目的相适应，采取适当的手段和方法；四是需要利用涉案物品的实质性特征作为证据，而又不能用其他取证手段代替时，才能对证据先行登记保存，如果可采取询问、拍照、录像、勘验等其他形式收集证明和认定行为人违法事实的证据，就不应采取查封、扣押方式进行先行登记保存；五是是否经行政机关负责人批准，是否在7日内作出了相应处理。

第五十七条　处罚决定

调查终结，行政机关负责人应当对调查结果进行审查，根据不同情况，分别作出如下决定：

（一）确有应受行政处罚的违法行为的，根据情节轻重及具体情况，作出行政处罚决定；

（二）违法行为轻微，依法可以不予行政处罚的，不予行政处罚；

（三）违法事实不能成立的，不予行政处罚；

（四）违法行为涉嫌犯罪的，移送司法机关。

对情节复杂或者重大违法行为给予行政处罚，行政机关负责人应当集体讨论决定。

▶理解与适用

人民法院对一般行政处罚案件应当审查是否经过行政机关负责人审查，主要审查是否有行政机关负责人相应的书面审查记录。未经行政机关负责人审查而迳行作出行政处罚决定的，该行政处罚决定违法。对复杂、重大的行政处罚案件，应当审查是否经过行政机关负责人集体讨论程序，这里主要审查是否有集体讨论的书面证据。未经行政机关负责人集体讨论的，该行政处罚决定构成重大程序违法，依法应予撤销。

▶条文参见
《治安管理处罚法》第95条

▶典型案例指引
大连市金州区某修船厂诉大连市金普新区农业农村局行政处罚案（〔2019〕辽行终1320号）

案件适用要点：法院认为，被诉行政机关负责人集体讨论，应当有2名以上负责人参加，仅有1名负责人参加案件讨论，意即该案并未经行政机关负责人集体讨论决定，属于程序严重违法。本案被诉行政处罚决定应予撤销。

第五十八条　法制审核

有下列情形之一，在行政机关负责人作出行政处罚的决定之前，应当由从事行政处罚决定法制审核的人员进行法制审核；未经法制审核或者审核未通过的，不得作出决定：

（一）涉及重大公共利益的；

（二）直接关系当事人或者第三人重大权益，经过听证程序的；

（三）案件情况疑难复杂、涉及多个法律关系的；

（四）法律、法规规定应当进行法制审核的其他情形。

行政机关中初次从事行政处罚决定法制审核的人员，应当通过国家统一法律职业资格考试取得法律职业资格。

▶理解与适用
［审核内容］
审核内容包括行政执法主体是否合法，行政执法人员是否具备执法资格；行政执法程序是否合法；案件事实是否清楚，证据是否合法充分；适用法律、法规、规章是否准确，裁量基

准运用是否适当；执法是否超越执法机关法定权限；行政执法文书是否完备、规范；违法行为是否涉嫌犯罪、需要移送司法机关；等等。

[审核意见]

法制审核机构完成审核后，要根据不同情形，提出同意或者存在问题的书面审核意见。行政执法承办机构要对法制审核机构提出的存在问题的审核意见进行研究，作出相应处理后再次报送法制审核。行政执法机关主要负责人是推动落实本机关重大执法决定法制审核制度的第一责任人，对本机关作出的行政执法决定负责。

[国家统一法律职业资格]

担任法官、检察官、律师、公证员、法律顾问、仲裁员（法律类）及政府部门中从事行政处罚决定审核、行政复议、行政裁决的人员，应当取得国家统一法律职业资格。法律职业资格考试制度是国家统一组织的选拔合格法律职业人才的国家考试制度。现将司法考试制度调整为国家统一法律职业资格考试制度，实行全国统一组织、统一命题、统一标准、统一录取的考试方式，一年一考。

▶条文参见

《国务院办公厅关于全面推行行政执法公示制度执法全过程记录制度重大执法决定法制审核制度的指导意见》；《国家统一法律职业资格考试实施办法》

▶典型案例指引

毛某诉韶山市自然资源局行政处罚案（〔2020〕湘03行终125号）

案件适用要点：法院认为，在行政机关负责人作出决定之前，应当由从事行政处罚决定审核的人员进行审核。行政机关中初次从事行政处罚决定审核的人员，应当通过国家统一法律职业资格考试取得法律职业资格。本案中，行政机关从事法制审核的人员系初次从事行政处罚决定法制审核的人员，且未通过国家统一法律职业资格考试取得法律职业资格，不具有对行政处罚决定法制审核的资格，故行政机关作出的涉案行政处罚决定违反法定程序。

第五十九条 行政处罚决定书的内容

行政机关依照本法第五十七条的规定给予行政处罚，应当制作行政处罚决定书。行政处罚决定书应当载明下列事项：

（一）当事人的姓名或者名称、地址；
（二）违反法律、法规、规章的事实和证据；
（三）行政处罚的种类和依据；
（四）行政处罚的履行方式和期限；
（五）申请行政复议、提起行政诉讼的途径和期限；
（六）作出行政处罚决定的行政机关名称和作出决定的日期。

行政处罚决定书必须盖有作出行政处罚决定的行政机关的印章。

▶理解与适用

［行政处罚的履行方式和期限］

行政处罚的履行方式是指当事人以什么行为履行行政处罚，如到指定银行缴纳罚款、拆除违章建筑等。期限是法律规定的或者由行政机关要求、限定当事人履行行政处罚决定的期间，如当事人应当在15日内到指定的银行缴纳罚款，当事人应当在行政机关要求的1个月内拆除违章建筑，等等。当事人不按照行政处罚决定书载明的履行方式和限定的期限履行行政处罚决定，即属于违法，行政机关可以采取执行措施，强制当事人履行处罚决定。

▶条文参见

《治安管理处罚法》第96条；《安全生产违法行为行政处罚办法》第30条

第六十条 行政处罚决定作出期限

行政机关应当自行政处罚案件立案之日起九十日内作出行政处罚决定。法律、法规、规章另有规定的，从其规定。

▶理解与适用

以前行政处罚案件没有办理时限，规定90日的办理时限，是为了体现效率行政的要求。但证券、农业、生态环保等有些领域的案件办理具有一定特殊性，本条为例外规定留了余地。

超期作出的行政处罚决定属于违反法定程序，对于该行政处罚决定，人民法院应当结合个案具体情况，依法作出裁判，原则上，如对被处罚人未产生实质性的不利影响，存在轻微程序性违法，可判决确认违法。

▶条文参见

《生态环境行政处罚办法》第57条；《市场监督管理行政处罚程序规定》第72条

第六十一条 送达

行政处罚决定书应当在宣告后当场交付当事人；当事人不在场的，行政机关应当在七日内依照《中华人民共和国民事诉讼法》的有关规定，将行政处罚决定书送达当事人。

当事人同意并签订确认书的，行政机关可以采用传真、电子邮件等方式，将行政处罚决定书等送达当事人。

▶理解与适用

[送达回证]

送达文书必须有送达回证，由受送达人在送达回证上记明收到日期，签名或者盖章。受送达人在送达回证上的签收日期为送达日期。

［送达方式］

1. 直接送达。送达文书，应当直接送交受送达人。受送达人是公民的，本人不在交他的同住成年家属签收；受送达人是法人或者其他组织的，应当由法人的法定代表人、其他组织的主要负责人或者该法人、组织负责收件的人签收；受送达人有诉讼代理人的，可以送交其代理人签收；受送达人已向行政机关指定代收人的，送交代收人签收。受送达人的同住成年家属，法人或者其他组织的负责收件的人，诉讼代理人或者代收人在送达回证上签收的日期为送达日期。

2. 留置送达。受送达人或者他的同住成年家属拒绝接收诉讼文书的，送达人可以邀请有关基层组织或者所在单位的代表到场，说明情况，在送达回证上记明拒收事由和日期，由送达人、见证人签名或者盖章，把文书留在受送达人的住所；也可以把文书留在受送达人的住所，并采用拍照、录像等方式记录送达过程，即视为送达。

3. 委托送达。直接送达文书有困难的，可以委托其他机关代为送达。

4. 邮寄送达。邮寄送达的，以回执上注明的收件日期为送达日期。

5. 转交送达。受送达人是军人的，通过其所在部队团以上单位的政治机关转交。受送达人被监禁的，通过其所在监所转交。受送达人被采取强制性教育措施的，通过其所在强制性教育机构转交。

6. 公告送达。受送达人下落不明，或者用其他方式无法送达的，公告送达。自发出公告之日起，经过60日，即视为送达。公告送达，应当在案卷中记明原因和经过。

［送达确认书］

送达确认书，既可以邮寄送达，也可以通过传真、电子邮件等方式送达，提高了送达效率。以传真、电子邮件等到达受送达人特定系统的日期为送达日期。

▶条文参见

《治安管理处罚法》第97条;《民事诉讼法》第87-95条;《最高人民法院关于适用〈中华人民共和国民事诉讼法〉的解释》第130-141条;《海关办理行政处罚案件程序规定》第24-28条;《安全生产违法行为行政处罚办法》第31条

第六十二条　处罚的成立条件

> 行政机关及其执法人员在作出行政处罚决定之前,未依照本法第四十四条、第四十五条的规定向当事人告知拟作出的行政处罚内容及事实、理由、依据,或者拒绝听取当事人的陈述、申辩,不得作出行政处罚决定;当事人明确放弃陈述或者申辩权利的除外。

▶理解与适用

根据本法第38条第2款,违反法定程序构成重大且明显违法的,行政处罚无效。第44条、第45条规定的告知、陈述、申辩属于重要法定程序,没有这些程序的,行政处罚无效。

第四节　听 证 程 序

第六十三条　听证权

> 行政机关拟作出下列行政处罚决定,应当告知当事人有要求听证的权利,当事人要求听证的,行政机关应当组织听证:
> (一) 较大数额罚款;
> (二) 没收较大数额违法所得、没收较大价值非法财物;
> (三) 降低资质等级、吊销许可证件;
> (四) 责令停产停业、责令关闭、限制从业;

（五）其他较重的行政处罚；
（六）法律、法规、规章规定的其他情形。
当事人不承担行政机关组织听证的费用。

▶ 理解与适用

听证是指在作出行政处罚决定前由行政机关组织的，在调查取证人员、案件当事人及其他利害关系人参加的情况下，听取各方陈述、辩明、对质及证据证明的法定程序。

2021年修订增加的第1款第2项规定来源于《最高人民法院关于没收财产是否应进行听证及没收经营药品行为等有关法律问题的答复》，其规定：行政机关作出没收较大数额财产的行政处罚决定前，未告知当事人有权要求举行听证或者未按规定举行听证的，应当根据《行政处罚法》的有关规定，确认该行政处罚决定违反法定程序。2021年修订增加的"降低资质等级、责令关闭、限制从业"都是第9条新增的行政处罚类型，对当事人构成了资格准入或者营业限制，属于严重的侵益性行为。

第六十四条　听证程序

听证应当依照以下程序组织：
（一）当事人要求听证的，应当在行政机关告知后五日内提出；
（二）行政机关应当在举行听证的七日前，通知当事人及有关人员听证的时间、地点；
（三）除涉及国家秘密、商业秘密或者个人隐私依法予以保密外，听证公开举行；
（四）听证由行政机关指定的非本案调查人员主持；当事人认为主持人与本案有直接利害关系的，有权申请回避；
（五）当事人可以亲自参加听证，也可以委托一至二人代理；

（六）当事人及其代理人无正当理由拒不出席听证或者未经许可中途退出听证的，视为放弃听证权利，行政机关终止听证；

（七）举行听证时，调查人员提出当事人违法的事实、证据和行政处罚建议，当事人进行申辩和质证；

（八）听证应当制作笔录。笔录应当交当事人或者其代理人核对无误后签字或者盖章。当事人或者其代理人拒绝签字或者盖章的，由听证主持人在笔录中注明。

▶ 理解与适用

［当事人申请听证的期限］

2021年修订了当事人要求听证的期限，原条文规定应当在行政机关告知后3日内提出，本条适当延长当事人申请听证的期限至5日内，进一步保障当事人的听证权利。这里的"5日内"是不变期限，本法没有作出可以延长的规定，如果行政相对人超出规定期限行使该权利，不受法律保护。

［缺席听证的法律后果］

本项系此次修订新增内容，对在实践中出现的当事人及其代理人无正当理由拒不出席听证或者未经许可中途退出听证的情形如何处理予以回应。对于当事人申请听证，行政机关已经做好听证的组织工作，通知了时间及地点，当事人及其代理人无正当理由拒不出席听证或在听证活动进行中未经许可中途退出的，视为当事人放弃听证权利，行政机关终止听证，行政机关可进入下一步处罚程序，体现了行政效率的要求，亦对恶意反复以申请听证为由阻碍行政处罚的行为进行了规制。

▶ 条文参见

《治安管理处罚法》第98条；《海关行政处罚实施条例》第49条；《海关办理行政处罚案件程序规定》；《财政行政处罚听证实施办法》；《司法行政机关行政处罚听证程序规定》

▶典型案例指引

宜昌市妇幼保健院不服宜昌市工商行政管理局行政处罚决定案（《最高人民法院公报》2001年第4期）

案件适用要点：一、被上诉人工商局作为专门的监督检查部门，在对上诉人保健院作出处罚前，进行了立案、调查取证，并送达了处罚告知书，交待了陈述和申辩权，其处罚程序符合法律规定。工商局作出的处罚决定中没有具体载明据以认定保健院违法行为存在的证据名称，使其处罚决定书的内容不完备，是行政行为的轻微瑕疵。工商局的这一行政瑕疵没有达到侵害行政管理相对人合法权益的程度，不影响其处罚决定的有效成立，因此不能认定工商局的行政行为程序违法。二、《行政处罚法》第42条[1]规定："行政机关作出责令停产停业、吊销许可证或者执照、较大数额罚款等行政处罚决定之前，应当告知当事人有要求举行听证的权利；当事人要求听证的，行政机关应当组织听证。"参照国家工商行政管理局制定的《工商行政管理机关行政处罚听证暂行规则》[2]第6条第1款第3项的规定，工商行政管理机关对法人或者其他组织处以5万元以上的罚款，应当告知当事人有要求举行听证的权利。被上诉人工商局对上诉人保健院所处罚款为1万元，没有达到行政处罚法中关于"较大数额罚款"的规定，依法可以不适用听证程序。保健院上诉称工商局未适用听证程序违反了行政处罚法的规定，其理由仍然不能成立。

第六十五条　听证结束后的处理

听证结束后，行政机关应当根据听证笔录，依照本法第五十七条的规定，作出决定。

---

[1] 2021年《行政处罚法》第63条。
[2] 该案终审时该规章有效，现该规章已被《市场监督管理行政处罚听证办法》替代，该条规定的听证幅度已调整为10万元以上罚款。

▶ 理解与适用

以前听证笔录仅仅是作出行政处罚决定的参考因素，2021年修订明确听证笔录是作出行政处罚决定的依据，为重大修改。

第六章　行政处罚的执行

第六十六条　履行义务

行政处罚决定依法作出后，当事人应当在行政处罚决定书载明的期限内，予以履行。

当事人确有经济困难，需要延期或者分期缴纳罚款的，经当事人申请和行政机关批准，可以暂缓或者分期缴纳。

▶ 理解与适用

［自行、主动履行］

行政处罚决定生效后，当事人应当自觉履行。判断当事人是否自行、主动履行了处罚决定应从以下三个方面展开：一是当事人是否实际履行。行政处罚决定书依法送达后，当事人应当以自己的实际行动履行行政处罚决定所设定的义务，如缴纳罚款、主动停产停业、改正违法行为等，即以实际的作为或者不作为履行行政处罚决定。二是当事人是否按时履行。通常情况下，行政处罚决定书都会载明当事人履行处罚决定的期限，如在行政处罚决定作出后15日内到指定的银行缴纳罚款等。如果当事人逾期不缴纳罚款，就意味着其已经放弃自愿履行的机会，行政机关便可以采取强制措施，督促或迫使其履行。三是当事人是否完全履行。当事人接到行政处罚决定书后，应当全面履行行政处罚决定的内容，不能只履行其中的一部分。如果行政处罚决定要求当事人缴纳罚款并责令其停产停业，而当事人只缴纳了罚款却没有停产停业，就属于没有完全履行行政处罚决定。

［延期、分期缴纳罚款］

根据本条规定，行政处罚决定依法作出后，当事人应当在行政处罚决定书载明的期限内予以履行。当事人申请延期或者分期缴纳罚款需要符合以下几个条件：第一，行政机关依法作出了对当事人予以罚款的行政处罚决定，且已经生效。行政机关对当事人作出处罚决定且已经依法向其送达，是该当事人向行政机关申请延期或者分期缴纳罚款的前提。第二，当事人缴纳罚款存在困难。第三，当事人提出申请。第四，行政机关批准。

▶条文参见

《道路交通安全法》第108条

第六十七条　罚缴分离原则

作出罚款决定的行政机关应当与收缴罚款的机构分离。

除依照本法第六十八条、第六十九条的规定当场收缴的罚款外，作出行政处罚决定的行政机关及其执法人员不得自行收缴罚款。

当事人应当自收到行政处罚决定书之日起十五日内，到指定的银行或者通过电子支付系统缴纳罚款。银行应当收受罚款，并将罚款直接上缴国库。

▶理解与适用

［电子支付］

此次修法首次将电子支付系统写入法律。所谓电子支付是指付款人与收款人之间以非现金的电子形式完成货币交易的行为。当前，我国在5G技术和电子支付方面已经走在世界前列，这种支付手段在提高人们物质文化生活水平方面发挥了重要作用。可以说，电子支付已经影响人民生活的方方面面，完全改变了以往的交易模式。这其中，电子支付也为缴纳罚款提供了便利条件，当事人可以通过移动终端随时完成罚款缴纳行为。

[罚缴分离]

为了实施罚款决定与罚款收缴分离,加强对罚款收缴活动的监督,保证罚款及时上缴国库,国务院1997年出台了《罚款决定与罚款收缴分离实施办法》,因此,本次修改删除了原第63条。进一步的细化规定,参见财政部《罚没财物管理办法》(财税〔2020〕54号)。

第六十八条　当场收缴罚款范围

依照本法第五十一条的规定当场作出行政处罚决定,有下列情形之一,执法人员可以当场收缴罚款:

(一)依法给予一百元以下罚款的;

(二)不当场收缴事后难以执行的。

▶理解与适用

依据本法第51条的规定,执法人员可以依照简易程序依法当场作出行政处罚决定,同时存有下列情形的,可以当场收缴罚款:(1)依法给予100元以下罚款的。(2)不当场收缴罚款事后难以执行的。

▶条文参见

《治安管理处罚法》第104条

第六十九条　边远地区当场收缴罚款

在边远、水上、交通不便地区,行政机关及其执法人员依照本法第五十一条、第五十七条的规定作出罚款决定后,当事人到指定的银行或者通过电子支付系统缴纳罚款确有困难,经当事人提出,行政机关及其执法人员可以当场收缴罚款。

▶理解与适用

本条是关于行政机关及其执法人员可以当场收缴罚款的特殊规定,主要是针对特殊地区收缴罚款所遇到的特殊情况而作出的特别规定。本条既适用于依据简易程序作出的处罚决定，也适用于依据普通程序作出的处罚决定。

依据本条规定，在同时具备以下三个条件的特殊情形下，执法人员才可当场收缴罚款：（1）违法行为地限于边远、水上、交通不便地区。（2）当事人到指定的银行或者通过电子支付系统缴纳罚款确有困难。虽处于边远、水上、交通不便地区，但结合处罚案件及当事人的具体情况，如果当事人到指定的银行或通过电子支付系统缴纳罚款不存有困难，执法人员不得当场收缴罚款。（3）当事人自行提出当场缴纳罚款的要求。这是当场收缴罚款的必要条件，如当事人没有提出当场缴纳罚款，其愿意自行到指定的银行或者通过电子支付系统缴纳，执法人员也不得当场收缴罚款。另外，行政机关及其执法人员不得以此为依据，要求或者变相要求当事人"提出"当场缴纳罚款，更不得进行"议价"罚款。

第七十条　罚款票据

行政机关及其执法人员当场收缴罚款的，必须向当事人出具国务院财政部门或者省、自治区、直辖市人民政府财政部门统一制发的专用票据；不出具财政部门统一制发的专用票据的，当事人有权拒绝缴纳罚款。

▶理解与适用

本条是关于行政机关及其执法人员当场收缴罚款应出具专用票据的规定。实践中，可从以下三个层面加以把握：一是行政机关及其执法人员当场收缴罚款的，必须使用国务院财政部门或省、自治区、直辖市人民政府财政部门统一制发的专用票据；二是行政机关及其执法人员必须向当事人出具专用票据；三是行政机关及其执法人员当场收缴罚款的，如果不出具或出具的不是国务院财政部门或省、自治区、直辖市人民政府财政部门统一制发的专用票据，当事人有权拒绝缴纳罚款。

▶条文参见

《治安管理处罚法》第 106 条

第七十一条 当场收缴罚款的缴纳期限

执法人员当场收缴的罚款,应当自收缴罚款之日起二日内,交至行政机关;在水上当场收缴的罚款,应当自抵岸之日起二日内交至行政机关;行政机关应当在二日内将罚款缴付指定的银行。

▶条文参见

《治安管理处罚法》第 106 条

第七十二条 执行措施

当事人逾期不履行行政处罚决定的,作出行政处罚决定的行政机关可以采取下列措施:

(一)到期不缴纳罚款的,每日按罚款数额的百分之三加处罚款,加处罚款的数额不得超出罚款的数额;

(二)根据法律规定,将查封、扣押的财物拍卖、依法处理或者将冻结的存款、汇款划拨抵缴罚款;

(三)根据法律规定,采取其他行政强制执行方式;

(四)依照《中华人民共和国行政强制法》的规定申请人民法院强制执行。

行政机关批准延期、分期缴纳罚款的,申请人民法院强制执行的期限,自暂缓或者分期缴纳罚款期限结束之日起计算。

▶理解与适用

行政处罚决定作出后,当事人本应自觉履行,如果当事人未能主动履行,则涉及行政处罚的强制执行问题。关于行政处罚强制的执行方式,按执行主体划分,有行政机关强制执行和申请人民法院强制执行两类；按执行方式划分，有通过加处罚款等方式迫使当事人履行的间接执行方式，也有直接拍卖、处理查封、扣押财产等直接执行方式。行政机关是直接强制执行，还是申请人民法院强制执行，关键在于行政机关对于特定的行政处罚决定有无法定的强制执行权。本条分别规定了加处罚款，拍卖、处理查封、扣留财产或划拨冻结存款、汇款，法律规定的其他方式，申请人民法院强制执行等四种执行方式，前三种方式均属于行政机关强制执行。

▶条文参见

《道路交通安全法》第109条；《最高人民法院关于适用〈中华人民共和国行政诉讼法〉的解释》第152-161条；《全国人民代表大会常务委员会法制工作委员会关于环保部门就环境行政处罚决定申请人民法院强制执行的期限有关问题的答复》

▶典型案例指引

1. 某公司诉无锡市工商局工商行政处罚案（《最高人民法院公报》2006年第3期）

案件适用要点：扣留、查封与行政处罚，是各自独立的具体行政行为。行政机关已经向行政管理相对人告知了复议权、诉讼权以及起诉期限，行政管理相对人在法定期限内对扣留、查封不行使复议或起诉的权利，却在请求撤销行政处罚决定的行政诉讼中指控扣留、查封违法。根据行政管理相对人的诉讼请求，人民法院只审查行政处罚行为的合法性。

2. 张某诉盐城市某工商行政管理局行政处罚案（〔2002〕响行初字第10号）

案件适用要点：合法的拍卖行为应具备法定要件和遵循法定程序。本案的涉案物资在行政处罚决定书送达被处罚人后仅2个小时就被就地拍卖，被处罚人尚未行使完行政复议、行政诉讼等救济权，即该处罚决定还没有具备生效法律文书的法定

73

条件，该涉案物资自行车依法不得处分；此外，行政机关违反了《拍卖法》规定的拍卖需于拍卖之日前7天发出拍卖公告，且拍卖标的展示时间不得少于2日等法定程序。故该拍卖行为属违法行为。

第七十三条　不停止执行及暂缓执行

当事人对行政处罚决定不服，申请行政复议或者提起行政诉讼的，行政处罚不停止执行，法律另有规定的除外。

当事人对限制人身自由的行政处罚决定不服，申请行政复议或者提起行政诉讼的，可以向作出决定的机关提出暂缓执行申请。符合法律规定情形的，应当暂缓执行。

当事人申请行政复议或者提起行政诉讼的，加处罚款的数额在行政复议或者行政诉讼期间不予计算。

▶理解与适用

关于复议、诉讼期间是否中止加处罚款计算的问题，最高人民法院于2007年4月27日作出《最高人民法院行政审判庭关于行政处罚的加处罚款在诉讼期间应否计算问题的答复》（〔2005〕行他字第29号）：根据《行政诉讼法》的有关规定，对于不履行行政处罚决定所加处罚款属于执行罚，在诉讼期间不应计算。该答复精神在此次《行政处罚法》修订中得到体现。

▶条文参见

《行政诉讼法》第56条；《行政复议法》第21条；《行政强制法》第39条；《治安管理处罚法》第107条；《最高人民法院行政审判庭关于行政处罚的加处罚款在诉讼期间应否计算问题的答复》

第七十四条　没收的非法财物的处理

除依法应当予以销毁的物品外，依法没收的非法财物必须按照国家规定公开拍卖或者按照国家有关规定处理。

罚款、没收的违法所得或者没收非法财物拍卖的款项，必须全部上缴国库，任何行政机关或者个人不得以任何形式截留、私分或者变相私分。

罚款、没收的违法所得或者没收非法财物拍卖的款项，不得同作出行政处罚决定的行政机关及其工作人员的考核、考评直接或者变相挂钩。除依法应当退还、退赔的外，财政部门不得以任何形式向作出行政处罚决定的行政机关返还罚款、没收的违法所得或者没收非法财物拍卖的款项。

▶理解与适用

只有将罚没收入与行政机关及其工作人员的利益割裂开来，才能使行政处罚权的行使具备公正性。一方面要使罚没收入所得的款项与行政机关及其工作人员的考核、考评脱钩；另一方面要充分保障行政机关运行及开展行政管理的经费，将其与实施行政处罚获得的款项独立开来。本法规定罚款、没收的违法所得或者没收非法财物拍卖的款项，不得作为作出行政处罚决定的行政机关及其工作人员考核、考评的标准或依据，财政部门不得以任何形式返还罚款、没收的违法所得或者返还没收非法财物的拍卖款项，为禁止性条款，是对行政机关及财政部门的规范约束，违反上述规定的，还应当承担本法第78条规定的法律责任。

▶典型案例指引

泰兴市检察院诉泰兴市税务局未履行长江采砂监督法定职责行政公益诉讼一案（〔2016〕苏1291行初333号）

案件适用要点：本案中，泰兴市水务局对第三人李某作出没收非法采砂机具的行政处罚决定后，却解除了对第三人的船只及所附非法采砂机具的扣押措施，未作后续的执行没收非法采砂机具的处理。法院经审理后认为，"被告作出没收非法采砂机具之处罚决定，但其却解除对第三人的船只及所附非法采砂机具的扣押措施，且在第三人缴纳罚款后即将案件作结案处理，显属未完整、充分地执行处罚决定，显然不能有效遏制、惩治非法采砂行为，非法采砂机具的存续仍将导致第三人继续违法采砂之可能"。遂判决责令泰兴市水务局于判决生效后两个月内就处罚决定中"没有非法采砂机具"处罚事项的执行事务作出处理。

第七十五条　监督检查

行政机关应当建立健全对行政处罚的监督制度。县级以上人民政府应当定期组织开展行政执法评议、考核，加强对行政处罚的监督检查，规范和保障行政处罚的实施。

行政机关实施行政处罚应当接受社会监督。公民、法人或者其他组织对行政机关实施行政处罚的行为，有权申诉或者检举；行政机关应当认真审查，发现有错误的，应当主动改正。

▶理解与适用

行政处罚监督是指依法享有监督权的国家机关、社会组织和公民对行使行政处罚设定和实施权的机关及其工作人员的行政处罚设定和实施行为的合法性所实施的监督。通过明确行政处罚的监督主体、监督对象、监督内容、监督权等，建立行政处罚的监督制度。行政处罚的监督包括行政机关内部监督、社会监督、行政复议、行政诉讼等制度，本条所规定的行政处罚监督包含行政机关内部监督及社会监督。

本条新增"行政机关实施行政处罚应当接受社会监督"，充分表明了本次修订对行政处罚社会监督的重视。行政处罚权是行政机关依法实施行政管理的重要手段之一，是对违反行政管理秩序的公民、法人或者其他组织进行惩戒的国家公权力。

▶条文参见

《治安管理处罚法》第114条；《道路交通安全法》第84条；《道路交通安全法实施条例》第98、100、101条

第七章 法律责任

第七十六条 上级行政机关的监督

行政机关实施行政处罚，有下列情形之一，由上级行政机关或者有关机关责令改正，对直接负责的主管人员和其他直接责任人员依法给予处分：

（一）没有法定的行政处罚依据的；
（二）擅自改变行政处罚种类、幅度的；
（三）违反法定的行政处罚程序的；
（四）违反本法第二十条关于委托处罚的规定的；
（五）执法人员未取得执法证件的。

行政机关对符合立案标准的案件不及时立案的，依照前款规定予以处理。

▶理解与适用

［执法人员未取得执法证件的］

根据本法第42条的规定，行政处罚应当由具有行政执法资格的执法人员实施。代表行政机关实施行政处罚措施的必须是具备行政执法资格的行政执法人员，其他人员不得实施。在具体执法中，部分执法人员是聘用的合同工、临时工、协管等，均不具备执法资格，有的行政机关也以此作为不承担法律责任的借口，这不符合法治政府建设的要求。国务院发布的《全面推进依法行政实施纲要》《国务院关于加强市县政府依法行政的

决定》规定,健全行政执法人员资格制度,对拟上岗行政执法的人员要进行相关法律知识考试,经考试合格的才能授予其行政执法资格、上岗行政执法,没有取得执法资格的不得从事行政执法工作。如果行政机关派出不具备资格的行政执法人员实施行政处罚,该处罚行为违法,需要追究法律责任的,由该行政机关承担。

▶条文参见

《治安管理处罚法》第116条

▶典型案例指引

王某与陈某土地监督职责复议纠纷再审案(〔2019〕最高法行申6908号)

案件适用要点:2018年《最高人民法院关于适用〈中华人民共和国行政诉讼法〉的解释》第1条第2款规定,"下列行为不属于人民法院行政诉讼的受案范围:……(八)上级行政机关基于内部层级监督关系对下级行政机关作出的听取报告、执法检查、督促履责等行为……"。王某等11人向安徽省自然资源厅提出申请,要求安徽省自然资源厅查处安徽省合肥市包河区人民政府土地违法行为,依法追究安徽省合肥市包河区人民政府及相关责任人的法律责任。该申请实质上是要求安徽省自然资源厅启动对包河区人民政府的内部层级监督程序,履行层级监督职责。安徽省自然资源厅作出《关于〈土地违法案件查处〉的回复》后,王某等11人申请行政复议,后自然资源部作出行政复议决定,驳回王某等11人的行政复议申请。鉴于王某等11人行政复议申请实质是要求安徽省自然资源厅履行层级监督职责,层级监督事项不属于行政复议范围,亦不属于行政诉讼受案范围。因此,被诉行政复议决定对于王某等11人的合法权益不会造成实际影响。故裁定驳回王某等11人的再审申请。

第七十七条　当事人的拒绝处罚权及检举权

行政机关对当事人进行处罚不使用罚款、没收财物单据或者使用非法定部门制发的罚款、没收财物单据的，当事人有权拒绝，并有权予以检举，由上级行政机关或者有关机关对使用的非法单据予以收缴销毁，对直接负责的主管人员和其他直接责任人员依法给予处分。

▶理解与适用

罚款和没收的财物属于国家所有，行政机关应当将其上缴国库。本法第70条已经强化了票据管理，必须是国务院财政部门或者省、自治区、直辖市人民政府财政部门统一制发的专用票据。赋予当事人的检举权，有助于加强对行政执法人员的监督。

第七十八条　自行收缴罚款的处理

行政机关违反本法第六十七条的规定自行收缴罚款的，财政部门违反本法第七十四条的规定向行政机关返还罚款、没收的违法所得或者拍卖款项的，由上级行政机关或者有关机关责令改正，对直接负责的主管人员和其他直接责任人员依法给予处分。

▶理解与适用

罚款决定与罚款收缴分离是基本规定，本法第68条是例外规定，行政机关不能将罚款充作经费，作为创收的手段。行政机关执法所需经费的拨付，按照国家有关规定执行。财政部门不得将行政机关的罚款、没收违法所得或者拍卖款项，与行政机关的经费挂钩或者变相挂钩。如果有关机关违反这些基本规定，则行政处罚将丧失基本的监管功能，且带来不良社会影响，因此，本条规定了责任条款。

第七十九条　私分罚没财物的处理

行政机关截留、私分或者变相私分罚款、没收的违法所得或者财物的，由财政部门或者有关机关予以追缴，对直接负责的主管人员和其他直接责任人员依法给予处分；情节严重构成犯罪的，依法追究刑事责任。

执法人员利用职务上的便利，索取或者收受他人财物、将收缴罚款据为己有，构成犯罪的，依法追究刑事责任；情节轻微不构成犯罪的，依法给予处分。

▶理解与适用

行政执法人员行使职权，应当公正无私，不得以手中的权力谋取私利。执法人员利用职务上的便利，索取或者收受他人财物、将收缴罚款据为己有，构成犯罪的，应当依法追究刑事责任；情节轻微不构成犯罪的，依法给予处分。

第八十条　使用、损毁查封、扣押财物的法律责任

行政机关使用或者损毁查封、扣押的财物，对当事人造成损失的，应当依法予以赔偿，对直接负责的主管人员和其他直接责任人员依法给予处分。

▶理解与适用

本条所指的行政机关使用或者毁损查封、扣押的财物，对当事人造成损失而应承担的赔偿责任，应为行政赔偿责任。有关行政机关承担赔偿责任的损失范围、赔偿义务机关的确定、赔偿方式、赔偿标准及赔偿程序等，应当适用《国家赔偿法》中有关行政赔偿的规定以及《最高人民法院关于审理行政赔偿案件若干问题的规定》等。

▶条文参见

《国家赔偿法》第4条;《最高人民法院关于审理行政赔偿案件若干问题的规定》

第八十一条 违法实行检查和执行措施的法律责任

行政机关违法实施检查措施或者执行措施,给公民人身或者财产造成损害、给法人或者其他组织造成损失的,应当依法予以赔偿,对直接负责的主管人员和其他直接责任人员依法给予处分;情节严重构成犯罪的,依法追究刑事责任。

▶理解与适用

检查措施与执行措施均与行政处罚相对人或其他利害关系人的权益密切相关,故法律、法规及规章对此设定了严格的实体及程序要求。行政机关违法实施检查措施或者执行措施,造成行政处罚相对人或其他利害关系人损失的,应当依照本条规定承担相应赔偿责任。

▶条文参见

《治安管理处罚法》第117条;《道路交通安全法》第115、116条

第八十二条 以行代刑的责任

行政机关对应当依法移交司法机关追究刑事责任的案件不移交,以行政处罚代替刑事处罚,由上级行政机关或者有关机关责令改正,对直接负责的主管人员和其他直接责任人员依法给予处分;情节严重构成犯罪的,依法追究刑事责任。

▶理解与适用

公职人员任免机关、单位对违法的公职人员给予处分,处分的程序、申诉等适用《公职人员政务处分法》等法律,《行

政机关公务员处分条例》等行政法规，国务院部门规章和国家有关规定。

第八十三条　行政不作为的法律责任

行政机关对应当予以制止和处罚的违法行为不予制止、处罚，致使公民、法人或者其他组织的合法权益、公共利益和社会秩序遭受损害的，对直接负责的主管人员和其他直接责任人员依法给予处分；情节严重构成犯罪的，依法追究刑事责任。

▶理解与适用

"法无授权不可为"，要求行政机关必须经过法律授权行使权力，没有经过法律授权不能乱作为。反之，"法定职责必须为"，要求行政机关行使权力时，应当严格按照法律的规定履行法定职责，不可推诿，否则就是失职。本法的立法宗旨在于既要保护公民、法人或者其他组织的合法权益，又要保障行政机关有效地实施行政管理，以维护公共利益和社会秩序。行政机关滥施处罚，侵犯公民、法人或者其他组织的合法权益，与依法行政的要求相悖；反之，行政机关怠于履行法定职责，对应当予以制止和处罚的违法行为不予制止、处罚，也不被法律所允许。

▶条文参见

《刑法》第397条；《道路交通安全法》第117条

第八章　附　　则

第八十四条　属地原则

外国人、无国籍人、外国组织在中华人民共和国领域内有违法行为，应当给予行政处罚的，适用本法，法律另有规定的除外。

▶理解与适用

关于《行政处罚法》行政处罚的规定是否适用外国人,全国人大常委会法制工作委员会1997年1月3日已经作出答复,内容和本条一致。一般来讲,中国驻外使领馆、航空器、船舶可以被认定为中国"领域内"。

第八十五条　工作日

本法中"二日""三日""五日""七日"的规定是指工作日,不含法定节假日。

▶理解与适用

在立法中,"日"和"工作日"在法律时限中的区别是:"日"包含节假日,"工作日"不包含节假日。对于限制公民人身自由或者行使权力可能严重影响公民、法人或者其他组织的其他权利的,应当用"日",不用"工作日"。

休息日不是节假日。《国务院关于职工工作时间的规定》第7条第1款规定:"国家机关、事业单位实行统一的工作时间,星期六和星期日为周休息日。"

《行政强制法》第69条规定:"本法中十日以内期限的规定是指工作日,不含法定节假日。"《行政复议法》第40条第2款规定:"本法关于行政复议期间有关'五日'、'七日'的规定是指工作日,不含法定节假日。"但行政许可的时间计算有所不同,《行政许可法》第82条规定:"本法规定的行政机关实施行政许可的期限以工作日计算,不含法定节假日。"

第八十六条　施行日期

本法自2021年7月15日起施行。

实用核心法规

中华人民共和国行政强制法

(2011年6月30日第十一届全国人民代表大会常务委员会第二十一次会议通过　2011年6月30日中华人民共和国主席令第49号公布　自2012年1月1日起施行)

第一章　总　　则

第一条　【立法目的】为了规范行政强制的设定和实施,保障和监督行政机关依法履行职责,维护公共利益和社会秩序,保护公民、法人和其他组织的合法权益,根据宪法,制定本法。

第二条　【行政强制的定义】本法所称行政强制,包括行政强制措施和行政强制执行。

行政强制措施,是指行政机关在行政管理过程中,为制止违法行为、防止证据损毁、避免危害发生、控制危险扩大等情形,依法对公民的人身自由实施暂时性限制,或者对公民、法人或者其他组织的财物实施暂时性控制的行为。

行政强制执行,是指行政机关或者行政机关申请人民法院,对不履行行政决定的公民、法人或者其他组织,依法强制履行义务的行为。

第三条　【适用范围】行政强制的设定和实施,适用本法。

发生或者即将发生自然灾害、事故灾难、公共卫生事件或者社会安全事件等突发事件,行政机关采取应急措施或者临时措施,依照有关法律、行政法规的规定执行。

行政机关采取金融业审慎监管措施、进出境货物强制性技术监控措施,依照有关法律、行政法规的规定执行。

第四条　【合法性原则】行政强制的设定和实施,应当依照法定的权限、范围、条件和程序。

第五条　【适当原则】行政强制的设定和实施,应当适当。采用非强制手段可以达到行政管理目的的,不得设定和实施行政强制。

第六条 【教育与强制相结合原则】实施行政强制,应当坚持教育与强制相结合。

第七条 【不得利用行政强制谋利】行政机关及其工作人员不得利用行政强制权为单位或者个人谋取利益。

第八条 【相对人的权利与救济】公民、法人或者其他组织对行政机关实施行政强制,享有陈述权、申辩权;有权依法申请行政复议或者提起行政诉讼;因行政机关违法实施行政强制受到损害的,有权依法要求赔偿。

公民、法人或者其他组织因人民法院在强制执行中有违法行为或者扩大强制执行范围受到损害的,有权依法要求赔偿。

第二章 行政强制的种类和设定

第九条 【行政强制措施种类】行政强制措施的种类:
(一)限制公民人身自由;
(二)查封场所、设施或者财物;
(三)扣押财物;
(四)冻结存款、汇款;
(五)其他行政强制措施。

第十条 【行政强制措施设定权】行政强制措施由法律设定。

尚未制定法律,且属于国务院行政管理职权事项的,行政法规可以设定除本法第九条第一项、第四项和应当由法律规定的行政强制措施以外的其他行政强制措施。

尚未制定法律、行政法规,且属于地方性事务的,地方性法规可以设定本法第九条第二项、第三项的行政强制措施。

法律、法规以外的其他规范性文件不得设定行政强制措施。

第十一条 【行政强制措施设定的统一性】法律对行政强制措施的对象、条件、种类作了规定的,行政法规、地方性法规不得作出扩大规定。

法律中未设定行政强制措施的,行政法规、地方性法规不得设定行政强制措施。但是,法律规定特定事项由行政法规规定具体管理措施的,行政法规可以设定除本法第九条第一项、第四项和应当由法律规定的行政强制措施以外的其他行政强制措施。

第十二条 【行政强制执行方式】行政强制执行的方式:

(一)加处罚款或者滞纳金;

(二)划拨存款、汇款;

(三)拍卖或者依法处理查封、扣押的场所、设施或者财物;

(四)排除妨碍、恢复原状;

(五)代履行;

(六)其他强制执行方式。

第十三条 【行政强制执行设定权】行政强制执行由法律设定。

法律没有规定行政机关强制执行的,作出行政决定的行政机关应当申请人民法院强制执行。

第十四条 【听取社会意见、说明必要性及影响】起草法律草案、法规草案,拟设定行政强制的,起草单位应当采取听证会、论证会等形式听取意见,并向制定机关说明设定该行政强制的必要性、可能产生的影响以及听取和采纳意见的情况。

第十五条 【已设定的行政强制的评价制度】行政强制的设定机关应当定期对其设定的行政强制进行评价,并对不适当的行政强制及时予以修改或者废止。

行政强制的实施机关可以对已设定的行政强制的实施情况及存在的必要性适时进行评价,并将意见报告该行政强制的设定机关。

公民、法人或者其他组织可以向行政强制的设定机关和实施机关就行政强制的设定和实施提出意见和建议。有关机关应当认真研究论证,并以适当方式予以反馈。

第三章 行政强制措施实施程序

第一节 一般规定

第十六条 【实施行政强制措施的条件】行政机关履行行政管理职责,依照法律、法规的规定,实施行政强制措施。

违法行为情节显著轻微或者没有明显社会危害的,可以不采取行政强制措施。

第十七条 【行政强制措施的实施主体】行政强制措施由法律、法规规定的行政机关在法定职权范围内实施。行政强制措施权不得委托。

依据《中华人民共和国行政处罚法》的规定行使相对集中行政处罚权的行政机关,可以实施法律、法规规定的与行政处罚权有关的行政强制措施。

行政强制措施应当由行政机关具备资格的行政执法人员实施,其他人员不得实施。

第十八条 【一般程序】行政机关实施行政强制措施应当遵守下列规定:

(一)实施前须向行政机关负责人报告并经批准;

(二)由两名以上行政执法人员实施;

(三)出示执法身份证件;

(四)通知当事人到场;

(五)当场告知当事人采取行政强制措施的理由、依据以及当事人依法享有的权利、救济途径;

(六)听取当事人的陈述和申辩;

(七)制作现场笔录;

(八)现场笔录由当事人和行政执法人员签名或者盖章,当事人拒绝的,在笔录中予以注明;

(九)当事人不到场的,邀请见证人到场,由见证人和行政执法人员在现场笔录上签名或者盖章;

(十)法律、法规规定的其他程序。

第十九条 【情况紧急时的程序】情况紧急,需要当场实施行政强制措施的,行政执法人员应当在二十四小时内向行政机关负责人报告,并补办批准手续。行政机关负责人认为不应当采取行政强制措施的,应当立即解除。

第二十条 【限制人身自由行政强制措施的程序】依照法律规定实施限制公民人身自由的行政强制措施,除应当履行本法第十八条规定的程序外,还应当遵守下列规定:

(一)当场告知或者实施行政强制措施后立即通知当事人家属实施行政强制措施的行政机关、地点和期限;

(二)在紧急情况下当场实施行政强制措施的,在返回行政机关后,立即向行政机关负责人报告并补办批准手续；

（三）法律规定的其他程序。

实施限制人身自由的行政强制措施不得超过法定期限。实施行政强制措施的目的已经达到或者条件已经消失，应当立即解除。

第二十一条 【涉嫌犯罪案件的移送】违法行为涉嫌犯罪应当移送司法机关的，行政机关应当将查封、扣押、冻结的财物一并移送，并书面告知当事人。

第二节 查封、扣押

第二十二条 【查封、扣押实施主体】查封、扣押应当由法律、法规规定的行政机关实施，其他任何行政机关或者组织不得实施。

第二十三条 【查封、扣押对象】查封、扣押限于涉案的场所、设施或者财物，不得查封、扣押与违法行为无关的场所、设施或者财物；不得查封、扣押公民个人及其所扶养家属的生活必需品。

当事人的场所、设施或者财物已被其他国家机关依法查封的，不得重复查封。

第二十四条 【查封、扣押实施程序】行政机关决定实施查封、扣押的，应当履行本法第十八条规定的程序，制作并当场交付查封、扣押决定书和清单。

查封、扣押决定书应当载明下列事项：

（一）当事人的姓名或者名称、地址；

（二）查封、扣押的理由、依据和期限；

（三）查封、扣押场所、设施或者财物的名称、数量等；

（四）申请行政复议或者提起行政诉讼的途径和期限；

（五）行政机关的名称、印章和日期。

查封、扣押清单一式二份，由当事人和行政机关分别保存。

第二十五条 【查封、扣押期限】查封、扣押的期限不得超过三十日；情况复杂的，经行政机关负责人批准，可以延长，但是延长期限不得超过三十日。法律、行政法规另有规定的除外。

延长查封、扣押的决定应当及时书面告知当事人，并说明理由。

对物品需要进行检测、检验、检疫或者技术鉴定的，查封、扣押的期间不包括检测、检验、检疫或者技术鉴定的期间。检测、检验、检疫或者技术鉴定的期间应当明确，并书面告知当事人。检测、检验、检疫或者技术鉴定的费用由行政机关承担。

第二十六条　【对查封、扣押财产的保管】对查封、扣押的场所、设施或者财物，行政机关应当妥善保管，不得使用或者损毁；造成损失的，应当承担赔偿责任。

对查封的场所、设施或者财物，行政机关可以委托第三人保管，第三人不得损毁或者擅自转移、处置。因第三人的原因造成的损失，行政机关先行赔付后，有权向第三人追偿。

因查封、扣押发生的保管费用由行政机关承担。

第二十七条　【查封、扣押后的处理】行政机关采取查封、扣押措施后，应当及时查清事实，在本法第二十五条规定的期限内作出处理决定。对违法事实清楚，依法应当没收的非法财物予以没收；法律、行政法规规定应当销毁的，依法销毁；应当解除查封、扣押的，作出解除查封、扣押的决定。

第二十八条　【解除查封、扣押的情形】有下列情形之一的，行政机关应当及时作出解除查封、扣押决定：

（一）当事人没有违法行为；

（二）查封、扣押的场所、设施或者财物与违法行为无关；

（三）行政机关对违法行为已经作出处理决定，不再需要查封、扣押；

（四）查封、扣押期限已经届满；

（五）其他不再需要采取查封、扣押措施的情形。

解除查封、扣押应当立即退还财物；已将鲜活物品或者其他不易保管的财物拍卖或者变卖的，退还拍卖或者变卖所得款项。变卖价格明显低于市场价格，给当事人造成损失的，应当给予补偿。

第三节　冻　　结

第二十九条　【冻结的实施主体、数额限制、不得重复冻结】冻结存款、汇款应当由法律规定的行政机关实施，不得委托给其他行政机关或者组织；其他任何行政机关或者组织不得冻结存款、汇款。

冻结存款、汇款的数额应当与违法行为涉及的金额相当；已被其他国家机关依法冻结的，不得重复冻结。

第三十条 【冻结的程序、金融机构的配合义务】行政机关依照法律规定决定实施冻结存款、汇款的,应当履行本法第十八条第一项、第二项、第三项、第七项规定的程序,并向金融机构交付冻结通知书。

金融机构接到行政机关依法作出的冻结通知书后,应当立即予以冻结,不得拖延,不得在冻结前向当事人泄露信息。

法律规定以外的行政机关或者组织要求冻结当事人存款、汇款的,金融机构应当拒绝。

第三十一条 【冻结决定书交付期限及内容】依照法律规定冻结存款、汇款的,作出决定的行政机关应当在三日内向当事人交付冻结决定书。冻结决定书应当载明下列事项:

(一)当事人的姓名或者名称、地址;

(二)冻结的理由、依据和期限;

(三)冻结的账号和数额;

(四)申请行政复议或者提起行政诉讼的途径和期限;

(五)行政机关的名称、印章和日期。

第三十二条 【冻结期限及其延长】自冻结存款、汇款之日起三十日内,行政机关应当作出处理决定或者作出解除冻结决定;情况复杂的,经行政机关负责人批准,可以延长,但是延长期限不得超过三十日。法律另有规定的除外。

延长冻结的决定应当及时书面告知当事人,并说明理由。

第三十三条 【解除冻结的情形】有下列情形之一的,行政机关应当及时作出解除冻结决定:

(一)当事人没有违法行为;

(二)冻结的存款、汇款与违法行为无关;

(三)行政机关对违法行为已经作出处理决定,不再需要冻结;

(四)冻结期限已经届满;

(五)其他不再需要采取冻结措施的情形。

行政机关作出解除冻结决定的,应当及时通知金融机构和当事人。金融机构接到通知后,应当立即解除冻结。

行政机关逾期未作出处理决定或者解除冻结决定的,金融机构应自冻结期满之日起解除冻结。

第四章　行政机关强制执行程序

第一节　一般规定

第三十四条　【行政机关强制执行】行政机关依法作出行政决定后,当事人在行政机关决定的期限内不履行义务的,具有行政强制执行权的行政机关依照本章规定强制执行。

第三十五条　【催告】行政机关作出强制执行决定前,应当事先催告当事人履行义务。催告应当以书面形式作出,并载明下列事项:

(一)履行义务的期限;

(二)履行义务的方式;

(三)涉及金钱给付的,应当有明确的金额和给付方式;

(四)当事人依法享有的陈述权和申辩权。

第三十六条　【陈述、申辩权】当事人收到催告书后有权进行陈述和申辩。行政机关应当充分听取当事人的意见,对当事人提出的事实、理由和证据,应当进行记录、复核。当事人提出的事实、理由或者证据成立的,行政机关应当采纳。

第三十七条　【强制执行决定】经催告,当事人逾期仍不履行行政决定,且无正当理由的,行政机关可以作出强制执行决定。

强制执行决定应当以书面形式作出,并载明下列事项:

(一)当事人的姓名或者名称、地址;

(二)强制执行的理由和依据;

(三)强制执行的方式和时间;

(四)申请行政复议或者提起行政诉讼的途径和期限;

(五)行政机关的名称、印章和日期。

在催告期间,对有证据证明有转移或者隐匿财物迹象的,行政机关可以作出立即强制执行决定。

第三十八条　【催告书、行政强制决定书送达】催告书、行政强制执行决定书应当直接送达当事人。当事人拒绝接收或者无法直接送达当事人的,应当依照《中华人民共和国民事诉讼法》的有关规定送达。

第三十九条　【中止执行】有下列情形之一的,中止执行:

（一）当事人履行行政决定确有困难或者暂无履行能力的；

（二）第三人对执行标的主张权利，确有理由的；

（三）执行可能造成难以弥补的损失，且中止执行不损害公共利益的；

（四）行政机关认为需要中止执行的其他情形。

中止执行的情形消失后，行政机关应当恢复执行。对没有明显社会危害，当事人确无能力履行，中止执行满三年未恢复执行的，行政机关不再执行。

第四十条　【终结执行】有下列情形之一的，终结执行：

（一）公民死亡，无遗产可供执行，又无义务承受人的；

（二）法人或者其他组织终止，无财产可供执行，又无义务承受人的；

（三）执行标的灭失的；

（四）据以执行的行政决定被撤销的；

（五）行政机关认为需要终结执行的其他情形。

第四十一条　【执行回转】在执行中或者执行完毕后，据以执行的行政决定被撤销、变更，或者执行错误的，应当恢复原状或者退还财物；不能恢复原状或者退还财物的，依法给予赔偿。

第四十二条　【执行和解】实施行政强制执行，行政机关可以在不损害公共利益和他人合法权益的情况下，与当事人达成执行协议。执行协议可以约定分阶段履行；当事人采取补救措施的，可以减免加处的罚款或者滞纳金。

执行协议应当履行。当事人不履行执行协议的，行政机关应当恢复强制执行。

第四十三条　【文明执法】行政机关不得在夜间或者法定节假日实施行政强制执行。但是，情况紧急的除外。

行政机关不得对居民生活采取停止供水、供电、供热、供燃气等方式迫使当事人履行相关行政决定。

第四十四条　【强制拆除】对违法的建筑物、构筑物、设施等需要强制拆除的，应当由行政机关予以公告，限期当事人自行拆除。当事人在法定期限内不申请行政复议或者提起行政诉讼，又不拆除的，行政机关可以依法强制拆除。

第二节 金钱给付义务的执行

第四十五条 【加处罚款或滞纳金】行政机关依法作出金钱给付义务的行政决定，当事人逾期不履行的，行政机关可以依法加处罚款或者滞纳金。加处罚款或者滞纳金的标准应当告知当事人。

加处罚款或者滞纳金的数额不得超出金钱给付义务的数额。

第四十六条 【金钱给付义务的直接强制执行】行政机关依照本法第四十五条规定实施加处罚款或者滞纳金超过三十日，经催告当事人仍不履行的，具有行政强制执行权的行政机关可以强制执行。

行政机关实施强制执行前，需要采取查封、扣押、冻结措施的，依照本法第三章规定办理。

没有行政强制执行权的行政机关应当申请人民法院强制执行。但是，当事人在法定期限内不申请行政复议或者提起行政诉讼，经催告仍不履行的，在实施行政管理过程中已经采取查封、扣押措施的行政机关，可以将查封、扣押的财物依法拍卖抵缴罚款。

第四十七条 【划拨存款、汇款】划拨存款、汇款应当由法律规定的行政机关决定，并书面通知金融机构。金融机构接到行政机关依法作出划拨存款、汇款的决定后，应当立即划拨。

法律规定以外的行政机关或者组织要求划拨当事人存款、汇款的，金融机构应当拒绝。

第四十八条 【委托拍卖】依法拍卖财物，由行政机关委托拍卖机构依照《中华人民共和国拍卖法》的规定办理。

第四十九条 【划拨的存款、汇款的管理】划拨的存款、汇款以及拍卖和依法处理所得的款项应当上缴国库或者划入财政专户。任何行政机关或者个人不得以任何形式截留、私分或者变相私分。

第三节 代 履 行

第五十条 【代履行】行政机关依法作出要求当事人履行排除妨碍、恢复原状等义务的行政决定，当事人逾期不履行，经催告仍不履行，其后果已经或者将危害交通安全、造成环境污染或者破坏自然资源的，行政机关可以代履行，或者委托没有利害关系的第三人代履行。

第五十一条 【实施程序、费用、手段】代履行应当遵守下列规定:

(一)代履行前送达决定书,代履行决定书应当载明当事人的姓名或者名称、地址,代履行的理由和依据、方式和时间、标的、费用预算以及代履行人;

(二)代履行三日前,催告当事人履行,当事人履行的,停止代履行;

(三)代履行时,作出决定的行政机关应当派员到场监督;

(四)代履行完毕,行政机关到场监督的工作人员、代履行人和当事人或者见证人应当在执行文书上签名或者盖章。

代履行的费用按照成本合理确定,由当事人承担。但是,法律另有规定的除外。

代履行不得采用暴力、胁迫以及其他非法方式。

第五十二条 【立即实施代履行】需要立即清除道路、河道、航道或者公共场所的遗洒物、障碍物或者污染物,当事人不能清除的,行政机关可以决定立即实施代履行;当事人不在场的,行政机关应当在事后立即通知当事人,并依法作出处理。

第五章 申请人民法院强制执行

第五十三条 【非诉行政执行】当事人在法定期限内不申请行政复议或者提起行政诉讼,又不履行行政决定的,没有行政强制执行权的行政机关可以自期限届满之日起三个月内,依照本章规定申请人民法院强制执行。

第五十四条 【催告与执行管辖】行政机关申请人民法院强制执行前,应当催告当事人履行义务。催告书送达十日后当事人仍未履行义务的,行政机关可以向所在地有管辖权的人民法院申请强制执行;执行对象是不动产的,向不动产所在地有管辖权的人民法院申请强制执行。

第五十五条 【申请执行的材料】行政机关向人民法院申请强制执行,应当提供下列材料:

(一)强制执行申请书;

(二)行政决定书及作出决定的事实、理由和依据;

（三）当事人的意见及行政机关催告情况；
（四）申请强制执行标的情况；
（五）法律、行政法规规定的其他材料。

强制执行申请书应当由行政机关负责人签名，加盖行政机关的印章，并注明日期。

第五十六条　【申请受理与救济】人民法院接到行政机关强制执行的申请，应当在五日内受理。

行政机关对人民法院不予受理的裁定有异议的，可以在十五日内向上一级人民法院申请复议，上一级人民法院应当自收到复议申请之日起十五日内作出是否受理的裁定。

第五十七条　【书面审查】人民法院对行政机关强制执行的申请进行书面审查，对符合本法第五十五条规定，且行政决定具备法定执行效力的，除本法第五十八条规定的情形外，人民法院应当自受理之日起七日内作出执行裁定。

第五十八条　【实质审查】人民法院发现有下列情形之一的，在作出裁定前可以听取被执行人和行政机关的意见：
（一）明显缺乏事实根据的；
（二）明显缺乏法律、法规依据的；
（三）其他明显违法并损害被执行人合法权益的。

人民法院应当自受理之日起三十日内作出是否执行的裁定。裁定不予执行的，应当说明理由，并在五日内将不予执行的裁定送达行政机关。

行政机关对人民法院不予执行的裁定有异议的，可以自收到裁定之日起十五日内向上一级人民法院申请复议，上一级人民法院应当自收到复议申请之日起三十日内作出是否执行的裁定。

第五十九条　【申请立即执行】因情况紧急，为保障公共安全，行政机关可以申请人民法院立即执行。经人民法院院长批准，人民法院应当自作出执行裁定之日起五日内执行。

第六十条　【执行费用】行政机关申请人民法院强制执行，不缴纳申请费。强制执行的费用由被执行人承担。

人民法院以划拨、拍卖方式强制执行的，可以在划拨、拍卖后将强制执行的费用扣除。

依法拍卖财物，由人民法院委托拍卖机构依照《中华人民共和国拍卖法》的规定办理。

划拨的存款、汇款以及拍卖和依法处理所得的款项应当上缴国库或者划入财政专户，不得以任何形式截留、私分或者变相私分。

第六章 法 律 责 任

第六十一条 【实施行政强制违法责任】行政机关实施行政强制，有下列情形之一的，由上级行政机关或者有关部门责令改正，对直接负责的主管人员和其他直接责任人员依法给予处分：

（一）没有法律、法规依据的；

（二）改变行政强制对象、条件、方式的；

（三）违反法定程序实施行政强制的；

（四）违反本法规定，在夜间或者法定节假日实施行政强制执行的；

（五）对居民生活采取停止供水、供电、供热、供燃气等方式迫使当事人履行相关行政决定的；

（六）有其他违法实施行政强制情形的。

第六十二条 【违法查封、扣押、冻结的责任】违反本法规定，行政机关有下列情形之一的，由上级行政机关或者有关部门责令改正，对直接负责的主管人员和其他直接责任人员依法给予处分：

（一）扩大查封、扣押、冻结范围的；

（二）使用或者损毁查封、扣押场所、设施或者财物的；

（三）在查封、扣押法定期间不作出处理决定或者未依法及时解除查封、扣押的；

（四）在冻结存款、汇款法定期间不作出处理决定或者未依法及时解除冻结的。

第六十三条 【截留、私分或变相私分查封、扣押的财物、划拨的存款、汇款和拍卖、依法处理所得款项的法律责任】行政机关将查封、扣押的财物或者划拨的存款、汇款以及拍卖和依法处理所得的款项，截留、私分或者变相私分的，由财政部门或者有关部门予以追缴；对直接负责的主管人员和其他直接责任人员依法给予记大过、降级、撤职或者开除的处分。

行政机关工作人员利用职务上的便利，将查封、扣押的场所、设施或者财物据为己有的，由上级行政机关或者有关部门责令改正，依法给予记大过、降级、撤职或者开除的处分。

第六十四条 【利用行政强制权谋利的法律责任】行政机关及其工作人员利用行政强制权为单位或者个人谋取利益的，由上级行政机关或者有关部门责令改正，对直接负责的主管人员和其他直接责任人员依法给予处分。

第六十五条 【金融机构违反冻结、划拨规定的法律责任】违反本法规定，金融机构有下列行为之一的，由金融业监督管理机构责令改正，对直接负责的主管人员和其他直接责任人员依法给予处分：

（一）在冻结前向当事人泄露信息的；

（二）对应当立即冻结、划拨的存款、汇款不冻结或者不划拨，致使存款、汇款转移的；

（三）将不应当冻结、划拨的存款、汇款予以冻结或者划拨的；

（四）未及时解除冻结存款、汇款的。

第六十六条 【执行款项未划入规定账户的法律责任】违反本法规定，金融机构将款项划入国库或者财政专户以外的其他账户的，由金融业监督管理机构责令改正，并处以违法划拨款项二倍的罚款；对直接负责的主管人员和其他直接责任人员依法给予处分。

违反本法规定，行政机关、人民法院指令金融机构将款项划入国库或者财政专户以外的其他账户的，对直接负责的主管人员和其他直接责任人员依法给予处分。

第六十七条 【人民法院及其工作人员强制执行违法的责任】人民法院及其工作人员在强制执行中有违法行为或者扩大强制执行范围的，对直接负责的主管人员和其他直接责任人员依法给予处分。

第六十八条 【赔偿和刑事责任】违反本法规定，给公民、法人或者其他组织造成损失的，依法给予赔偿。

违反本法规定，构成犯罪的，依法追究刑事责任。

第七章 附 则

第六十九条 【期限的界定】本法中十日以内期限的规定是指工作日，不含法定节假日。

第七十条 【法律、行政法规授权的组织实施行政强制受本法调整】法律、行政法规授权的具有管理公共事务职能的组织在法定授权范围内，以自己的名义实施行政强制，适用本法有关行政机关的规定。

第七十一条 【施行时间】本法自2012年1月1日起施行。

中华人民共和国行政复议法

（1999年4月29日第九届全国人民代表大会常务委员会第九次会议通过 根据2009年8月27日第十一届全国人民代表大会常务委员会第十次会议《关于修改部分法律的决定》第一次修正 根据2017年9月1日第十二届全国人民代表大会常务委员会第二十九次会议《关于修改〈中华人民共和国法官法〉等八部法律的决定》第二次修正）

第一章 总 则

第一条 【立法目的】为了防止和纠正违法的或者不当的具体行政行为，保护公民、法人和其他组织的合法权益，保障和监督行政机关依法行使职权，根据宪法，制定本法。

第二条 【适用范围】公民、法人或者其他组织认为具体行政行为侵犯其合法权益，向行政机关提出行政复议申请，行政机关受理行政复议申请、作出行政复议决定，适用本法。

第三条 【复议机关及其职责】依照本法履行行政复议职责的行政机关是行政复议机关。行政复议机关负责法制工作的机构具体办理行政复议事项，履行下列职责：

（一）受理行政复议申请；

（二）向有关组织和人员调查取证，查阅文件和资料；

（三）审查申请行政复议的具体行政行为是否合法与适当，拟订行政复议决定；

（四）处理或者转送对本法第七条所列有关规定的审查申请；

（五）对行政机关违反本法规定的行为依照规定的权限和程序提出

处理建议；

（六）办理因不服行政复议决定提起行政诉讼的应诉事项；

（七）法律、法规规定的其他职责。

行政机关中初次从事行政复议的人员，应当通过国家统一法律职业资格考试取得法律职业资格。

第四条　【复议原则】行政复议机关履行行政复议职责，应当遵循合法、公正、公开、及时、便民的原则，坚持有错必纠，保障法律、法规的正确实施。

第五条　【对复议不服的诉讼】公民、法人或者其他组织对行政复议决定不服的，可以依照行政诉讼法的规定向人民法院提起行政诉讼，但是法律规定行政复议决定为最终裁决的除外。

第二章　行政复议范围

第六条　【复议范围】有下列情形之一的，公民、法人或者其他组织可以依照本法申请行政复议：

（一）对行政机关作出的警告、罚款、没收违法所得、没收非法财物、责令停产停业、暂扣或者吊销许可证、暂扣或者吊销执照、行政拘留等行政处罚决定不服的；

（二）对行政机关作出的限制人身自由或者查封、扣押、冻结财产等行政强制措施决定不服的；

（三）对行政机关作出的有关许可证、执照、资质证、资格证等证书变更、中止、撤销的决定不服的；

（四）对行政机关作出的关于确认土地、矿藏、水流、森林、山岭、草原、荒地、滩涂、海域等自然资源的所有权或者使用权的决定不服的；

（五）认为行政机关侵犯合法的经营自主权的；

（六）认为行政机关变更或者废止农业承包合同，侵犯其合法权益的；

（七）认为行政机关违法集资、征收财物、摊派费用或者违法要求履行其他义务的；

（八）认为符合法定条件，申请行政机关颁发许可证、执照、资质证、资格证等证书，或者申请行政机关审批、登记有关事项，行政机关没有依法办理的；

（九）申请行政机关履行保护人身权利、财产权利、受教育权利的法定职责，行政机关没有依法履行的；

（十）申请行政机关依法发放抚恤金、社会保险金或者最低生活保障费，行政机关没有依法发放的；

（十一）认为行政机关的其他具体行政行为侵犯其合法权益的。

第七条 【规定的审查】公民、法人或者其他组织认为行政机关的具体行政行为所依据的下列规定不合法，在对具体行政行为申请行政复议时，可以一并向行政复议机关提出对该规定的审查申请：

（一）国务院部门的规定；

（二）县级以上地方各级人民政府及其工作部门的规定；

（三）乡、镇人民政府的规定。

前款所列规定不含国务院部、委员会规章和地方人民政府规章。规章的审查依照法律、行政法规办理。

第八条 【不能提起复议的事项】不服行政机关作出的行政处分或者其他人事处理决定的，依照有关法律、行政法规的规定提出申诉。

不服行政机关对民事纠纷作出的调解或者其他处理，依法申请仲裁或者向人民法院提起诉讼。

第三章 行政复议申请

第九条 【申请复议的期限】公民、法人或者其他组织认为具体行政行为侵犯其合法权益的，可以自知道该具体行政行为之日起60日内提出行政复议申请；但是法律规定的申请期限超过60日的除外。

因不可抗力或者其他正当理由耽误法定申请期限的，申请期限自障碍消除之日起继续计算。

第十条 【复议申请人】依照本法申请行政复议的公民、法人或者其他组织是申请人。

有权申请行政复议的公民死亡的，其近亲属可以申请行政复议。有权申请行政复议的公民为无民事行为能力人或者限制民事行为能力人的，其法定代理人可以代为申请行政复议。有权申请行政复议的法人或者其他组织终止的，承受其权利的法人或者其他组织可以申请行政复议。

同申请行政复议的具体行政行为有利害关系的其他公民、法人或者其他组织，可以作为第三人参加行政复议。

公民、法人或者其他组织对行政机关的具体行政行为不服申请行政复议的，作出具体行政行为的行政机关是被申请人。

申请人、第三人可以委托代理人代为参加行政复议。

第十一条 【复议申请】申请人申请行政复议，可以书面申请，也可以口头申请；口头申请的，行政复议机关应当当场记录申请人的基本情况、行政复议请求、申请行政复议的主要事实、理由和时间。

第十二条 【部门具体行政行为的复议机关】对县级以上地方各级人民政府工作部门的具体行政行为不服的，由申请人选择，可以向该部门的本级人民政府申请行政复议，也可以向上一级主管部门申请行政复议。

对海关、金融、国税、外汇管理等实行垂直领导的行政机关和国家安全机关的具体行政行为不服的，向上一级主管部门申请行政复议。

第十三条 【对其他行政机关具体行政行为不服的复议申请】对地方各级人民政府的具体行政行为不服的，向上一级地方人民政府申请行政复议。

对省、自治区人民政府依法设立的派出机关所属的县级地方人民政府的具体行政行为不服的，向该派出机关申请行政复议。

第十四条 【对国务院部门或省、自治区、直辖市政府具体行政行为不服的复议】对国务院部门或者省、自治区、直辖市人民政府的具体行政行为不服的，向作出该具体行政行为的国务院部门或者省、自治区、直辖市人民政府申请行政复议。对行政复议决定不服的，可以向人民法院提起行政诉讼；也可以向国务院申请裁决，国务院依照本法的规定作出最终裁决。

第十五条 【其他机关具体行政行为的复议机关】对本法第十二条、第十三条、第十四条规定以外的其他行政机关、组织的具体行政行为不服的，按照下列规定申请行政复议：

（一）对县级以上地方人民政府依法设立的派出机关的具体行政行为不服的，向设立该派出机关的人民政府申请行政复议；

（二）对政府工作部门依法设立的派出机构依照法律、法规或者规章规定，以自己的名义作出的具体行政行为不服的，向设立该派出机构的部门或者该部门的本级地方人民政府申请行政复议；

（三）对法律、法规授权的组织的具体行政行为不服的，分别向直接管理该组织的地方人民政府、地方人民政府工作部门或者国务院部门申请行政复议；

（四）对两个或者两个以上行政机关以共同的名义作出的具体行政行为不服的，向其共同上一级行政机关申请行政复议；

（五）对被撤销的行政机关在撤销前所作出的具体行政行为不服的，向继续行使其职权的行政机关的上一级行政机关申请行政复议。

有前款所列情形之一的，申请人也可以向具体行政行为发生地的县级地方人民政府提出行政复议申请，由接受申请的县级地方人民政府依照本法第十八条的规定办理。

第十六条 【复议与诉讼的选择】公民、法人或者其他组织申请行政复议，行政复议机关已经依法受理的，或者法律、法规规定应当先向行政复议机关申请行政复议、对行政复议决定不服再向人民法院提起行政诉讼的，在法定行政复议期限内不得向人民法院提起行政诉讼。

公民、法人或者其他组织向人民法院提起行政诉讼，人民法院已经依法受理的，不得申请行政复议。

第四章 行政复议受理

第十七条 【复议的受理】行政复议机关收到行政复议申请后，应当在5日内进行审查，对不符合本法规定的行政复议申请，决定不予受理，并书面告知申请人；对符合本法规定，但是不属于本机关受理的行政复议申请，应当告知申请人向有关行政复议机关提出。

除前款规定外，行政复议申请自行政复议机关负责法制工作的机构收到之日起即为受理。

第十八条 【复议申请的转送】依照本法第十五条第二款的规定接受行政复议申请的县级地方人民政府，对依照本法第十五条第一款的规定属于其他行政复议机关受理的行政复议申请，应当自接到该行政复议申请之日起7日内，转送有关行政复议机关，并告知申请人。接受转送的行政复议机关应当依照本法第十七条的规定办理。

第十九条 【复议前置的规定】法律、法规规定应当先向行政复议机关申请行政复议、对行政复议决定不服再向人民法院提起行政诉讼的，行政复议机关决定不予受理或者受理后超过行政复议期限不作答复的，公民、法人或者其他组织可以自收到不予受理决定书之日起或者行政复议期满之日起 15 日内，依法向人民法院提起行政诉讼。

第二十条 【上级机关责令受理及直接受理】公民、法人或者其他组织依法提出行政复议申请，行政复议机关无正当理由不予受理的，上级行政机关应当责令其受理；必要时，上级行政机关也可以直接受理。

第二十一条 【复议停止执行的情形】行政复议期间具体行政行为不停止执行；但是，有下列情形之一的，可以停止执行：

（一）被申请人认为需要停止执行的；

（二）行政复议机关认为需要停止执行的；

（三）申请人申请停止执行，行政复议机关认为其要求合理，决定停止执行的；

（四）法律规定停止执行的。

第五章 行政复议决定

第二十二条 【书面审查原则及例外】行政复议原则上采取书面审查的办法，但是申请人提出要求或者行政复议机关负责法制工作的机构认为有必要时，可以向有关组织和人员调查情况，听取申请人、被申请人和第三人的意见。

第二十三条 【复议程序事项】行政复议机关负责法制工作的机构应当自行政复议申请受理之日起 7 日内，将行政复议申请书副本或者行政复议申请笔录复印件发送被申请人。被申请人应当自收到申请书副本或者申请笔录复印件之日起 10 日内，提出书面答复，并提交当初作出具体行政行为的证据、依据和其他有关材料。

申请人、第三人可以查阅被申请人提出的书面答复、作出具体行政行为的证据、依据和其他有关材料，除涉及国家秘密、商业秘密或者个人隐私外，行政复议机关不得拒绝。

第二十四条 【被申请人不得自行取证】在行政复议过程中，被申请人不得自行向申请人和其他有关组织或者个人收集证据。

第二十五条 【申请的撤回】行政复议决定作出前，申请人要求撤回行政复议申请的，经说明理由，可以撤回；撤回行政复议申请的，行政复议终止。

第二十六条　【复议机关对规定的处理】申请人在申请行政复议时，一并提出对本法第七条所列有关规定的审查申请的，行政复议机关对该规定有权处理的，应当在30日内依法处理；无权处理的，应当在7日内按照法定程序转送有权处理的行政机关依法处理，有权处理的行政机关应当在60日内依法处理。处理期间，中止对具体行政行为的审查。

　　第二十七条　【对具体行政行为依据的审查】行政复议机关在对被申请人作出的具体行政行为进行审查时，认为其依据不合法，本机关有权处理的，应当在30日内依法处理；无权处理的，应当在7日内按照法定程序转送有权处理的国家机关依法处理。处理期间，中止对具体行政行为的审查。

　　第二十八条　【复议决定的作出】行政复议机关负责法制工作的机构应当对被申请人作出的具体行政行为进行审查，提出意见，经行政复议机关的负责人同意或者集体讨论通过后，按照下列规定作出行政复议决定：

　　（一）具体行政行为认定事实清楚，证据确凿，适用依据正确，程序合法，内容适当的，决定维持；

　　（二）被申请人不履行法定职责的，决定其在一定期限内履行；

　　（三）具体行政行为有下列情形之一的，决定撤销、变更或者确认该具体行政行为违法；决定撤销或者确认该具体行政行为违法的，可以责令被申请人在一定期限内重新作出具体行政行为：

　　1. 主要事实不清、证据不足的；
　　2. 适用依据错误的；
　　3. 违反法定程序的；
　　4. 超越或者滥用职权的；
　　5. 具体行政行为明显不当的。

　　（四）被申请人不按照本法第二十三条的规定提出书面答复、提交当初作出具体行政行为的证据、依据和其他有关材料的，视为该具体行政行为没有证据、依据，决定撤销该具体行政行为。

　　行政复议机关责令被申请人重新作出具体行政行为的，被申请人不得以同一的事实和理由作出与原具体行政行为相同或者基本相同的具体行政行为。

　　第二十九条　【行政赔偿】申请人在申请行政复议时可以一并提出行政赔偿请求，行政复议机关对符合国家赔偿法的有关规定应当给予赔偿的,在决定撤销、变更具体行政行为或者确认具体行政行为违法时,应当同时决定被申请人依法给予赔偿。

申请人在申请行政复议时没有提出行政赔偿请求的,行政复议机关在依法决定撤销或者变更罚款,撤销违法集资、没收财物、征收财物、摊派费用以及对财产的查封、扣押、冻结等具体行政行为时,应当同时责令被申请人返还财产,解除对财产的查封、扣押、冻结措施,或者赔偿相应的价款。

第三十条 【对侵犯自然资源所有权或使用权行为的先行复议原则】公民、法人或者其他组织认为行政机关的具体行政行为侵犯其已经依法取得的土地、矿藏、水流、森林、山岭、草原、荒地、滩涂、海域等自然资源的所有权或者使用权的,应当先申请行政复议;对行政复议决定不服的,可以依法向人民法院提起行政诉讼。

根据国务院或者省、自治区、直辖市人民政府对行政区划的勘定、调整或者征收土地的决定,省、自治区、直辖市人民政府确认土地、矿藏、水流、森林、山岭、草原、荒地、滩涂、海域等自然资源的所有权或者使用权的行政复议决定为最终裁决。

第三十一条 【复议决定期限】行政复议机关应当自受理申请之日起60日内作出行政复议决定;但是法律规定的行政复议期限少于60日的除外。情况复杂,不能在规定期限内作出行政复议决定的,经行政复议机关的负责人批准,可以适当延长,并告知申请人和被申请人;但是延长期限最多不超过30日。

行政复议机关作出行政复议决定,应当制作行政复议决定书,并加盖印章。

行政复议决定书一经送达,即发生法律效力。

第三十二条 【复议决定的履行】被申请人应当履行行政复议决定。

被申请人不履行或者无正当理由拖延履行行政复议决定的,行政复议机关或者有关上级行政机关应当责令其限期履行。

第三十三条 【不履行复议决定的处理】申请人逾期不起诉又不履行行政复议决定的,或者不履行最终裁决的行政复议决定的,按照下列规定分别处理:

(一)维持具体行政行为的行政复议决定,由作出具体行政行为的行政机关依法强制执行,或者申请人民法院强制执行;

（二）变更具体行政行为的行政复议决定，由行政复议机关依法强制执行，或者申请人民法院强制执行。

第六章 法律责任

第三十四条 【复议机关不依法履行职责的处罚】行政复议机关违反本法规定，无正当理由不予受理依法提出的行政复议申请或者不按照规定转送行政复议申请的，或者在法定期限内不作出行政复议决定的，对直接负责的主管人员和其他直接责任人员依法给予警告、记过、记大过的行政处分；经责令受理仍不受理或者不按照规定转送行政复议申请，造成严重后果的，依法给予降级、撤职、开除的行政处分。

第三十五条 【渎职处罚】行政复议机关工作人员在行政复议活动中，徇私舞弊或者有其他渎职、失职行为的，依法给予警告、记过、记大过的行政处分；情节严重的，依法给予降级、撤职、开除的行政处分；构成犯罪的，依法追究刑事责任。

第三十六条 【被申请人不提交答复、资料和阻碍他人复议申请的处罚】被申请人违反本法规定，不提出书面答复或者不提交作出具体行政行为的证据、依据和其他有关材料，或者阻挠、变相阻挠公民、法人或者其他组织依法申请行政复议的，对直接负责的主管人员和其他直接责任人员依法给予警告、记过、记大过的行政处分；进行报复陷害的，依法给予降级、撤职、开除的行政处分；构成犯罪的，依法追究刑事责任。

第三十七条 【不履行、迟延履行复议决定的处罚】被申请人不履行或者无正当理由拖延履行行政复议决定的，对直接负责的主管人员和其他直接责任人员依法给予警告、记过、记大过的行政处分；经责令履行仍拒不履行的，依法给予降级、撤职、开除的行政处分。

第三十八条 【复议机关的建议权】行政复议机关负责法制工作的机构发现有无正当理由不予受理行政复议申请、不按照规定期限作出行政复议决定、徇私舞弊、对申请人打击报复或者不履行行政复议决定等情形的，应当向有关行政机关提出建议，有关行政机关应当依照本法和有关法律、行政法规的规定作出处理。

第七章 附 则

第三十九条 【复议费用】行政复议机关受理行政复议申请,不得向申请人收取任何费用。行政复议活动所需经费,应当列入本机关的行政经费,由本级财政予以保障。

第四十条 【期间计算和文书送达】行政复议期间的计算和行政复议文书的送达,依照民事诉讼法关于期间、送达的规定执行。

本法关于行政复议期间有关"5日"、"7日"的规定是指工作日,不含节假日。

第四十一条 【适用范围补充规定】外国人、无国籍人、外国组织在中华人民共和国境内申请行政复议,适用本法。

第四十二条 【法律冲突的解决】本法施行前公布的法律有关行政复议的规定与本法的规定不一致的,以本法的规定为准。

第四十三条 【生效日期】本法自1999年10月1日起施行。1990年12月24日国务院发布、1994年10月9日国务院修订发布的《行政复议条例》同时废止。

中华人民共和国行政诉讼法

(1989年4月4日第七届全国人民代表大会第二次会议通过 根据2014年11月1日第十二届全国人民代表大会常务委员会第十一次会议《关于修改〈中华人民共和国行政诉讼法〉的决定》第一次修正 根据2017年6月27日第十二届全国人民代表大会常务委员会第二十八次会议《关于修改〈中华人民共和国民事诉讼法〉和〈中华人民共和国行政诉讼法〉的决定》第二次修正)

第一章 总 则

第一条 【立法目的】为保证人民法院公正、及时审理行政案件,解决行政争议，保护公民、法人和其他组织的合法权益，监督行政机关依法行使职权，根据宪法，制定本法。

第二条　【诉权】公民、法人或者其他组织认为行政机关和行政机关工作人员的行政行为侵犯其合法权益，有权依照本法向人民法院提起诉讼。

前款所称行政行为，包括法律、法规、规章授权的组织作出的行政行为。

第三条　【行政机关负责人出庭应诉】人民法院应当保障公民、法人和其他组织的起诉权利，对应当受理的行政案件依法受理。

行政机关及其工作人员不得干预、阻碍人民法院受理行政案件。

被诉行政机关负责人应当出庭应诉。不能出庭的，应当委托行政机关相应的工作人员出庭。

第四条　【独立行使审判权】人民法院依法对行政案件独立行使审判权，不受行政机关、社会团体和个人的干涉。

人民法院设行政审判庭，审理行政案件。

第五条　【以事实为根据，以法律为准绳原则】人民法院审理行政案件，以事实为根据，以法律为准绳。

第六条　【合法性审查原则】人民法院审理行政案件，对行政行为是否合法进行审查。

第七条　【合议、回避、公开审判和两审终审原则】人民法院审理行政案件，依法实行合议、回避、公开审判和两审终审制度。

第八条　【法律地位平等原则】当事人在行政诉讼中的法律地位平等。

第九条　【本民族语言文字原则】各民族公民都有用本民族语言、文字进行行政诉讼的权利。

在少数民族聚居或者多民族共同居住的地区，人民法院应当用当地民族通用的语言、文字进行审理和发布法律文书。

人民法院应当对不通晓当地民族通用的语言、文字的诉讼参与人提供翻译。

第十条　【辩论原则】当事人在行政诉讼中有权进行辩论。

第十一条　【法律监督原则】人民检察院有权对行政诉讼实行法律监督。

第二章　受案范围

第十二条　【行政诉讼受案范围】 人民法院受理公民、法人或者其他组织提起的下列诉讼：

（一）对行政拘留、暂扣或者吊销许可证和执照、责令停产停业、没收违法所得、没收非法财物、罚款、警告等行政处罚不服的；

（二）对限制人身自由或者对财产的查封、扣押、冻结等行政强制措施和行政强制执行不服的；

（三）申请行政许可，行政机关拒绝或者在法定期限内不予答复，或者对行政机关作出的有关行政许可的其他决定不服的；

（四）对行政机关作出的关于确认土地、矿藏、水流、森林、山岭、草原、荒地、滩涂、海域等自然资源的所有权或者使用权的决定不服的；

（五）对征收、征用决定及其补偿决定不服的；

（六）申请行政机关履行保护人身权、财产权等合法权益的法定职责，行政机关拒绝履行或者不予答复的；

（七）认为行政机关侵犯其经营自主权或者农村土地承包经营权、农村土地经营权的；

（八）认为行政机关滥用行政权力排除或者限制竞争的；

（九）认为行政机关违法集资、摊派费用或者违法要求履行其他义务的；

（十）认为行政机关没有依法支付抚恤金、最低生活保障待遇或者社会保险待遇的；

（十一）认为行政机关不依法履行、未按照约定履行或者违法变更、解除政府特许经营协议、土地房屋征收补偿协议等协议的；

（十二）认为行政机关侵犯其他人身权、财产权等合法权益的。

除前款规定外，人民法院受理法律、法规规定可以提起诉讼的其他行政案件。

第十三条　【受案范围的排除】 人民法院不受理公民、法人或者其他组织对下列事项提起的诉讼：

（一）国防、外交等国家行为；

（二）行政法规、规章或者行政机关制定、发布的具有普遍约束力的决定、命令；

（三）行政机关对行政机关工作人员的奖惩、任免等决定；

（四）法律规定由行政机关最终裁决的行政行为。

第三章 管　　辖

第十四条　【基层人民法院管辖第一审行政案件】基层人民法院管辖第一审行政案件。

第十五条　【中级人民法院管辖的第一审行政案件】中级人民法院管辖下列第一审行政案件：

（一）对国务院部门或者县级以上地方人民政府所作的行政行为提起诉讼的案件；

（二）海关处理的案件；

（三）本辖区内重大、复杂的案件；

（四）其他法律规定由中级人民法院管辖的案件。

第十六条　【高级人民法院管辖的第一审行政案件】高级人民法院管辖本辖区内重大、复杂的第一审行政案件。

第十七条　【最高人民法院管辖的第一审行政案件】最高人民法院管辖全国范围内重大、复杂的第一审行政案件。

第十八条　【一般地域管辖和法院跨行政区域管辖】行政案件由最初作出行政行为的行政机关所在地人民法院管辖。经复议的案件，也可以由复议机关所在地人民法院管辖。

经最高人民法院批准，高级人民法院可以根据审判工作的实际情况，确定若干人民法院跨行政区域管辖行政案件。

第十九条　【限制人身自由行政案件的管辖】对限制人身自由的行政强制措施不服提起的诉讼，由被告所在地或者原告所在地人民法院管辖。

第二十条　【不动产行政案件的管辖】因不动产提起的行政诉讼，由不动产所在地人民法院管辖。

第二十一条　【选择管辖】两个以上人民法院都有管辖权的案件，原告可以选择其中一个人民法院提起诉讼。原告向两个以上有管辖权的人民法院提起诉讼的,由最先立案的人民法院管辖。

第二十二条 【移送管辖】人民法院发现受理的案件不属于本院管辖的,应当移送有管辖权的人民法院,受移送的人民法院应当受理。受移送的人民法院认为受移送的案件按照规定不属于本院管辖的,应当报请上级人民法院指定管辖,不得再自行移送。

第二十三条 【指定管辖】有管辖权的人民法院由于特殊原因不能行使管辖权的,由上级人民法院指定管辖。

人民法院对管辖权发生争议,由争议双方协商解决。协商不成的,报它们的共同上级人民法院指定管辖。

第二十四条 【管辖权转移】上级人民法院有权审理下级人民法院管辖的第一审行政案件。

下级人民法院对其管辖的第一审行政案件,认为需要由上级人民法院审理或者指定管辖的,可以报请上级人民法院决定。

第四章 诉讼参加人

第二十五条 【原告资格】行政行为的相对人以及其他与行政行为有利害关系的公民、法人或者其他组织,有权提起诉讼。

有权提起诉讼的公民死亡,其近亲属可以提起诉讼。

有权提起诉讼的法人或者其他组织终止,承受其权利的法人或者其他组织可以提起诉讼。

人民检察院在履行职责中发现生态环境和资源保护、食品药品安全、国有财产保护、国有土地使用权出让等领域负有监督管理职责的行政机关违法行使职权或者不作为,致使国家利益或者社会公共利益受到侵害的,应当向行政机关提出检察建议,督促其依法履行职责。行政机关不依法履行职责的,人民检察院依法向人民法院提起诉讼。

第二十六条 【被告资格】公民、法人或者其他组织直接向人民法院提起诉讼的,作出行政行为的行政机关是被告。

经复议的案件,复议机关决定维持原行政行为的,作出原行政行为的行政机关和复议机关是共同被告;复议机关改变原行政行为的,复议机关是被告。

复议机关在法定期限内未作出复议决定,公民、法人或者其他组织起诉原行政行为的，作出原行政行为的行政机关是被告；起诉复议机关不作为的，复议机关是被告。

两个以上行政机关作出同一行政行为的，共同作出行政行为的行政机关是共同被告。

行政机关委托的组织所作的行政行为，委托的行政机关是被告。

行政机关被撤销或者职权变更的，继续行使其职权的行政机关是被告。

第二十七条 【共同诉讼】当事人一方或者双方为二人以上，因同一行政行为发生的行政案件，或者因同类行政行为发生的行政案件、人民法院认为可以合并审理并经当事人同意的，为共同诉讼。

第二十八条 【代表人诉讼】当事人一方人数众多的共同诉讼，可以由当事人推选代表人进行诉讼。代表人的诉讼行为对其所代表的当事人发生效力，但代表人变更、放弃诉讼请求或者承认对方当事人的诉讼请求，应当经被代表的当事人同意。

第二十九条 【诉讼第三人】公民、法人或者其他组织同被诉行政行为有利害关系但没有提起诉讼，或者同案件处理结果有利害关系的，可以作为第三人申请参加诉讼，或者由人民法院通知参加诉讼。

人民法院判决第三人承担义务或者减损第三人权益的，第三人有权依法提起上诉。

第三十条 【法定代理人】没有诉讼行为能力的公民，由其法定代理人代为诉讼。法定代理人互相推诿代理责任的，由人民法院指定其中一人代为诉讼。

第三十一条 【委托代理人】当事人、法定代理人，可以委托一至二人作为诉讼代理人。

下列人员可以被委托为诉讼代理人：

（一）律师、基层法律服务工作者；

（二）当事人的近亲属或者工作人员；

（三）当事人所在社区、单位以及有关社会团体推荐的公民。

第三十二条 【当事人及诉讼代理人权利】代理诉讼的律师，有权按照规定查阅、复制本案有关材料，有权向有关组织和公民调查，收集与本案有关的证据。对涉及国家秘密、商业秘密和个人隐私的材料，应当依照法律规定保密。

当事人和其他诉讼代理人有权按照规定查阅、复制本案庭审材料，但涉及国家秘密、商业秘密和个人隐私的内容除外。

第五章 证 据

第三十三条 【证据种类】证据包括：
（一）书证；
（二）物证；
（三）视听资料；
（四）电子数据；
（五）证人证言；
（六）当事人的陈述；
（七）鉴定意见；
（八）勘验笔录、现场笔录。
以上证据经法庭审查属实，才能作为认定案件事实的根据。

第三十四条 【被告举证责任】被告对作出的行政行为负有举证责任，应当提供作出该行政行为的证据和所依据的规范性文件。

被告不提供或者无正当理由逾期提供证据，视为没有相应证据。但是，被诉行政行为涉及第三人合法权益，第三人提供证据的除外。

第三十五条 【行政机关收集证据的限制】在诉讼过程中，被告及其诉讼代理人不得自行向原告、第三人和证人收集证据。

第三十六条 【被告延期提供证据和补充证据】被告在作出行政行为时已经收集了证据，但因不可抗力等正当事由不能提供的，经人民法院准许，可以延期提供。

原告或者第三人提出了其在行政处理程序中没有提出的理由或者证据的，经人民法院准许，被告可以补充证据。

第三十七条 【原告可以提供证据】原告可以提供证明行政行为违法的证据。原告提供的证据不成立的，不免除被告的举证责任。

第三十八条 【原告举证责任】在起诉被告不履行法定职责的案件中，原告应当提供其向被告提出申请的证据。但有下列情形之一的除外：

（一）被告应当依职权主动履行法定职责的；

（二）原告因正当理由不能提供证据的。

在行政赔偿、补偿的案件中，原告应当对行政行为造成的损害提供证据。因被告的原因导致原告无法举证的，由被告承担举证责任。

第三十九条　【法院要求当事人提供或者补充证据】人民法院有权要求当事人提供或者补充证据。

第四十条　【法院调取证据】人民法院有权向有关行政机关以及其他组织、公民调取证据。但是，不得为证明行政行为的合法性调取被告作出行政行为时未收集的证据。

第四十一条　【申请法院调取证据】与本案有关的下列证据，原告或者第三人不能自行收集的，可以申请人民法院调取：

（一）由国家机关保存而须由人民法院调取的证据；

（二）涉及国家秘密、商业秘密和个人隐私的证据；

（三）确因客观原因不能自行收集的其他证据。

第四十二条　【证据保全】在证据可能灭失或者以后难以取得的情况下，诉讼参加人可以向人民法院申请保全证据，人民法院也可以主动采取保全措施。

第四十三条　【证据适用规则】证据应当在法庭上出示，并由当事人互相质证。对涉及国家秘密、商业秘密和个人隐私的证据，不得在公开开庭时出示。

人民法院应当按照法定程序，全面、客观地审查核实证据。对未采纳的证据应当在裁判文书中说明理由。

以非法手段取得的证据，不得作为认定案件事实的根据。

第六章　起诉和受理

第四十四条　【行政复议与行政诉讼的关系】对属于人民法院受案范围的行政案件，公民、法人或者其他组织可以先向行政机关申请复议，对复议决定不服的，再向人民法院提起诉讼；也可以直接向人民法院提起诉讼。

法律、法规规定应当先向行政机关申请复议，对复议决定不服再向人民法院提起诉讼的，依照法律、法规的规定。

第四十五条　【经行政复议的起诉期限】公民、法人或者其他组织不服复议决定的，可以在收到复议决定书之日起十五日内向人民法院提起诉讼。复议机关逾期不作决定的，申请人可以在复议期满之日起十五日内向人民法院提起诉讼。法律另有规定的除外。

第四十六条 【起诉期限】公民、法人或者其他组织直接向人民法院提起诉讼的，应当自知道或者应当知道作出行政行为之日起六个月内提出。法律另有规定的除外。

因不动产提起诉讼的案件自行政行为作出之日起超过二十年，其他案件自行政行为作出之日起超过五年提起诉讼的，人民法院不予受理。

第四十七条 【行政机关不履行法定职责的起诉期限】公民、法人或者其他组织申请行政机关履行保护其人身权、财产权等合法权益的法定职责，行政机关在接到申请之日起两个月内不履行的，公民、法人或者其他组织可以向人民法院提起诉讼。法律、法规对行政机关履行职责的期限另有规定的，从其规定。

公民、法人或者其他组织在紧急情况下请求行政机关履行保护其人身权、财产权等合法权益的法定职责，行政机关不履行的，提起诉讼不受前款规定期限的限制。

第四十八条 【起诉期限的扣除和延长】公民、法人或者其他组织因不可抗力或者其他不属于其自身的原因耽误起诉期限的，被耽误的时间不计算在起诉期限内。

公民、法人或者其他组织因前款规定以外的其他特殊情况耽误起诉期限的，在障碍消除后十日内，可以申请延长期限，是否准许由人民法院决定。

第四十九条 【起诉条件】提起诉讼应当符合下列条件：

（一）原告是符合本法第二十五条规定的公民、法人或者其他组织；

（二）有明确的被告；

（三）有具体的诉讼请求和事实根据；

（四）属于人民法院受案范围和受诉人民法院管辖。

第五十条 【起诉方式】起诉应当向人民法院递交起诉状，并按照被告人数提出副本。

书写起诉状确有困难的，可以口头起诉，由人民法院记入笔录，出具注明日期的书面凭证，并告知对方当事人。

第五十一条 【登记立案】人民法院在接到起诉状时对符合本法规

定的起诉条件的,应当登记立案。

对当场不能判定是否符合本法规定的起诉条件的,应当接收起诉状,出具注明收到日期的书面凭证,并在七日内决定是否立案。不符合起诉条件的,作出不予立案的裁定。裁定书应当载明不予立案的理由。原告对裁定不服的,可以提起上诉。

起诉状内容欠缺或者有其他错误的,应当给予指导和释明,并一次性告知当事人需要补正的内容。不得未经指导和释明即以起诉不符合条件为由不接收起诉状。

对于不接收起诉状、接收起诉状后不出具书面凭证,以及不一次性告知当事人需要补正的起诉状内容的,当事人可以向上级人民法院投诉,上级人民法院应当责令改正,并对直接负责的主管人员和其他直接责任人员依法给予处分。

第五十二条 【法院不立案的救济】人民法院既不立案,又不作出不予立案裁定的,当事人可以向上一级人民法院起诉。上一级人民法院认为符合起诉条件的,应当立案、审理,也可以指定其他下级人民法院立案、审理。

第五十三条 【规范性文件的附带审查】公民、法人或者其他组织认为行政行为所依据的国务院部门和地方人民政府及其部门制定的规范性文件不合法,在对行政行为提起诉讼时,可以一并请求对该规范性文件进行审查。

前款规定的规范性文件不含规章。

第七章 审理和判决

第一节 一般规定

第五十四条 【公开审理原则】人民法院公开审理行政案件,但涉及国家秘密、个人隐私和法律另有规定的除外。

涉及商业秘密的案件,当事人申请不公开审理的,可以不公开审理。

第五十五条 【回避】当事人认为审判人员与本案有利害关系或者有其他关系可能影响公正审判,有权申请审判人员回避。

审判人员认为自己与本案有利害关系或者有其他关系，应当申请回避。

前两款规定，适用于书记员、翻译人员、鉴定人、勘验人。

院长担任审判长时的回避，由审判委员会决定；审判人员的回避，由院长决定；其他人员的回避，由审判长决定。当事人对决定不服的，可以申请复议一次。

第五十六条　【诉讼不停止执行】诉讼期间，不停止行政行为的执行。但有下列情形之一的，裁定停止执行：

（一）被告认为需要停止执行的；

（二）原告或者利害关系人申请停止执行，人民法院认为该行政行为的执行会造成难以弥补的损失，并且停止执行不损害国家利益、社会公共利益的；

（三）人民法院认为该行政行为的执行会给国家利益、社会公共利益造成重大损害的；

（四）法律、法规规定停止执行的。

当事人对停止执行或者不停止执行的裁定不服的，可以申请复议一次。

第五十七条　【先予执行】人民法院对起诉行政机关没有依法支付抚恤金、最低生活保障金和工伤、医疗社会保险金的案件，权利义务关系明确、不先予执行将严重影响原告生活的，可以根据原告的申请，裁定先予执行。

当事人对先予执行裁定不服的，可以申请复议一次。复议期间不停止裁定的执行。

第五十八条　【拒不到庭或中途退庭的法律后果】经人民法院传票传唤，原告无正当理由拒不到庭，或者未经法庭许可中途退庭的，可以按照撤诉处理；被告无正当理由拒不到庭，或者未经法庭许可中途退庭的，可以缺席判决。

第五十九条　【妨害行政诉讼强制措施】诉讼参与人或者其他人有下列行为之一的，人民法院可以根据情节轻重，予以训诫、责令具结悔过或者处一万元以下的罚款、十五日以下的拘留；构成犯罪的，依法追究刑事责任：

（一）有义务协助调查、执行的人，对人民法院的协助调查决定、

协助执行通知书,无故推拖、拒绝或者妨碍调查、执行的;

(二)伪造、隐藏、毁灭证据或者提供虚假证明材料,妨碍人民法院审理案件的;

(三)指使、贿买、胁迫他人作伪证或者威胁、阻止证人作证的;

(四)隐藏、转移、变卖、毁损已被查封、扣押、冻结的财产的;

(五)以欺骗、胁迫等非法手段使原告撤诉的;

(六)以暴力、威胁或者其他方法阻碍人民法院工作人员执行职务,或者以哄闹、冲击法庭等方法扰乱人民法院工作秩序的;

(七)对人民法院审判人员或者其他工作人员、诉讼参与人、协助调查和执行的人员恐吓、侮辱、诽谤、诬陷、殴打、围攻或者打击报复的。

人民法院对有前款规定的行为之一的单位,可以对其主要负责人或者直接责任人员依照前款规定予以罚款、拘留;构成犯罪的,依法追究刑事责任。

罚款、拘留须经人民法院院长批准。当事人不服的,可以向上一级人民法院申请复议一次。复议期间不停止执行。

第六十条 【调解】人民法院审理行政案件,不适用调解。但是,行政赔偿、补偿以及行政机关行使法律、法规规定的自由裁量权的案件可以调解。

调解应当遵循自愿、合法原则,不得损害国家利益、社会公共利益和他人合法权益。

第六十一条 【民事争议和行政争议交叉】在涉及行政许可、登记、征收、征用和行政机关对民事争议所作的裁决的行政诉讼中,当事人申请一并解决相关民事争议的,人民法院可以一并审理。

在行政诉讼中,人民法院认为行政案件的审理需以民事诉讼的裁判为依据的,可以裁定中止行政诉讼。

第六十二条 【撤诉】人民法院对行政案件宣告判决或者裁定前,原告申请撤诉的,或者被告改变其所作的行政行为,原告同意并申请撤诉的,是否准许,由人民法院裁定。

第六十三条 【撤诉】人民法院审理行政案件,以法律和行政法规、地方性法规为依据。地方性法规适用于本行政区域内发生的行政案件。

人民法院审理民族自治地方的行政案件,并以该民族自治地方的自治条例和单行条例为依据。

人民法院审理行政案件,参照规章。

第六十四条 【规范性文件审查和处理】人民法院在审理行政案件中,经审查认为本法第五十三条规定的规范性文件不合法的,不作为认定行政行为合法的依据,并向制定机关提出处理建议。

第六十五条 【裁判文书公开】人民法院应当公开发生法律效力的判决书、裁定书,供公众查阅,但涉及国家秘密、商业秘密和个人隐私的内容除外。

第六十六条 【有关行政机关工作人员和被告的处理】人民法院在审理行政案件中,认为行政机关的主管人员、直接责任人员违法违纪的,应当将有关材料移送监察机关、该行政机关或者其上一级行政机关;认为有犯罪行为的,应当将有关材料移送公安、检察机关。

人民法院对被告经传票传唤无正当理由拒不到庭,或者未经法庭许可中途退庭的,可以将被告拒不到庭或者中途退庭的情况予以公告,并可以向监察机关或者被告的上一级行政机关提出依法给予其主要负责人或者直接责任人员处分的司法建议。

第二节 第一审普通程序

第六十七条 【发送起诉状和提出答辩状】人民法院应当在立案之日起五日内,将起诉状副本发送被告。被告应当在收到起诉状副本之日起十五日内向人民法院提交作出行政行为的证据和所依据的规范性文件,并提出答辩状。人民法院应当在收到答辩状之日起五日内,将答辩状副本发送原告。

被告不提出答辩状的,不影响人民法院审理。

第六十八条 【审判组织形式】人民法院审理行政案件,由审判员组成合议庭,或者由审判员、陪审员组成合议庭。合议庭的成员,应当是三人以上的单数。

第六十九条 【驳回原告诉讼请求判决】行政行为证据确凿,适用法律、法规正确,符合法定程序的,或者原告申请被告履行法定职责或者给付义务理由不成立的,人民法院判决驳回原告的诉讼请求。

第七十条 【撤销判决和重作判决】行政行为有下列情形之一的,

人民法院判决撤销或者部分撤销，并可以判决被告重新作出行政行为：

（一）主要证据不足的；

（二）适用法律、法规错误的；

（三）违反法定程序的；

（四）超越职权的；

（五）滥用职权的；

（六）明显不当的。

第七十一条　【重作判决对被告的限制】人民法院判决被告重新作出行政行为的，被告不得以同一的事实和理由作出与原行政行为基本相同的行政行为。

第七十二条　【履行判决】人民法院经过审理，查明被告不履行法定职责的，判决被告在一定期限内履行。

第七十三条　【给付判决】人民法院经过审理，查明被告依法负有给付义务的，判决被告履行给付义务。

第七十四条　【确认违法判决】行政行为有下列情形之一的，人民法院判决确认违法，但不撤销行政行为：

（一）行政行为依法应当撤销，但撤销会给国家利益、社会公共利益造成重大损害的；

（二）行政行为程序轻微违法，但对原告权利不产生实际影响的。

行政行为有下列情形之一，不需要撤销或者判决履行的，人民法院判决确认违法：

（一）行政行为违法，但不具有可撤销内容的；

（二）被告改变原违法行政行为，原告仍要求确认原行政行为违法的；

（三）被告不履行或者拖延履行法定职责，判决履行没有意义的。

第七十五条　【确认无效判决】行政行为有实施主体不具有行政主体资格或者没有依据等重大且明显违法情形，原告申请确认行政行为无效的，人民法院判决确认无效。

第七十六条　【确认违法和无效判决的补充规定】人民法院判决确认违法或者无效的，可以同时判决责令被告采取补救措施；给原告造成损失的，依法判决被告承担赔偿责任。

第七十七条　【变更判决】行政处罚明显不当，或者其他行政行为涉及对款额的确定、认定确有错误的，人民法院可以判决变更。

人民法院判决变更，不得加重原告的义务或者减损原告的权益。但利害关系人同为原告，且诉讼请求相反的除外。

第七十八条　【行政协议履行及补偿判决】被告不依法履行、未按照约定履行或者违法变更、解除本法第十二条第一款第十一项规定的协议的，人民法院判决被告承担继续履行、采取补救措施或者赔偿损失等责任。

被告变更、解除本法第十二条第一款第十一项规定的协议合法，但未依法给予补偿的，人民法院判决给予补偿。

第七十九条　【复议决定和原行政行为一并裁判】复议机关与作出原行政行为的行政机关为共同被告的案件，人民法院应当对复议决定和原行政行为一并作出裁判。

第八十条　【公开宣判】人民法院对公开审理和不公开审理的案件，一律公开宣告判决。

当庭宣判的，应当在十日内发送判决书；定期宣判的，宣判后立即发给判决书。

宣告判决时，必须告知当事人上诉权利、上诉期限和上诉的人民法院。

第八十一条　【第一审审限】人民法院应当在立案之日起六个月内作出第一审判决。有特殊情况需要延长的，由高级人民法院批准，高级人民法院审理第一审案件需要延长的，由最高人民法院批准。

第三节　简易程序

第八十二条　【简易程序适用情形】人民法院审理下列第一审行政案件，认为事实清楚、权利义务关系明确、争议不大的，可以适用简易程序：

（一）被诉行政行为是依法当场作出的；

（二）案件涉及款额二千元以下的；

（三）属于政府信息公开案件的。

除前款规定以外的第一审行政案件，当事人各方同意适用简易程序的，可以适用简易程序。

发回重审、按照审判监督程序再审的案件不适用简易程序。

第八十三条 【简易程序的审判组织形式和审限】适用简易程序审理的行政案件,由审判员一人独任审理,并应当在立案之日起四十五日内审结。

第八十四条 【简易程序与普通程序的转换】人民法院在审理过程中,发现案件不宜适用简易程序的,裁定转为普通程序。

第四节 第二审程序

第八十五条 【上诉】当事人不服人民法院第一审判决的,有权在判决书送达之日起十五日内向上一级人民法院提起上诉。当事人不服人民法院第一审裁定的,有权在裁定书送达之日起十日内向上一级人民法院提起上诉。逾期不提起上诉的,人民法院的第一审判决或者裁定发生法律效力。

第八十六条 【二审审理方式】人民法院对上诉案件,应当组成合议庭,开庭审理。经过阅卷、调查和询问当事人,对没有提出新的事实、证据或者理由,合议庭认为不需要开庭审理的,也可以不开庭审理。

第八十七条 【二审审查范围】人民法院审理上诉案件,应当对原审人民法院的判决、裁定和被诉行政行为进行全面审查。

第八十八条 【二审审限】人民法院审理上诉案件,应当在收到上诉状之日起三个月内作出终审判决。有特殊情况需要延长的,由高级人民法院批准,高级人民法院审理上诉案件需要延长的,由最高人民法院批准。

第八十九条 【二审裁判】人民法院审理上诉案件,按照下列情形,分别处理:

(一)原判决、裁定认定事实清楚,适用法律、法规正确的,判决或者裁定驳回上诉,维持原判决、裁定;

(二)原判决、裁定认定事实错误或者适用法律、法规错误的,依法改判、撤销或者变更;

(三)原判决认定基本事实不清、证据不足的,发回原审人民法院重审,或者查清事实后改判;

(四)原判决遗漏当事人或者违法缺席判决等严重违反法定程序的,裁定撤销原判决,发回原审人民法院重审。

原审人民法院对发回重审的案件作出判决后,当事人提起上诉的,第二审人民法院不得再次发回重审。

人民法院审理上诉案件,需要改变原审判决的,应当同时对被诉行政行为作出判决。

第五节 审判监督程序

第九十条 【当事人申请再审】 当事人对已经发生法律效力的判决、裁定,认为确有错误的,可以向上一级人民法院申请再审,但判决、裁定不停止执行。

第九十一条 【再审事由】 当事人的申请符合下列情形之一的,人民法院应当再审:

(一)不予立案或者驳回起诉确有错误的;

(二)有新的证据,足以推翻原判决、裁定的;

(三)原判决、裁定认定事实的主要证据不足、未经质证或者系伪造的;

(四)原判决、裁定适用法律、法规确有错误的;

(五)违反法律规定的诉讼程序,可能影响公正审判的;

(六)原判决、裁定遗漏诉讼请求的;

(七)据以作出原判决、裁定的法律文书被撤销或者变更的;

(八)审判人员在审理该案件时有贪污受贿、徇私舞弊、枉法裁判行为的。

第九十二条 【人民法院依职权再审】 各级人民法院院长对本院已经发生法律效力的判决、裁定,发现有本法第九十一条规定情形之一,或者发现调解违反自愿原则或者调解书内容违法,认为需要再审的,应当提交审判委员会讨论决定。

最高人民法院对地方各级人民法院已经发生法律效力的判决、裁定,上级人民法院对下级人民法院已经发生法律效力的判决、裁定,发现有本法第九十一条规定情形之一,或者发现调解违反自愿原则或者调解书内容违法的,有权提审或者指令下级人民法院再审。

第九十三条 【抗诉和检察建议】 最高人民检察院对各级人民法院已经发生法律效力的判决、裁定,上级人民检察院对下级人民法院已经发生法律效力的判决、裁定,发现有本法第九十一条规定情形之一,或者发现调解书损害国家利益、社会公共利益的，应当提出抗诉。

地方各级人民检察院对同级人民法院已经发生法律效力的判决、裁定，发现有本法第九十一条规定情形之一，或者发现调解书损害国家利益、社会公共利益的，可以向同级人民法院提出检察建议，并报上级人民检察院备案；也可以提请上级人民检察院向同级人民法院提出抗诉。

各级人民检察院对审判监督程序以外的其他审判程序中审判人员的违法行为，有权向同级人民法院提出检察建议。

第八章 执 行

第九十四条 【生效裁判和调解书的执行】当事人必须履行人民法院发生法律效力的判决、裁定、调解书。

第九十五条 【申请强制执行和执行管辖】公民、法人或者其他组织拒绝履行判决、裁定、调解书的，行政机关或者第三人可以向第一审人民法院申请强制执行，或者由行政机关依法强制执行。

第九十六条 【对行政机关拒绝履行的执行措施】行政机关拒绝履行判决、裁定、调解书的，第一审人民法院可以采取下列措施：

（一）对应当归还的罚款或者应当给付的款额，通知银行从该行政机关的账户内划拨；

（二）在规定期限内不履行的，从期满之日起，对该行政机关负责人按日处五十元至一百元的罚款；

（三）将行政机关拒绝履行的情况予以公告；

（四）向监察机关或者该行政机关的上一级行政机关提出司法建议。接受司法建议的机关，根据有关规定进行处理，并将处理情况告知人民法院；

（五）拒不履行判决、裁定、调解书，社会影响恶劣的，可以对该行政机关直接负责的主管人员和其他直接责任人员予以拘留；情节严重，构成犯罪的，依法追究刑事责任。

第九十七条 【非诉执行】公民、法人或者其他组织对行政行为在法定期限内不提起诉讼又不履行的，行政机关可以申请人民法院强制执行，或者依法强制执行。

第九章　涉外行政诉讼

第九十八条　【涉外行政诉讼的法律适用原则】外国人、无国籍人、外国组织在中华人民共和国进行行政诉讼，适用本法。法律另有规定的除外。

第九十九条　【同等与对等原则】外国人、无国籍人、外国组织在中华人民共和国进行行政诉讼，同中华人民共和国公民、组织有同等的诉讼权利和义务。

外国法院对中华人民共和国公民、组织的行政诉讼权利加以限制的，人民法院对该国公民、组织的行政诉讼权利，实行对等原则。

第一百条　【中国律师代理】外国人、无国籍人、外国组织在中华人民共和国进行行政诉讼，委托律师代理诉讼的，应当委托中华人民共和国律师机构的律师。

第十章　附　　则

第一百零一条　【适用民事诉讼法规定】人民法院审理行政案件，关于期间、送达、财产保全、开庭审理、调解、中止诉讼、终结诉讼、简易程序、执行等，以及人民检察院对行政案件受理、审理、裁判、执行的监督，本法没有规定的，适用《中华人民共和国民事诉讼法》的相关规定。

第一百零二条　【诉讼费用】人民法院审理行政案件，应当收取诉讼费用。诉讼费用由败诉方承担，双方都有责任的由双方分担。收取诉讼费用的具体办法另行规定。

第一百零三条　【施行日期】本法自1990年10月1日起施行。

最高人民法院关于适用《中华人民共和国行政诉讼法》的解释

(2017年11月13日最高人民法院审判委员会第1726次会议通过 2018年2月6日最高人民法院公告公布 自2018年2月8日起施行 法释〔2018〕1号)

为正确适用《中华人民共和国行政诉讼法》(以下简称行政诉讼法),结合人民法院行政审判工作实际,制定本解释。

一、受案范围

第一条 公民、法人或者其他组织对行政机关及其工作人员的行政行为不服,依法提起诉讼的,属于人民法院行政诉讼的受案范围。

下列行为不属于人民法院行政诉讼的受案范围:

(一)公安、国家安全等机关依照刑事诉讼法的明确授权实施的行为;

(二)调解行为以及法律规定的仲裁行为;

(三)行政指导行为;

(四)驳回当事人对行政行为提起申诉的重复处理行为;

(五)行政机关作出的不产生外部法律效力的行为;

(六)行政机关为作出行政行为而实施的准备、论证、研究、层报、咨询等过程性行为;

(七)行政机关根据人民法院的生效裁判、协助执行通知书作出的执行行为,但行政机关扩大执行范围或者采取违法方式实施的除外;

(八)上级行政机关基于内部层级监督关系对下级行政机关作出的听取报告、执法检查、督促履责等行为;

(九)行政机关针对信访事项作出的登记、受理、交办、转送、复查、复核意见等行为;

(十)对公民、法人或者其他组织权利义务不产生实际影响的行为。

第二条 行政诉讼法第十三条第一项规定的"国家行为",是指国务院、中央军事委员会、国防部、外交部等根据宪法和法律的授权，以国家的名义实施的有关国防和外交事务的行为，以及经宪法和法律授权的国家机关宣布紧急状态等行为。

行政诉讼法第十三条第二项规定的"具有普遍约束力的决定、命令"，是指行政机关针对不特定对象发布的能反复适用的规范性文件。

行政诉讼法第十三条第三项规定的"对行政机关工作人员的奖惩、任免等决定"，是指行政机关作出的涉及行政机关工作人员公务员权利义务的决定。

行政诉讼法第十三条第四项规定的"法律规定由行政机关最终裁决的行政行为"中的"法律"，是指全国人民代表大会及其常务委员会制定、通过的规范性文件。

二、管　　辖

第三条　各级人民法院行政审判庭审理行政案件和审查行政机关申请执行其行政行为的案件。

专门人民法院、人民法庭不审理行政案件，也不审查和执行行政机关申请执行其行政行为的案件。铁路运输法院等专门人民法院审理行政案件，应当执行行政诉讼法第十八条第二款的规定。

第四条　立案后，受诉人民法院的管辖权不受当事人住所地改变、追加被告等事实和法律状态变更的影响。

第五条　有下列情形之一的，属于行政诉讼法第十五条第三项规定的"本辖区内重大、复杂的案件"：

（一）社会影响重大的共同诉讼案件；

（二）涉外或者涉及香港特别行政区、澳门特别行政区、台湾地区的案件；

（三）其他重大、复杂案件。

第六条　当事人以案件重大复杂为由，认为有管辖权的基层人民法院不宜行使管辖权或者根据行政诉讼法第五十二条的规定，向中级人民法院起诉，中级人民法院应当根据不同情况在七日内分别作出以下处理：

（一）决定自行审理；

（二）指定本辖区其他基层人民法院管辖；

（三）书面告知当事人向有管辖权的基层人民法院起诉。

第七条 基层人民法院对其管辖的第一审行政案件，认为需要由中级人民法院审理或者指定管辖的，可以报请中级人民法院决定。中级人民法院应当根据不同情况在七日内分别作出以下处理：

（一）决定自行审理；

（二）指定本辖区其他基层人民法院管辖；

（三）决定由报请的人民法院审理。

第八条 行政诉讼法第十九条规定的"原告所在地"，包括原告的户籍所在地、经常居住地和被限制人身自由地。

对行政机关基于同一事实，既采取限制公民人身自由的行政强制措施，又采取其他行政强制措施或者行政处罚不服的，由被告所在地或者原告所在地的人民法院管辖。

第九条 行政诉讼法第二十条规定的"因不动产提起的行政诉讼"是指因行政行为导致不动产物权变动而提起的诉讼。

不动产已登记的，以不动产登记簿记载的所在地为不动产所在地；不动产未登记的，以不动产实际所在地为不动产所在地。

第十条 人民法院受理案件后，被告提出管辖异议的，应当在收到起诉状副本之日起十五日内提出。

对当事人提出的管辖异议，人民法院应当进行审查。异议成立的，裁定将案件移送有管辖权的人民法院；异议不成立的，裁定驳回。

人民法院对管辖异议审查后确定有管辖权的，不因当事人增加或者变更诉讼请求等改变管辖，但违反级别管辖、专属管辖规定的除外。

第十一条 有下列情形之一的，人民法院不予审查：

（一）人民法院发回重审或者按第一审程序再审的案件，当事人提出管辖异议的；

（二）当事人在第一审程序中未按照法律规定的期限和形式提出管辖异议，在第二审程序中提出的。

三、诉讼参加人

第十二条 有下列情形之一的，属于行政诉讼法第二十五条第一款规定的"与行政行为有利害关系"：

（一）被诉的行政行为涉及其相邻权或者公平竞争权的；
（二）在行政复议等行政程序中被追加为第三人的；
（三）要求行政机关依法追究加害人法律责任的；
（四）撤销或者变更行政行为涉及其合法权益的；
（五）为维护自身合法权益向行政机关投诉，具有处理投诉职责的行政机关作出或者未作出处理的；
（六）其他与行政行为有利害关系的情形。

第十三条 债权人以行政机关对债务人所作的行政行为损害债权实现为由提起行政诉讼的，人民法院应当告知其就民事争议提起民事诉讼，但行政机关作出行政行为时依法应予保护或者应予考虑的除外。

第十四条 行政诉讼法第二十五条第二款规定的"近亲属"，包括配偶、父母、子女、兄弟姐妹、祖父母、外祖父母、孙子女、外孙子女和其他具有扶养、赡养关系的亲属。

公民因被限制人身自由而不能提起诉讼的，其近亲属可以依其口头或者书面委托以该公民的名义提起诉讼。近亲属起诉时无法与被限制人身自由的公民取得联系，近亲属可以先行起诉，并在诉讼中补充提交委托证明。

第十五条 合伙企业向人民法院提起诉讼的，应当以核准登记的字号为原告。未依法登记领取营业执照的个人合伙的全体合伙人为共同原告；全体合伙人可以推选代表人，被推选的代表人，应当由全体合伙人出具推选书。

个体工商户向人民法院提起诉讼的，以营业执照上登记的经营者为原告。有字号的，以营业执照上登记的字号为原告，并应当注明该字号经营者的基本信息。

第十六条 股份制企业的股东大会、股东会、董事会等认为行政机关作出的行政行为侵犯企业经营自主权的，可以企业名义提起诉讼。

联营企业、中外合资或者合作企业的联营、合资、合作各方，认为联营、合资、合作企业权益或者自己一方合法权益受行政行为侵害的，可以自己的名义提起诉讼。

非国有企业被行政机关注销、撤销、合并、强令兼并、出售、分立或者改变企业隶属关系的，该企业或者其法定代表人可以提起诉讼。

第十七条 事业单位、社会团体、基金会、社会服务机构等非营利法人的出资人、设立人认为行政行为损害法人合法权益的,可以自己的名义提起诉讼。

第十八条 业主委员会对于行政机关作出的涉及业主共有利益的行政行为,可以自己的名义提起诉讼。

业主委员会不起诉的,专有部分占建筑物总面积过半数或者占总户数过半数的业主可以提起诉讼。

第十九条 当事人不服经上级行政机关批准的行政行为,向人民法院提起诉讼的,以在对外发生法律效力的文书上署名的机关为被告。

第二十条 行政机关组建并赋予行政管理职能但不具有独立承担法律责任能力的机构,以自己的名义作出行政行为,当事人不服提起诉讼的,应当以组建该机构的行政机关为被告。

法律、法规或者规章授权行使行政职权的行政机关内设机构、派出机构或者其他组织,超出法定授权范围实施行政行为,当事人不服提起诉讼的,应当以实施该行为的机构或者组织为被告。

没有法律、法规或者规章规定,行政机关授权其内设机构、派出机构或者其他组织行使行政职权的,属于行政诉讼法第二十六条规定的委托。当事人不服提起诉讼的,应当以该行政机关为被告。

第二十一条 当事人对由国务院、省级人民政府批准设立的开发区管理机构作出的行政行为不服提起诉讼的,以该开发区管理机构为被告;对由国务院、省级人民政府批准设立的开发区管理机构所属职能部门作出的行政行为不服提起诉讼的,以其职能部门为被告;对其他开发区管理机构所属职能部门作出的行政行为不服提起诉讼的,以开发区管理机构为被告;开发区管理机构没有行政主体资格的,以设立该机构的地方人民政府为被告。

第二十二条 行政诉讼法第二十六条第二款规定的"复议机关改变原行政行为",是指复议机关改变原行政行为的处理结果。复议机关改变原行政行为所认定的主要事实和证据、改变原行政行为所适用的规范依据,但未改变原行政行为处理结果的,视为复议机关维持原行政行为。

复议机关确认原行政行为无效,属于改变原行政行为。

复议机关确认原行政行为违法,属于改变原行政行为,但复议机关以违反法定程序为由确认原行政行为违法的除外。

第二十三条 行政机关被撤销或者职权变更，没有继续行使其职权的行政机关的，以其所属的人民政府为被告；实行垂直领导的，以垂直领导的上一级行政机关为被告。

第二十四条 当事人对村民委员会或者居民委员会依据法律、法规、规章的授权履行行政管理职责的行为不服提起诉讼的，以村民委员会或者居民委员会为被告。

当事人对村民委员会、居民委员会受行政机关委托作出的行为不服提起诉讼的，以委托的行政机关为被告。

当事人对高等学校等事业单位以及律师协会、注册会计师协会等行业协会依据法律、法规、规章的授权实施的行政行为不服提起诉讼的，以该事业单位、行业协会为被告。

当事人对高等学校等事业单位以及律师协会、注册会计师协会等行业协会受行政机关委托作出的行为不服提起诉讼的，以委托的行政机关为被告。

第二十五条 市、县级人民政府确定的房屋征收部门组织实施房屋征收与补偿工作过程中作出行政行为，被征收人不服提起诉讼的，以房屋征收部门为被告。

征收实施单位受房屋征收部门委托，在委托范围内从事的行为，被征收人不服提起诉讼的，应当以房屋征收部门为被告。

第二十六条 原告所起诉的被告不适格，人民法院应当告知原告变更被告；原告不同意变更的，裁定驳回起诉。

应当追加被告而原告不同意追加的，人民法院应当通知其以第三人的身份参加诉讼，但行政复议机关作共同被告的除外。

第二十七条 必须共同进行诉讼的当事人没有参加诉讼的，人民法院应当依法通知其参加；当事人也可以向人民法院申请参加。

人民法院应当对当事人提出的申请进行审查，申请理由不成立的，裁定驳回；申请理由成立的，书面通知其参加诉讼。

前款所称的必须共同进行诉讼，是指按照行政诉讼法第二十七条的规定，当事人一方或者双方为两人以上，因同一行政行为发生行政争议，人民法院必须合并审理的诉讼。

第二十八条 人民法院追加共同诉讼的当事人时，应当通知其他当事人。应当追加的原告，已明确表示放弃实体权利的，可不予追加；既不愿意参加诉讼,又不放弃实体权利的,应追加为第三人,其不参加诉讼,不能阻碍人民法院对案件的审理和裁判。

第二十九条 行政诉讼法第二十八条规定的"人数众多",一般指十人以上。

根据行政诉讼法第二十八条的规定,当事人一方人数众多的,由当事人推选代表人。当事人推选不出的,可以由人民法院在起诉的当事人中指定代表人。

行政诉讼法第二十八条规定的代表人为二至五人。代表人可以委托一至二人作为诉讼代理人。

第三十条 行政机关的同一行政行为涉及两个以上利害关系人,其中一部分利害关系人对行政行为不服提起诉讼,人民法院应当通知没有起诉的其他利害关系人作为第三人参加诉讼。

与行政案件处理结果有利害关系的第三人,可以申请参加诉讼,或者由人民法院通知其参加诉讼。人民法院判决其承担义务或者减损其权益的第三人,有权提出上诉或者申请再审。

行政诉讼法第二十九条规定的第三人,因不能归责于本人的事由未参加诉讼,但有证据证明发生法律效力的判决、裁定、调解书损害其合法权益的,可以依照行政诉讼法第九十条的规定,自知道或者应当知道其合法权益受到损害之日起六个月内,向上一级人民法院申请再审。

第三十一条 当事人委托诉讼代理人,应当向人民法院提交由委托人签名或者盖章的授权委托书。委托书应当载明委托事项和具体权限。公民在特殊情况下无法书面委托的,也可以由他人代书,并由自己捺印等方式确认,人民法院应当核实并记录在卷;被诉行政机关或者其他有义务协助的机关拒绝人民法院向被限制人身自由的公民核实的,视为委托成立。当事人解除或者变更委托的,应当书面报告人民法院。

第三十二条 依照行政诉讼法第三十一条第二款第二项规定,与当事人有合法劳动人事关系的职工,可以当事人工作人员的名义作为诉讼代理人。以当事人的工作人员身份参加诉讼活动,应当提交以下证据之一加以证明:

(一)缴纳社会保险记录凭证;

(二)领取工资凭证;

(三)其他能够证明其为当事人工作人员身份的证据。

第三十三条 根据行政诉讼法第三十一条第二款第三项规定，有关社会团体推荐公民担任诉讼代理人的，应当符合下列条件：

（一）社会团体属于依法登记设立或者依法免予登记设立的非营利性法人组织；

（二）被代理人属于该社会团体的成员，或者当事人一方住所地位于该社会团体的活动地域；

（三）代理事务属于该社会团体章程载明的业务范围；

（四）被推荐的公民是该社会团体的负责人或者与该社会团体有合法劳动人事关系的工作人员。

专利代理人经中华全国专利代理人协会推荐，可以在专利行政案件中担任诉讼代理人。

四、证　　据

第三十四条 根据行政诉讼法第三十六条第一款的规定，被告申请延期提供证据的，应当在收到起诉状副本之日起十五日内以书面方式向人民法院提出。人民法院准许延期提供的，被告应当在正当事由消除后十五日内提供证据。逾期提供的，视为被诉行政行为没有相应的证据。

第三十五条 原告或者第三人应当在开庭审理前或者人民法院指定的交换证据清单之日提供证据。因正当事由申请延期提供证据的，经人民法院准许，可以在法庭调查中提供。逾期提供证据的，人民法院应当责令其说明理由；拒不说明理由或者理由不成立的，视为放弃举证权利。

原告或者第三人在第一审程序中无正当事由未提供而在第二审程序中提供的证据，人民法院不予接纳。

第三十六条 当事人申请延长举证期限，应当在举证期限届满前向人民法院提出书面申请。

申请理由成立的，人民法院应当准许，适当延长举证期限，并通知其他当事人。申请理由不成立的，人民法院不予准许，并通知申请人。

第三十七条 根据行政诉讼法第三十九条的规定，对当事人无争议，但涉及国家利益、公共利益或者他人合法权益的事实，人民法院可以责令当事人提供或者补充有关证据。

第三十八条 对于案情比较复杂或者证据数量较多的案件，人民法院可以组织当事人在开庭前向对方出示或者交换证据,并将交换证据清单的情况记录在卷。

当事人在庭前证据交换过程中没有争议并记录在卷的证据,经审判人员在庭审中说明后,可以作为认定案件事实的依据。

第三十九条 当事人申请调查收集证据,但该证据与待证事实无关联、对证明待证事实无意义或者其他无调查收集必要的,人民法院不予准许。

第四十条 人民法院在证人出庭作证前应当告知其如实作证的义务以及作伪证的法律后果。

证人因履行出庭作证义务而支出的交通、住宿、就餐等必要费用以及误工损失,由败诉一方当事人承担。

第四十一条 有下列情形之一,原告或者第三人要求相关行政执法人员出庭说明的,人民法院可以准许:

(一)对现场笔录的合法性或者真实性有异议的;

(二)对扣押财产的品种或者数量有异议的;

(三)对检验的物品取样或者保管有异议的;

(四)对行政执法人员身份的合法性有异议的;

(五)需要出庭说明的其他情形。

第四十二条 能够反映案件真实情况、与待证事实相关联、来源和形式符合法律规定的证据,应当作为认定案件事实的根据。

第四十三条 有下列情形之一的,属于行政诉讼法第四十三条第三款规定的"以非法手段取得的证据":

(一)严重违反法定程序收集的证据材料;

(二)以违反法律强制性规定的手段获取且侵害他人合法权益的证据材料;

(三)以利诱、欺诈、胁迫、暴力等手段获取的证据材料。

第四十四条 人民法院认为有必要的,可以要求当事人本人或者行政机关执法人员到庭,就案件有关事实接受询问。在询问之前,可以要求其签署保证书。

保证书应当载明据实陈述、如有虚假陈述愿意接受处罚等内容。当事人或者行政机关执法人员应当在保证书上签名或者捺印。

负有举证责任的当事人拒绝到庭、拒绝接受询问或者拒绝签署保证书，待证事实又欠缺其他证据加以佐证的，人民法院对其主张的事实不予认定。

第四十五条　被告有证据证明其在行政程序中依照法定程序要求原告或者第三人提供证据，原告或者第三人依法应当提供而没有提供，在诉讼程序中提供的证据，人民法院一般不予采纳。

第四十六条　原告或者第三人确有证据证明被告持有的证据对原告或者第三人有利的，可以在开庭审理前书面申请人民法院责令行政机关提交。

申请理由成立的，人民法院应当责令行政机关提交，因提交证据所产生的费用，由申请人预付。行政机关无正当理由拒不提交的，人民法院可以推定原告或者第三人基于该证据主张的事实成立。

持有证据的当事人以妨碍对方当事人使用为目的，毁灭有关证据或者实施其他致使证据不能使用行为的，人民法院可以推定对方当事人基于该证据主张的事实成立，并可依照行政诉讼法第五十九条规定处理。

第四十七条　根据行政诉讼法第三十八条第二款的规定，在行政赔偿、补偿案件中，因被告的原因导致原告无法就损害情况举证的，应当由被告就该损害情况承担举证责任。

对于各方主张损失的价值无法认定的，应当由负有举证责任的一方当事人申请鉴定，但法律、法规、规章规定行政机关在作出行政行为时依法应当评估或者鉴定的除外；负有举证责任的当事人拒绝申请鉴定的，由其承担不利的法律后果。

当事人的损失因客观原因无法鉴定的，人民法院应当结合当事人的主张和在案证据，遵循法官职业道德，运用逻辑推理和生活经验、生活常识等，酌情确定赔偿数额。

五、期间、送达

第四十八条　期间包括法定期间和人民法院指定的期间。

期间以时、日、月、年计算。期间开始的时和日，不计算在期间内。

期间届满的最后一日是节假日的，以节假日后的第一日为期间届满的日期。

期间不包括在途时间,诉讼文书在期满前交邮的,视为在期限内发送。

第四十九条 行政诉讼法第五十一条第二款规定的立案期限,因起诉状内容欠缺或者有其他错误通知原告限期补正的,从补正后递交人民法院的次日起算。由上级人民法院转交下级人民法院立案的案件,从受诉人民法院收到起诉状的次日起算。

第五十条 行政诉讼法第八十一条、第八十三条、第八十八条规定的审理期限,是指从立案之日起至裁判宣告、调解书送达之日止的期间,但公告期间、鉴定期间、调解期间、中止诉讼期间、审理当事人提出的管辖异议以及处理人民法院之间的管辖争议期间不应计算在内。

再审案件按照第一审程序或者第二审程序审理的,适用行政诉讼法第八十一条、第八十八条规定的审理期限。审理期限自再审立案的次日起算。

基层人民法院申请延长审理期限,应当直接报请高级人民法院批准,同时报中级人民法院备案。

第五十一条 人民法院可以要求当事人签署送达地址确认书,当事人确认的送达地址为人民法院法律文书的送达地址。

当事人同意电子送达的,应当提供并确认传真号、电子信箱等电子送达地址。

当事人送达地址发生变更的,应当及时书面告知受理案件的人民法院;未及时告知的,人民法院按原地址送达,视为依法送达。

人民法院可以通过国家邮政机构以法院专递方式进行送达。

第五十二条 人民法院可以在当事人住所地以外向当事人直接送达诉讼文书。当事人拒绝签署送达回证的,采用拍照、录像等方式记录送达过程即视为送达。审判人员、书记员应当在送达回证上注明送达情况并签名。

六、起诉与受理

第五十三条 人民法院对符合起诉条件的案件应当立案,依法保障当事人行使诉讼权利。

对当事人依法提起的诉讼,人民法院应当根据行政诉讼法第五十一条的规定接收起诉状。能够判断符合起诉条件的，应当当场登记立案；当场不能判断是否符合起诉条件的，应当在接收起诉状后七日内决定是否立案；七日内仍不能作出判断的，应当先予立案。

第五十四条　依照行政诉讼法第四十九条的规定，公民、法人或者其他组织提起诉讼时应当提交以下起诉材料：

（一）原告的身份证明材料以及有效联系方式；

（二）被诉行政行为或者不作为存在的材料；

（三）原告与被诉行政行为具有利害关系的材料；

（四）人民法院认为需要提交的其他材料。

由法定代理人或者委托代理人代为起诉的，还应当在起诉状中写明或者在口头起诉时向人民法院说明法定代理人或者委托代理人的基本情况，并提交法定代理人或者委托代理人的身份证明和代理权限证明等材料。

第五十五条　依照行政诉讼法第五十一条的规定，人民法院应当就起诉状内容和材料是否完备以及是否符合行政诉讼法规定的起诉条件进行审查。

起诉状内容或者材料欠缺的，人民法院应当给予指导和释明，并一次性全面告知当事人需要补正的内容、补充的材料及期限。在指定期限内补正并符合起诉条件的，应当登记立案。当事人拒绝补正或者经补正仍不符合起诉条件的，退回诉状并记录在册；坚持起诉的，裁定不予立案，并载明不予立案的理由。

第五十六条　法律、法规规定应当先申请复议，公民、法人或者其他组织未申请复议直接提起诉讼的，人民法院裁定不予立案。

依照行政诉讼法第四十五条的规定，复议机关不受理复议申请或者在法定期限内不作出复议决定，公民、法人或者其他组织不服，依法向人民法院提起诉讼的，人民法院应当依法立案。

第五十七条　法律、法规未规定行政复议为提起行政诉讼必经程序，公民、法人或者其他组织既提起诉讼又申请行政复议的，由先立案的机关管辖；同时立案的，由公民、法人或者其他组织选择。公民、法人或者其他组织已经申请行政复议，在法定复议期间内又向人民法院提起诉讼的，人民法院裁定不予立案。

第五十八条　法律、法规未规定行政复议为提起行政诉讼必经程

137

序，公民、法人或者其他组织向复议机关申请行政复议后，又经复议机关同意撤回复议申请，在法定起诉期限内对原行政行为提起诉讼的，人民法院应当依法立案。

第五十九条　公民、法人或者其他组织向复议机关申请行政复议后，复议机关作出维持决定的，应当以复议机关和原行为机关为共同被告，并以复议决定送达时间确定起诉期限。

第六十条　人民法院裁定准许原告撤诉后，原告以同一事实和理由重新起诉的，人民法院不予立案。

准予撤诉的裁定确有错误，原告申请再审的，人民法院应当通过审判监督程序撤销原准予撤诉的裁定，重新对案件进行审理。

第六十一条　原告或者上诉人未按规定的期限预交案件受理费，又不提出缓交、减交、免交申请，或者提出申请未获批准的，按自动撤诉处理。在按撤诉处理后，原告或者上诉人在法定期限内再次起诉或者上诉，并依法解决诉讼费预交问题的，人民法院应予立案。

第六十二条　人民法院判决撤销行政机关的行政行为后，公民、法人或者其他组织对行政机关重新作出的行政行为不服向人民法院起诉的，人民法院应当依法立案。

第六十三条　行政机关作出行政行为时，没有制作或者没有送达法律文书，公民、法人或者其他组织只要能证明行政行为存在，并在法定期限内起诉的，人民法院应当依法立案。

第六十四条　行政机关作出行政行为时，未告知公民、法人或者其他组织起诉期限的，起诉期限从公民、法人或者其他组织知道或者应当知道起诉期限之日起计算，但从知道或者应当知道行政行为内容之日起最长不得超过一年。

复议决定未告知公民、法人或者其他组织起诉期限的，适用前款规定。

第六十五条　公民、法人或者其他组织不知道行政机关作出的行政行为内容的，其起诉期限从知道或者应当知道该行政行为内容之日起计算，但最长不得超过行政诉讼法第四十六条第二款规定的起诉期限。

第六十六条　公民、法人或者其他组织依照行政诉讼法第四十七条第一款的规定，对行政机关不履行法定职责提起诉讼的，应当在行政机关履行法定职责期限届满之日起六个月内提出。

第六十七条 原告提供被告的名称等信息足以使被告与其他行政机关相区别的，可以认定为行政诉讼法第四十九条第二项规定的"有明确的被告"。

起诉状列写被告信息不足以认定明确的被告的，人民法院可以告知原告补正；原告补正后仍不能确定明确的被告的，人民法院裁定不予立案。

第六十八条 行政诉讼法第四十九条第三项规定的"有具体的诉讼请求"是指：

（一）请求判决撤销或者变更行政行为；
（二）请求判决行政机关履行特定法定职责或者给付义务；
（三）请求判决确认行政行为违法；
（四）请求判决确认行政行为无效；
（五）请求判决行政机关予以赔偿或者补偿；
（六）请求解决行政协议争议；
（七）请求一并审查规章以下规范性文件；
（八）请求一并解决相关民事争议；
（九）其他诉讼请求。

当事人单独或者一并提起行政赔偿、补偿诉讼的，应当有具体的赔偿、补偿事项以及数额；请求一并审查规章以下规范性文件的，应当提供明确的文件名称或者审查对象；请求一并解决相关民事争议的，应当有具体的民事诉讼请求。

当事人未能正确表达诉讼请求的，人民法院应当要求其明确诉讼请求。

第六十九条 有下列情形之一，已经立案的，应当裁定驳回起诉：

（一）不符合行政诉讼法第四十九条规定的；
（二）超过法定起诉期限且无行政诉讼法第四十八条规定情形的；
（三）错列被告且拒绝变更的；
（四）未按照法律规定由法定代理人、指定代理人、代表人为诉讼行为的；
（五）未按照法律、法规规定先向行政机关申请复议的；
（六）重复起诉的；
（七）撤回起诉后无正当理由再行起诉的；
（八）行政行为对其合法权益明显不产生实际影响的；

（九）诉讼标的已为生效裁判或者调解书所羁束的；
（十）其他不符合法定起诉条件的情形。

前款所列情形可以补正或者更正的，人民法院应当指定期间责令补正或者更正；在指定期间已经补正或者更正的，应当依法审理。

人民法院经过阅卷、调查或者询问当事人，认为不需要开庭审理的，可以迳行裁定驳回起诉。

第七十条 起诉状副本送达被告后，原告提出新的诉讼请求的，人民法院不予准许，但有正当理由的除外。

七、审理与判决

第七十一条 人民法院适用普通程序审理案件，应当在开庭三日前用传票传唤当事人。对证人、鉴定人、勘验人、翻译人员，应当用通知书通知其到庭。当事人或者其他诉讼参与人在外地的，应当留有必要的在途时间。

第七十二条 有下列情形之一的，可以延期开庭审理：
（一）应当到庭的当事人和其他诉讼参与人有正当理由没有到庭的；
（二）当事人临时提出回避申请且无法及时作出决定的；
（三）需要通知新的证人到庭，调取新的证据，重新鉴定、勘验，或者需要补充调查的；
（四）其他应当延期的情形。

第七十三条 根据行政诉讼法第二十七条的规定，有下列情形之一的，人民法院可以决定合并审理：
（一）两个以上行政机关分别对同一事实作出行政行为，公民、法人或者其他组织不服向同一人民法院起诉的；
（二）行政机关就同一事实对若干公民、法人或者其他组织分别作出行政行为，公民、法人或者其他组织不服分别向同一人民法院起诉的；
（三）在诉讼过程中，被告对原告作出新的行政行为，原告不服向同一人民法院起诉的；
（四）人民法院认为可以合并审理的其他情形。

第七十四条 当事人申请回避，应当说明理由，在案件开始审理时提出；回避事由在案件开始审理后知道的，应当在法庭辩论终结前提出。

被申请回避的人员，在人民法院作出是否回避的决定前，应当暂停参与本案的工作，但案件需要采取紧急措施的除外。

对当事人提出的回避申请，人民法院应当在三日内以口头或者书面形式作出决定。对当事人提出的明显不属于法定回避事由的申请，法庭可以依法当庭驳回。

申请人对驳回回避申请决定不服的，可以向作出决定的人民法院申请复议一次。复议期间，被申请回避的人员不停止参与本案的工作。对申请人的复议申请，人民法院应当在三日内作出复议决定，并通知复议申请人。

第七十五条 在一个审判程序中参与过本案审判工作的审判人员，不得再参与该案其他程序的审判。

发回重审的案件，在一审法院作出裁判后又进入第二审程序的，原第二审程序中合议庭组成人员不受前款规定的限制。

第七十六条 人民法院对于因一方当事人的行为或者其他原因，可能使行政行为或者人民法院生效裁判不能或者难以执行的案件，根据对方当事人的申请，可以裁定对其财产进行保全、责令其作出一定行为或者禁止其作出一定行为；当事人没有提出申请的，人民法院在必要时也可以裁定采取上述保全措施。

人民法院采取保全措施，可以责令申请人提供担保；申请人不提供担保的，裁定驳回申请。

人民法院接受申请后，对情况紧急的，必须在四十八小时内作出裁定；裁定采取保全措施的，应当立即开始执行。

当事人对保全的裁定不服的，可以申请复议；复议期间不停止裁定的执行。

第七十七条 利害关系人因情况紧急，不立即申请保全将会使其合法权益受到难以弥补的损害的，可以在提起诉讼前向被保全财产所在地、被申请人住所地或者对案件有管辖权的人民法院申请采取保全措施。申请人应当提供担保，不提供担保的，裁定驳回申请。

人民法院接受申请后，必须在四十八小时内作出裁定；裁定采取保全措施的，应当立即开始执行。

申请人在人民法院采取保全措施后三十日内不依法提起诉讼的,人民法院应当解除保全。

当事人对保全的裁定不服的,可以申请复议;复议期间不停止裁定的执行。

第七十八条 保全限于请求的范围,或者与本案有关的财物。

财产保全采取查封、扣押、冻结或者法律规定的其他方法。人民法院保全财产后,应当立即通知被保全人。

财产已被查封、冻结的,不得重复查封、冻结。

涉及财产的案件,被申请人提供担保的,人民法院应当裁定解除保全。

申请有错误的,申请人应当赔偿被申请人因保全所遭受的损失。

第七十九条 原告或者上诉人申请撤诉,人民法院裁定不予准许的,原告或者上诉人经传票传唤无正当理由拒不到庭,或者未经法庭许可中途退庭的,人民法院可以缺席判决。

第三人经传票传唤无正当理由拒不到庭,或者未经法庭许可中途退庭的,不发生阻止案件审理的效果。

根据行政诉讼法第五十八条的规定,被告经传票传唤无正当理由拒不到庭,或者未经法庭许可中途退庭的,人民法院可以按期开庭或者继续开庭审理,对到庭的当事人诉讼请求、双方的诉辩理由以及已经提交的证据及其他诉讼材料进行审理后,依法缺席判决。

第八十条 原告或者上诉人在庭审中明确拒绝陈述或者以其他方式拒绝陈述,导致庭审无法进行,经法庭释明法律后果后仍不陈述意见的,视为放弃陈述权利,由其承担不利的法律后果。

当事人申请撤诉或者依法可以按撤诉处理的案件,当事人有违反法律的行为需要依法处理的,人民法院可以不准许撤诉或者不按撤诉处理。

法庭辩论终结后原告申请撤诉,人民法院可以准许,但涉及到国家利益和社会公共利益的除外。

第八十一条 被告在一审期间改变被诉行政行为的,应当书面告知人民法院。

原告或者第三人对改变后的行政行为不服提起诉讼的,人民法院应当就改变后的行政行为进行审理。

被告改变原违法行政行为，原告仍要求确认原行政行为违法的，人民法院应当依法作出确认判决。

原告起诉被告不作为，在诉讼中被告作出行政行为，原告不撤诉的，人民法院应当就不作为依法作出确认判决。

第八十二条　当事人之间恶意串通，企图通过诉讼等方式侵害国家利益、社会公共利益或者他人合法权益的，人民法院应当裁定驳回起诉或者判决驳回其请求，并根据情节轻重予以罚款、拘留；构成犯罪的，依法追究刑事责任。

第八十三条　行政诉讼法第五十九条规定的罚款、拘留可以单独适用，也可以合并适用。

对同一妨害行政诉讼行为的罚款、拘留不得连续适用。发生新的妨害行政诉讼行为的，人民法院可以重新予以罚款、拘留。

第八十四条　人民法院审理行政诉讼法第六十条第一款规定的行政案件，认为法律关系明确、事实清楚，在征得当事人双方同意后，可以迳行调解。

第八十五条　调解达成协议，人民法院应当制作调解书。调解书应当写明诉讼请求、案件的事实和调解结果。

调解书由审判人员、书记员署名，加盖人民法院印章，送达双方当事人。

调解书经双方当事人签收后，即具有法律效力。调解书生效日期根据最后收到调解书的当事人签收的日期确定。

第八十六条　人民法院审理行政案件，调解过程不公开，但当事人同意公开的除外。

经人民法院准许，第三人可以参加调解。人民法院认为有必要的，可以通知第三人参加调解。

调解协议内容不公开，但为保护国家利益、社会公共利益、他人合法权益，人民法院认为确有必要公开的除外。

当事人一方或者双方不愿调解、调解未达成协议的，人民法院应当及时判决。

当事人自行和解或者调解达成协议后，请求人民法院按照和解协议或者调解协议的内容制作判决书的，人民法院不予准许。

第八十七条　在诉讼过程中，有下列情形之一的，中止诉讼：

（一）原告死亡，须等待其近亲属表明是否参加诉讼的；

（二）原告丧失诉讼行为能力，尚未确定法定代理人的；

（三）作为一方当事人的行政机关、法人或者其他组织终止，尚未确定权利义务承受人的；

（四）一方当事人因不可抗力的事由不能参加诉讼的；

（五）案件涉及法律适用问题，需要送请有权机关作出解释或者确认的；

（六）案件的审判须以相关民事、刑事或者其他行政案件的审理结果为依据，而相关案件尚未审结的；

（七）其他应当中止诉讼的情形。

中止诉讼的原因消除后，恢复诉讼。

第八十八条 在诉讼过程中，有下列情形之一的，终结诉讼：

（一）原告死亡，没有近亲属或者近亲属放弃诉讼权利的；

（二）作为原告的法人或者其他组织终止后，其权利义务的承受人放弃诉讼权利的。

因本解释第八十七条第一款第一、二、三项原因中止诉讼满九十日仍无人继续诉讼的，裁定终结诉讼，但有特殊情况的除外。

第八十九条 复议决定改变原行政行为错误，人民法院判决撤销复议决定时，可以一并责令复议机关重新作出复议决定或者判决恢复原行政行为的法律效力。

第九十条 人民法院判决被告重新作出行政行为，被告重新作出的行政行为与原行政行为的结果相同，但主要事实或者主要理由有改变的，不属于行政诉讼法第七十一条规定的情形。

人民法院以违反法定程序为由，判决撤销被诉行政行为的，行政机关重新作出行政行为不受行政诉讼法第七十一条规定的限制。

行政机关以同一事实和理由重新作出与原行政行为基本相同的行政行为，人民法院应当根据行政诉讼法第七十条、第七十一条的规定判决撤销或者部分撤销，并根据行政诉讼法第九十六条的规定处理。

第九十一条 原告请求被告履行法定职责的理由成立，被告违法拒绝履行或者无正当理由逾期不予答复的，人民法院可以根据行政诉讼法第七十二条的规定，判决被告在一定期限内依法履行原告请求的法定职责；尚需被告调查或者裁量的，应当判决被告针对原告的请求重新作出处理。

第九十二条 原告申请被告依法履行支付抚恤金、最低生活保障待遇或者社会保险待遇等给付义务的理由成立，被告依法负有给付义务而拒绝或者拖延履行义务的，人民法院可以根据行政诉讼法第七十三条的规定，判决被告在一定期限内履行相应的给付义务。

第九十三条 原告请求被告履行法定职责或者依法履行支付抚恤金、最低生活保障待遇或者社会保险待遇等给付义务，原告未先向行政机关提出申请的，人民法院裁定驳回起诉。

人民法院经审理认为原告所请求履行的法定职责或者给付义务明显不属于行政机关权限范围的，可以裁定驳回起诉。

第九十四条 公民、法人或者其他组织起诉请求撤销行政行为，人民法院经审查认为行政行为无效的，应当作出确认无效的判决。

公民、法人或者其他组织起诉请求确认行政行为无效，人民法院审查认为行政行为不属于无效情形，经释明，原告请求撤销行政行为的，应当继续审理并依法作出相应判决；原告请求撤销行政行为但超过法定起诉期限的，裁定驳回起诉；原告拒绝变更诉讼请求的，判决驳回其诉讼请求。

第九十五条 人民法院经审理认为被诉行政行为违法或者无效，可能给原告造成损失，经释明，原告请求一并解决行政赔偿争议的，人民法院可以就赔偿事项进行调解；调解不成的，应当一并判决。人民法院也可以告知其就赔偿事项另行提起诉讼。

第九十六条 有下列情形之一，且对原告依法享有的听证、陈述、申辩等重要程序性权利不产生实质损害的，属于行政诉讼法第七十四条第一款第二项规定的"程序轻微违法"：

（一）处理期限轻微违法；

（二）通知、送达等程序轻微违法；

（三）其他程序轻微违法的情形。

第九十七条 原告或者第三人的损失系由其自身过错和行政机关的违法行政行为共同造成的，人民法院应当依据各方行为与损害结果之间有无因果关系以及在损害发生和结果中作用力的大小，确定行政机关相应的赔偿责任。

第九十八条 因行政机关不履行、拖延履行法定职责，致使公民、法人或者其他组织的合法权益遭受损害的,人民法院应当判决行政机关承担行政赔偿责任。在确定赔偿数额时,应当考虑该不履行、拖延履行法定职责的行为在损害发生过程和结果中所起的作用等因素。

第九十九条 有下列情形之一的,属于行政诉讼法第七十五条规定的"重大且明显违法":

(一)行政行为实施主体不具有行政主体资格;

(二)减损权利或者增加义务的行政行为没有法律规范依据;

(三)行政行为的内容客观上不可能实施;

(四)其他重大且明显违法的情形。

第一百条 人民法院审理行政案件,适用最高人民法院司法解释的,应当在裁判文书中援引。

人民法院审理行政案件,可以在裁判文书中引用合法有效的规章及其他规范性文件。

第一百零一条 裁定适用于下列范围:

(一)不予立案;

(二)驳回起诉;

(三)管辖异议;

(四)终结诉讼;

(五)中止诉讼;

(六)移送或者指定管辖;

(七)诉讼期间停止行政行为的执行或者驳回停止执行的申请;

(八)财产保全;

(九)先予执行;

(十)准许或者不准许撤诉;

(十一)补正裁判文书中的笔误;

(十二)中止或者终结执行;

(十三)提审、指令再审或者发回重审;

(十四)准许或者不准许执行行政机关的行政行为;

(十五)其他需要裁定的事项。

对第一、二、三项裁定,当事人可以上诉。

裁定书应当写明裁定结果和作出该裁定的理由。裁定书由审判人员、书记员署名,加盖人民法院印章。口头裁定的,记入笔录。

第一百零二条 行政诉讼法第八十二条规定的行政案件中的"事实清楚",是指当事人对争议的事实陈述基本一致,并能提供相应的证据,无须人民法院调查收集证据即可查明事实;"权利义务关系明确",是指行政法律关系中权利和义务能够明确区分;"争议不大",是指当事人对行政行为的合法性、责任承担等没有实质分歧。

第一百零三条 适用简易程序审理的行政案件,人民法院可以用口头通知、电话、短信、传真、电子邮件等简便方式传唤当事人、通知证人、送达裁判文书以外的诉讼文书。

以简便方式送达的开庭通知,未经当事人确认或者没有其他证据证明当事人已经收到的,人民法院不得缺席判决。

第一百零四条 适用简易程序案件的举证期限由人民法院确定,也可以由当事人协商一致并经人民法院准许,但不得超过十五日。被告要求书面答辩的,人民法院可以确定合理的答辩期间。

人民法院应当将举证期限和开庭日期告知双方当事人,并向当事人说明逾期举证以及拒不到庭的法律后果,由双方当事人在笔录和开庭传票的送达回证上签名或者捺印。

当事人双方均表示同意立即开庭或者缩短举证期限、答辩期间的,人民法院可以立即开庭审理或者确定近期开庭。

第一百零五条 人民法院发现案情复杂,需要转为普通程序审理的,应当在审理期限届满前作出裁定并将合议庭组成人员及相关事项书面通知双方当事人。

案件转为普通程序审理的,审理期限自人民法院立案之日起计算。

第一百零六条 当事人就已经提起诉讼的事项在诉讼过程中或者裁判生效后再次起诉,同时具有下列情形的,构成重复起诉:

(一)后诉与前诉的当事人相同;

(二)后诉与前诉的诉讼标的相同;

(三)后诉与前诉的诉讼请求相同,或者后诉的诉讼请求被前诉裁判所包含。

第一百零七条 第一审人民法院作出判决和裁定后,当事人均提起上诉的,上诉各方均为上诉人。

诉讼当事人中的一部分人提出上诉,没有提出上诉的对方当事人为被上诉人,其他当事人依原审诉讼地位列明。

第一百零八条 当事人提出上诉,应当按照其他当事人或者诉讼代表人的人数提出上诉状副本。

原审人民法院收到上诉状,应当在五日内将上诉状副本发送其他当事人,对方当事人应当在收到上诉状副本之日起十五日内提出答辩状。

原审人民法院应当在收到答辩状之日起五日内将副本发送上诉人。对方当事人不提出答辩状的,不影响人民法院审理。

原审人民法院收到上诉状、答辩状,应当在五日内连同全部案卷和证据,报送第二审人民法院;已经预收的诉讼费用,一并报送。

第一百零九条 第二审人民法院经审理认为原审人民法院不予立案或者驳回起诉的裁定确有错误且当事人的起诉符合起诉条件的,应当裁定撤销原审人民法院的裁定,指令原审人民法院依法立案或者继续审理。

第二审人民法院裁定发回原审人民法院重新审理的行政案件,原审人民法院应当另行组成合议庭进行审理。

原审判决遗漏了必须参加诉讼的当事人或者诉讼请求的,第二审人民法院应当裁定撤销原审判决,发回重审。

原审判决遗漏行政赔偿请求,第二审人民法院经审查认为依法不应当予以赔偿的,应当判决驳回行政赔偿请求。

原审判决遗漏行政赔偿请求,第二审人民法院经审理认为依法应当予以赔偿的,在确认被诉行政行为违法的同时,可以就行政赔偿问题进行调解;调解不成的,应当就行政赔偿部分发回重审。

当事人在第二审期间提出行政赔偿请求的,第二审人民法院可以进行调解;调解不成的,应当告知当事人另行起诉。

第一百一十条 当事人向上一级人民法院申请再审,应当在判决、裁定或者调解书发生法律效力后六个月内提出。有下列情形之一的,自知道或者应当知道之日起六个月内提出:

(一)有新的证据,足以推翻原判决、裁定的;

(二)原判决、裁定认定事实的主要证据是伪造的;

(三)据以作出原判决、裁定的法律文书被撤销或者变更的;

(四)审判人员审理该案件时有贪污受贿、徇私舞弊、枉法裁判行为的。

第一百一十一条 当事人申请再审的,应当提交再审申请书等材料。人民法院认为有必要的，可以自收到再审申请书之日起五日内将再审申请书副本发送对方当事人。对方当事人应当自收到再审申请书副本之日起十五日内提交书面意见。人民法院可以要求申请人和对方当事人补充有关材料，询问有关事项。

第一百一十二条　人民法院应当自再审申请案件立案之日起六个月内审查，有特殊情况需要延长的，由本院院长批准。

第一百一十三条　人民法院根据审查再审申请案件的需要决定是否询问当事人；新的证据可能推翻原判决、裁定的，人民法院应当询问当事人。

第一百一十四条　审查再审申请期间，被申请人及原审其他当事人依法提出再审申请的，人民法院应当将其列为再审申请人，对其再审事由一并审查，审查期限重新计算。经审查，其中一方再审申请人主张的再审事由成立的，应当裁定再审。各方再审申请人主张的再审事由均不成立的，一并裁定驳回再审申请。

第一百一十五条　审查再审申请期间，再审申请人申请人民法院委托鉴定、勘验的，人民法院不予准许。

审查再审申请期间，再审申请人撤回再审申请的，是否准许，由人民法院裁定。

再审申请人经传票传唤，无正当理由拒不接受询问的，按撤回再审申请处理。

人民法院准许撤回再审申请或者按撤回再审申请处理后，再审申请人再次申请再审的，不予立案，但有行政诉讼法第九十一条第二项、第三项、第七项、第八项规定情形，自知道或者应当知道之日起六个月内提出的除外。

第一百一十六条　当事人主张的再审事由成立，且符合行政诉讼法和本解释规定的申请再审条件的，人民法院应当裁定再审。

当事人主张的再审事由不成立，或者当事人申请再审超过法定申请再审期限、超出法定再审事由范围等不符合行政诉讼法和本解释规定的申请再审条件的，人民法院应当裁定驳回再审申请。

第一百一十七条　有下列情形之一的，当事人可以向人民检察院申请抗诉或者检察建议：

（一）人民法院驳回再审申请的；

（二）人民法院逾期未对再审申请作出裁定的；

（三）再审判决、裁定有明显错误的。

人民法院基于抗诉或者检察建议作出再审判决、裁定后，当事人申请再审的，人民法院不予立案。

第一百一十八条 按照审判监督程序决定再审的案件，裁定中止原判决、裁定、调解书的执行，但支付抚恤金、最低生活保障费或者社会保险待遇的案件，可以不中止执行。

上级人民法院决定提审或者指令下级人民法院再审的，应当作出裁定，裁定应当写明中止原判决的执行；情况紧急的，可以将中止执行的裁定口头通知负责执行的人民法院或者作出生效判决、裁定的人民法院，但应当在口头通知后十日内发出裁定书。

第一百一十九条 人民法院按照审判监督程序再审的案件，发生法律效力的判决、裁定是由第一审法院作出的，按照第一审程序审理，所作的判决、裁定，当事人可以上诉；发生法律效力的判决、裁定是由第二审法院作出的，按照第二审程序审理，所作的判决、裁定，是发生法律效力的判决、裁定；上级人民法院按照审判监督程序提审的，按照第二审程序审理，所作的判决、裁定是发生法律效力的判决、裁定。

人民法院审理再审案件，应当另行组成合议庭。

第一百二十条 人民法院审理再审案件应当围绕再审请求和被诉行政行为合法性进行。当事人的再审请求超出原诉讼请求，符合另案诉讼条件的，告知当事人可以另行起诉。

被申请人及原审其他当事人在庭审辩论结束前提出的再审请求，符合本解释规定的申请期限的，人民法院应当一并审理。

人民法院经再审，发现已经发生法律效力的判决、裁定损害国家利益、社会公共利益、他人合法权益的，应当一并审理。

第一百二十一条 再审审理期间，有下列情形之一的，裁定终结再审程序：

（一）再审申请人在再审期间撤回再审请求，人民法院准许的；

（二）再审申请人经传票传唤，无正当理由拒不到庭的，或者未经法庭许可中途退庭，按撤回再审请求处理的；

（三）人民检察院撤回抗诉的；

（四）其他应当终结再审程序的情形。

因人民检察院提出抗诉裁定再审的案件，申请抗诉的当事人有前款规定的情形，且不损害国家利益、社会公共利益或者他人合法权益的，人民法院裁定终结再审程序。

再审程序终结后，人民法院裁定中止执行的原生效判决自动恢复执行。

第一百二十二条 人民法院审理再审案件，认为原生效判决、裁定确有错误，在撤销原生效判决或者裁定的同时，可以对生效判决、裁定的内容作出相应裁判，也可以裁定撤销生效判决或者裁定，发回作出生效判决、裁定的人民法院重新审理。

第一百二十三条 人民法院审理二审案件和再审案件，对原审法院立案、不予立案或者驳回起诉错误的，应当分别情况作如下处理：

（一）第一审人民法院作出实体判决后，第二审人民法院认为不应当立案的，在撤销第一审人民法院判决的同时，可以迳行驳回起诉；

（二）第二审人民法院维持第一审人民法院不予立案裁定错误的，再审法院应当撤销第一审、第二审人民法院裁定，指令第一审人民法院受理；

（三）第二审人民法院维持第一审人民法院驳回起诉裁定错误的，再审法院应当撤销第一审、第二审人民法院裁定，指令第一审人民法院审理。

第一百二十四条 人民检察院提出抗诉的案件，接受抗诉的人民法院应当自收到抗诉书之日起三十日内作出再审的裁定；有行政诉讼法第九十一条第二、三项规定情形之一的，可以指令下一级人民法院再审，但经该下一级人民法院再审过的除外。

人民法院在审查抗诉材料期间，当事人之间已经达成和解协议的，人民法院可以建议人民检察院撤回抗诉。

第一百二十五条 人民检察院提出抗诉的案件，人民法院再审开庭时，应当在开庭三日前通知人民检察院派员出庭。

第一百二十六条 人民法院收到再审检察建议后，应当组成合议庭，在三个月内进行审查，发现原判决、裁定、调解书确有错误，需要再审的，依照行政诉讼法第九十二条规定裁定再审，并通知当事人；经审查，决定不予再审的，应当书面回复人民检察院。

第一百二十七条 人民法院审理因人民检察院抗诉或者检察建议裁定再审的案件，不受此前已经作出的驳回当事人再审申请裁定的限制。

八、行政机关负责人出庭应诉

第一百二十八条 行政诉讼法第三条第三款规定的行政机关负责人,包括行政机关的正职、副职负责人以及其他参与分管的负责人。

行政机关负责人出庭应诉的,可以另行委托一至二名诉讼代理人。行政机关负责人不能出庭的,应当委托行政机关相应的工作人员出庭,不得仅委托律师出庭。

第一百二十九条 涉及重大公共利益、社会高度关注或者可能引发群体性事件等案件以及人民法院书面建议行政机关负责人出庭的案件,被诉行政机关负责人应当出庭。

被诉行政机关负责人出庭应诉的,应当在当事人及其诉讼代理人基本情况、案件由来部分予以列明。

行政机关负责人有正当理由不能出庭应诉的,应当向人民法院提交情况说明,并加盖行政机关印章或者由该机关主要负责人签字认可。

行政机关拒绝说明理由的,不发生阻止案件审理的效果,人民法院可以向监察机关、上一级行政机关提出司法建议。

第一百三十条 行政诉讼法第三条第三款规定的"行政机关相应的工作人员",包括该行政机关具有国家行政编制身份的工作人员以及其他依法履行公职的人员。

被诉行政行为是地方人民政府作出的,地方人民政府法制工作机构的工作人员,以及被诉行政行为具体承办机关工作人员,可以视为被诉人民政府相应的工作人员。

第一百三十一条 行政机关负责人出庭应诉的,应当向人民法院提交能够证明该行政机关负责人职务的材料。

行政机关委托相应的工作人员出庭应诉的,应当向人民法院提交加盖行政机关印章的授权委托书,并载明工作人员的姓名、职务和代理权限。

第一百三十二条 行政机关负责人和行政机关相应的工作人员均不出庭,仅委托律师出庭的或者人民法院书面建议行政机关负责人出庭应诉,行政机关负责人不出庭应诉的,人民法院应当记录在案和在裁判文书中载明,并可以建议有关机关依法作出处理。

九、复议机关作共同被告

第一百三十三条 行政诉讼法第二十六条第二款规定的"复议机关决定维持原行政行为",包括复议机关驳回复议申请或者复议请求的情形,但以复议申请不符合受理条件为由驳回的除外。

第一百三十四条 复议机关决定维持原行政行为的,作出原行政行为的行政机关和复议机关是共同被告。原告只起诉作出原行政行为的行政机关或者复议机关的,人民法院应当告知原告追加被告。原告不同意追加的,人民法院应当将另一机关列为共同被告。

行政复议决定既有维持原行政行为内容,又有改变原行政行为内容或者不予受理申请内容的,作出原行政行为的行政机关和复议机关为共同被告。

复议机关作共同被告的案件,以作出原行政行为的行政机关确定案件的级别管辖。

第一百三十五条 复议机关决定维持原行政行为的,人民法院应当在审查原行政行为合法性的同时,一并审查复议决定的合法性。

作出原行政行为的行政机关和复议机关对原行政行为合法性共同承担举证责任,可以由其中一个机关实施举证行为。复议机关对复议决定的合法性承担举证责任。

复议机关作共同被告的案件,复议机关在复议程序中依法收集和补充的证据,可以作为人民法院认定复议决定和原行政行为合法的依据。

第一百三十六条 人民法院对原行政行为作出判决的同时,应当对复议决定一并作出相应判决。

人民法院依职权追加作出原行政行为的行政机关或者复议机关为共同被告的,对原行政行为或者复议决定可以作出相应判决。

人民法院判决撤销原行政行为和复议决定的,可以判决作出原行政行为的行政机关重新作出行政行为。

人民法院判决作出原行政行为的行政机关履行法定职责或者给付义务的,应当同时判决撤销复议决定。

原行政行为合法、复议决定违法的,人民法院可以判决撤销复议决定或者确认复议决定违法,同时判决驳回原告针对原行政行为的诉讼请求。

原行政行为被撤销、确认违法或者无效，给原告造成损失的，应当由作出原行政行为的行政机关承担赔偿责任；因复议决定加重损害的，由复议机关对加重部分承担赔偿责任。

原行政行为不符合复议或者诉讼受案范围等受理条件，复议机关作出维持决定的，人民法院应当裁定一并驳回对原行政行为和复议决定的起诉。

十、相关民事争议的一并审理

第一百三十七条 公民、法人或者其他组织请求一并审理行政诉讼法第六十一条规定的相关民事争议，应当在第一审开庭审理前提出；有正当理由的，也可以在法庭调查中提出。

第一百三十八条 人民法院决定在行政诉讼中一并审理相关民事争议，或者案件当事人一致同意相关民事争议在行政诉讼中一并解决，人民法院准许的，由受理行政案件的人民法院管辖。

公民、法人或者其他组织请求一并审理相关民事争议，人民法院经审查发现行政案件已经超过起诉期限，民事案件尚未立案的，告知当事人另行提起民事诉讼；民事案件已经立案的，由原审判组织继续审理。

人民法院在审理行政案件中发现民事争议为解决行政争议的基础，当事人没有请求人民法院一并审理相关民事争议的，人民法院应当告知当事人依法申请一并解决民事争议。当事人就民事争议另行提起民事诉讼并已立案的，人民法院应当中止行政诉讼的审理。民事争议处理期间不计算在行政诉讼审理期限内。

第一百三十九条 有下列情形之一的，人民法院应当作出不予准许一并审理民事争议的决定，并告知当事人可以依法通过其他渠道主张权利：

（一）法律规定应当由行政机关先行处理的；

（二）违反民事诉讼法专属管辖规定或者协议管辖约定的；

（三）约定仲裁或者已经提起民事诉讼的；

（四）其他不宜一并审理民事争议的情形。

对不予准许的决定可以申请复议一次。

第一百四十条 人民法院在行政诉讼中一并审理相关民事争议的，民事争议应当单独立案，由同一审判组织审理。

人民法院审理行政机关对民事争议所作裁决的案件，一并审理民事争议的，不另行立案。

第一百四十一条 人民法院一并审理相关民事争议，适用民事法律规范的相关规定，法律另有规定的除外。

当事人在调解中对民事权益的处分，不能作为审查被诉行政行为合法性的根据。

第一百四十二条 对行政争议和民事争议应当分别裁判。

当事人仅对行政裁判或者民事裁判提出上诉的，未上诉的裁判在上诉期满后即发生法律效力。第一审人民法院应当将全部案卷一并移送第二审人民法院，由行政审判庭审理。第二审人民法院发现未上诉的生效裁判确有错误的，应当按照审判监督程序再审。

第一百四十三条 行政诉讼原告在宣判前申请撤诉的，是否准许由人民法院裁定。人民法院裁定准许行政诉讼原告撤诉，但其对已经提起的一并审理相关民事争议不撤诉的，人民法院应当继续审理。

第一百四十四条 人民法院一并审理相关民事争议，应当按行政案件、民事案件的标准分别收取诉讼费用。

十一、规范性文件的一并审查

第一百四十五条 公民、法人或者其他组织在对行政行为提起诉讼时一并请求对所依据的规范性文件审查的，由行政行为案件管辖法院一并审查。

第一百四十六条 公民、法人或者其他组织请求人民法院一并审查行政诉讼法第五十三条规定的规范性文件，应当在第一审开庭审理前提出；有正当理由的，也可以在法庭调查中提出。

第一百四十七条 人民法院在对规范性文件审查过程中，发现规范性文件可能不合法的，应当听取规范性文件制定机关的意见。

制定机关申请出庭陈述意见的，人民法院应当准许。

行政机关未陈述意见或者未提供相关证明材料的，不能阻止人民法院对规范性文件进行审查。

第一百四十八条 人民法院对规范性文件进行一并审查时，可以从规范性文件制定机关是否超越权限或者违反法定程序、作出行政行为所依据的条款以及相关条款等方面进行。

有下列情形之一的,属于行政诉讼法第六十四条规定的"规范性文件不合法":

(一)超越制定机关的法定职权或者超越法律、法规、规章的授权范围的;

(二)与法律、法规、规章等上位法的规定相抵触的;

(三)没有法律、法规、规章依据,违法增加公民、法人和其他组织义务或者减损公民、法人和其他组织合法权益的;

(四)未履行法定批准程序、公开发布程序,严重违反制定程序的;

(五)其他违反法律、法规以及规章规定的情形。

第一百四十九条 人民法院经审查认为行政行为所依据的规范性文件合法的,应当作为认定行政行为合法的依据;经审查认为规范性文件不合法的,不作为人民法院认定行政行为合法的依据,并在裁判理由中予以阐明。作出生效裁判的人民法院应当向规范性文件的制定机关提出处理建议,并可以抄送制定机关的同级人民政府、上一级行政机关、监察机关以及规范性文件的备案机关。

规范性文件不合法的,人民法院可以在裁判生效之日起三个月内,向规范性文件制定机关提出修改或者废止该规范性文件的司法建议。

规范性文件由多个部门联合制定的,人民法院可以向该规范性文件的主办机关或者共同上一级行政机关发送司法建议。

接收司法建议的行政机关应当在收到司法建议之日起六十日内予以书面答复。情况紧急的,人民法院可以建议制定机关或者其上一级行政机关立即停止执行该规范性文件。

第一百五十条 人民法院认为规范性文件不合法的,应当在裁判生效后报送上一级人民法院进行备案。涉及国务院部门、省级行政机关制定的规范性文件,司法建议还应当分别层报最高人民法院、高级人民法院备案。

第一百五十一条 各级人民法院院长对本院已经发生法律效力的判决、裁定,发现规范性文件合法性认定错误,认为需要再审的,应当提交审判委员会讨论。

最高人民法院对地方各级人民法院已经发生法律效力的判决、裁定,上级人民法院对下级人民法院已经发生法律效力的判决、裁定,发现规范性文件合法性认定错误的,有权提审或者指令下级人民法院再审。

十二、执　　行

第一百五十二条　对发生法律效力的行政判决书、行政裁定书、行政赔偿判决书和行政调解书，负有义务的一方当事人拒绝履行的，对方当事人可以依法申请人民法院强制执行。

人民法院判决行政机关履行行政赔偿、行政补偿或者其他行政给付义务，行政机关拒不履行的，对方当事人可以依法向法院申请强制执行。

第一百五十三条　申请执行的期限为二年。申请执行时效的中止、中断，适用法律有关规定。

申请执行的期限从法律文书规定的履行期间最后一日起计算；法律文书规定分期履行的，从规定的每次履行期间的最后一日起计算；法律文书中没有规定履行期限的，从该法律文书送达当事人之日起计算。

逾期申请的，除有正当理由外，人民法院不予受理。

第一百五十四条　发生法律效力的行政判决书、行政裁定书、行政赔偿判决书和行政调解书，由第一审人民法院执行。

第一审人民法院认为情况特殊，需要由第二审人民法院执行的，可以报请第二审人民法院执行；第二审人民法院可以决定由其执行，也可以决定由第一审人民法院执行。

第一百五十五条　行政机关根据行政诉讼法第九十七条的规定申请执行其行政行为，应当具备以下条件：

（一）行政行为依法可以由人民法院执行；

（二）行政行为已经生效并具有可执行内容；

（三）申请人是作出该行政行为的行政机关或者法律、法规、规章授权的组织；

（四）被申请人是该行政行为所确定的义务人；

（五）被申请人在行政行为确定的期限内或者行政机关催告期限内未履行义务；

（六）申请人在法定期限内提出申请；

（七）被申请执行的行政案件属于受理执行申请的人民法院管辖。

行政机关申请人民法院执行，应当提交行政强制法第五十五条规定的相关材料。

人民法院对符合条件的申请，应当在五日内立案受理，并通知申请人；对不符合条件的申请，应当裁定不予受理。行政机关对不予受理裁定有异议，在十五日内向上一级人民法院申请复议的，上一级人民法院应当在收到复议申请之日起十五日内作出裁定。

第一百五十六条 没有强制执行权的行政机关申请人民法院强制执行其行政行为，应当自被执行人的法定起诉期限届满之日起三个月内提出。逾期申请的，除有正当理由外，人民法院不予受理。

第一百五十七条 行政机关申请人民法院强制执行其行政行为的，由申请人所在地的基层人民法院受理；执行对象为不动产的，由不动产所在地的基层人民法院受理。

基层人民法院认为执行确有困难的，可以报请上级人民法院执行；上级人民法院可以决定由其执行，也可以决定由下级人民法院执行。

第一百五十八条 行政机关根据法律的授权对平等主体之间民事争议作出裁决后，当事人在法定期限内不起诉又不履行，作出裁决的行政机关在申请执行的期限内未申请人民法院强制执行的，生效行政裁决确定的权利人或者其继承人、权利承受人在六个月内可以申请人民法院强制执行。

享有权利的公民、法人或者其他组织申请人民法院强制执行生效行政裁决，参照行政机关申请人民法院强制执行行政行为的规定。

第一百五十九条 行政机关或者行政行为确定的权利人申请人民法院强制执行前，有充分理由认为被执行人可能逃避执行的，可以申请人民法院采取财产保全措施。后者申请强制执行的，应当提供相应的财产担保。

第一百六十条 人民法院受理行政机关申请执行其行政行为的案件后，应当在七日内由行政审判庭对行政行为的合法性进行审查，并作出是否准予执行的裁定。

人民法院在作出裁定前发现行政行为明显违法并损害被执行人合法权益的，应当听取被执行人和行政机关的意见，并自受理之日起三十日内作出是否准予执行的裁定。

需要采取强制执行措施的，由本院负责强制执行非诉行政行为的机构执行。

第一百六十一条 被申请执行的行政行为有下列情形之一的，人民法院应当裁定不准予执行：

（一）实施主体不具有行政主体资格的；

（二）明显缺乏事实根据的；

（三）明显缺乏法律、法规依据的；

（四）其他明显违法并损害被执行人合法权益的情形。

行政机关对不准予执行的裁定有异议，在十五日内向上一级人民法院申请复议的，上一级人民法院应当在收到复议申请之日起三十日内作出裁定。

十三、附　　则

第一百六十二条　公民、法人或者其他组织对2015年5月1日之前作出的行政行为提起诉讼，请求确认行政行为无效的，人民法院不予立案。

第一百六十三条　本解释自2018年2月8日起施行。

本解释施行后，《最高人民法院关于执行〈中华人民共和国行政诉讼法〉若干问题的解释》（法释〔2000〕8号）、《最高人民法院关于适用〈中华人民共和国行政诉讼法〉若干问题的解释》（法释〔2015〕9号）同时废止。最高人民法院以前发布的司法解释与本解释不一致的，不再适用。

中华人民共和国治安管理处罚法

（2005年8月28日第十届全国人民代表大会常务委员会第十七次会议通过　根据2012年10月26日第十一届全国人民代表大会常务委员会第二十九次会议《关于修改〈中华人民共和国治安管理处罚法〉的决定》修正）

第一章　总　　则

第一条　【立法目的】为维护社会治安秩序，保障公共安全，保护公民、法人和其他组织的合法权益，规范和保障公安机关及其人民警察依法履行治安管理职责，制定本法。

第二条 【违反治安管理行为的性质和特征】扰乱公共秩序，妨害公共安全，侵犯人身权利、财产权利，妨害社会管理，具有社会危害性，依照《中华人民共和国刑法》的规定构成犯罪的，依法追究刑事责任；尚不够刑事处罚的，由公安机关依照本法给予治安管理处罚。

第三条 【处罚程序应适用的法律规范】治安管理处罚的程序，适用本法的规定；本法没有规定的，适用《中华人民共和国行政处罚法》的有关规定。

第四条 【适用范围】在中华人民共和国领域内发生的违反治安管理行为，除法律有特别规定的外，适用本法。

在中华人民共和国船舶和航空器内发生的违反治安管理行为，除法律有特别规定的外，适用本法。

第五条 【基本原则】治安管理处罚必须以事实为依据，与违反治安管理行为的性质、情节以及社会危害程度相当。

实施治安管理处罚，应当公开、公正，尊重和保障人权，保护公民的人格尊严。

办理治安案件应当坚持教育与处罚相结合的原则。

第六条 【社会治安综合治理】各级人民政府应当加强社会治安综合治理，采取有效措施，化解社会矛盾，增进社会和谐，维护社会稳定。

第七条 【主管和管辖】国务院公安部门负责全国的治安管理工作。县级以上地方各级人民政府公安机关负责本行政区域内的治安管理工作。

治安案件的管辖由国务院公安部门规定。

第八条 【民事责任】违反治安管理的行为对他人造成损害的，行为人或者其监护人应当依法承担民事责任。

第九条 【调解】对于因民间纠纷引起的打架斗殴或者损毁他人财物等违反治安管理行为，情节较轻的，公安机关可以调解处理。经公安机关调解，当事人达成协议的，不予处罚。经调解未达成协议或者达成协议后不履行的，公安机关应当依照本法的规定对违反治安管理行为人给予处罚，并告知当事人可以就民事争议依法向人民法院提起民事诉讼。

第二章　处罚的种类和适用

第十条　【处罚种类】治安管理处罚的种类分为：
（一）警告；
（二）罚款；
（三）行政拘留；
（四）吊销公安机关发放的许可证。
对违反治安管理的外国人，可以附加适用限期出境或者驱逐出境。

第十一条　【查获违禁品、工具和违法所得财物的处理】办理治安案件所查获的毒品、淫秽物品等违禁品，赌具、赌资，吸食、注射毒品的用具以及直接用于实施违反治安管理行为的本人所有的工具，应当收缴，按照规定处理。

违反治安管理所得的财物，追缴退还被侵害人；没有被侵害人的，登记造册，公开拍卖或者按照国家有关规定处理，所得款项上缴国库。

第十二条　【未成年人违法的处罚】已满十四周岁不满十八周岁的人违反治安管理的，从轻或者减轻处罚；不满十四周岁的人违反治安管理的，不予处罚，但是应当责令其监护人严加管教。

第十三条　【精神病人违法的处罚】精神病人在不能辨认或者不能控制自己行为的时候违反治安管理的，不予处罚，但是应当责令其监护人严加看管和治疗。间歇性的精神病人在精神正常的时候违反治安管理的，应当给予处罚。

第十四条　【盲人或聋哑人违法的处罚】盲人或者又聋又哑的人违反治安管理的，可以从轻、减轻或者不予处罚。

第十五条　【醉酒的人违法的处罚】醉酒的人违反治安管理的，应当给予处罚。

醉酒的人在醉酒状态中，对本人有危险或者对他人的人身、财产或者公共安全有威胁的，应当对其采取保护性措施约束至酒醒。

第十六条　【有两种以上违法行为的处罚】有两种以上违反治安管理行为的，分别决定，合并执行。行政拘留处罚合并执行的，最长不超过二十日。

第十七条　【共同违法行为的处罚】共同违反治安管理的，根据违反治安管理行为人在违反治安管理行为中所起的作用，分别处罚。

教唆、胁迫、诱骗他人违反治安管理的，按照其教唆、胁迫、诱骗的行为处罚。

第十八条　【单位违法行为的处罚】单位违反治安管理的，对其直接负责的主管人员和其他直接责任人员依照本法的规定处罚。其他法律、行政法规对同一行为规定给予单位处罚的，依照其规定处罚。

第十九条　【减轻处罚或不予处罚的情形】违反治安管理有下列情形之一的，减轻处罚或者不予处罚：

（一）情节特别轻微的；

（二）主动消除或者减轻违法后果，并取得被侵害人谅解的；

（三）出于他人胁迫或者诱骗的；

（四）主动投案，向公安机关如实陈述自己的违法行为的；

（五）有立功表现的。

第二十条　【从重处罚的情形】违反治安管理有下列情形之一的，从重处罚：

（一）有较严重后果的；

（二）教唆、胁迫、诱骗他人违反治安管理的；

（三）对报案人、控告人、举报人、证人打击报复的；

（四）六个月内曾受过治安管理处罚的。

第二十一条　【应给予行政拘留处罚而不予执行的情形】违反治安管理行为人有下列情形之一，依照本法应当给予行政拘留处罚的，不执行行政拘留处罚：

（一）已满十四周岁不满十六周岁的；

（二）已满十六周岁不满十八周岁，初次违反治安管理的；

（三）七十周岁以上的；

（四）怀孕或者哺乳自己不满一周岁婴儿的。

第二十二条　【追究时效】违反治安管理行为在六个月内没有被公安机关发现的，不再处罚。

前款规定的期限，从违反治安管理行为发生之日起计算；违反治安管理行为有连续或者继续状态的，从行为终了之日起计算。

第三章　违反治安管理的行为和处罚

第一节　扰乱公共秩序的行为和处罚

第二十三条　【对扰乱单位、公共场所、公共交通和选举秩序行为的处罚】有下列行为之一的，处警告或者二百元以下罚款；情节较重的，处五日以上十日以下拘留，可以并处五百元以下罚款：

（一）扰乱机关、团体、企业、事业单位秩序，致使工作、生产、营业、医疗、教学、科研不能正常进行，尚未造成严重损失的；

（二）扰乱车站、港口、码头、机场、商场、公园、展览馆或者其他公共场所秩序的；

（三）扰乱公共汽车、电车、火车、船舶、航空器或者其他公共交通工具上的秩序的；

（四）非法拦截或者强登、扒乘机动车、船舶、航空器以及其他交通工具，影响交通工具正常行驶的；

（五）破坏依法进行的选举秩序的。

聚众实施前款行为的，对首要分子处十日以上十五日以下拘留，可以并处一千元以下罚款。

第二十四条　【对扰乱文化、体育等大型群众性活动秩序行为的处罚】有下列行为之一，扰乱文化、体育等大型群众性活动秩序的，处警告或者二百元以下罚款；情节严重的，处五日以上十日以下拘留，可以并处五百元以下罚款：

（一）强行进入场内的；

（二）违反规定，在场内燃放烟花爆竹或者其他物品的；

（三）展示侮辱性标语、条幅等物品的；

（四）围攻裁判员、运动员或者其他工作人员的；

（五）向场内投掷杂物，不听制止的；

（六）扰乱大型群众性活动秩序的其他行为。

因扰乱体育比赛秩序被处以拘留处罚的，可以同时责令其十二个月内不得进入体育场馆观看同类比赛；违反规定进入体育场馆的，强行带离现场。

第二十五条 【对扰乱公共秩序行为的处罚】有下列行为之一的，处五日以上十日以下拘留，可以并处五百元以下罚款；情节较轻的，处五日以下拘留或者五百元以下罚款：

（一）散布谣言，谎报险情、疫情、警情或者以其他方法故意扰乱公共秩序的；

（二）投放虚假的爆炸性、毒害性、放射性、腐蚀性物质或者传染病病原体等危险物质扰乱公共秩序的；

（三）扬言实施放火、爆炸、投放危险物质扰乱公共秩序的。

第二十六条 【对寻衅滋事行为的处罚】有下列行为之一的，处五日以上十日以下拘留，可以并处五百元以下罚款；情节较重的，处十日以上十五日以下拘留，可以并处一千元以下罚款：

（一）结伙斗殴的；

（二）追逐、拦截他人的；

（三）强拿硬要或者任意损毁、占用公私财物的；

（四）其他寻衅滋事行为。

第二十七条 【对利用封建迷信、会道门进行非法活动行为的处罚】有下列行为之一的，处十日以上十五日以下拘留，可以并处一千元以下罚款；情节较轻的，处五日以上十日以下拘留，可以并处五百元以下罚款：

（一）组织、教唆、胁迫、诱骗、煽动他人从事邪教、会道门活动或者利用邪教、会道门、迷信活动，扰乱社会秩序、损害他人身体健康的；

（二）冒用宗教、气功名义进行扰乱社会秩序、损害他人身体健康活动的。

第二十八条 【对干扰无线电业务及无线电台（站）行为的处罚】违反国家规定，故意干扰无线电业务正常进行的，或者对正常运行的无线电台（站）产生有害干扰，经有关主管部门指出后，拒不采取有效措施消除的，处五日以上十日以下拘留；情节严重的，处十日以上十五日以下拘留。

第二十九条 【对侵入、破坏计算机信息系统行为的处罚】有下列行为之一的，处五日以下拘留；情节较重的，处五日以上十日以下拘留：

（一）违反国家规定，侵入计算机信息系统，造成危害的；

（二）违反国家规定，对计算机信息系统功能进行删除、修改、增加、干扰，造成计算机信息系统不能正常运行的；

（三）违反国家规定，对计算机信息系统中存储、处理、传输的数据和应用程序进行删除、修改、增加的；

（四）故意制作、传播计算机病毒等破坏性程序，影响计算机信息系统正常运行的。

第二节　妨害公共安全的行为和处罚

第三十条　【对违反危险物质管理行为的处罚】违反国家规定，制造、买卖、储存、运输、邮寄、携带、使用、提供、处置爆炸性、毒害性、放射性、腐蚀性物质或者传染病病原体等危险物质的，处十日以上十五日以下拘留；情节较轻的，处五日以上十日以下拘留。

第三十一条　【对危险物质被盗、被抢、丢失不报行为的处罚】爆炸性、毒害性、放射性、腐蚀性物质或者传染病病原体等危险物质被盗、被抢或者丢失，未按规定报告的，处五日以下拘留；故意隐瞒不报的，处五日以上十日以下拘留。

第三十二条　【对非法携带管制器具行为的处罚】非法携带枪支、弹药或者弩、匕首等国家规定的管制器具的，处五日以下拘留，可以并处五百元以下罚款；情节较轻的，处警告或者二百元以下罚款。

非法携带枪支、弹药或者弩、匕首等国家规定的管制器具进入公共场所或者公共交通工具的，处五日以上十日以下拘留，可以并处五百元以下罚款。

第三十三条　【对盗窃、损毁公共设施行为的处罚】有下列行为之一的，处十日以上十五日以下拘留：

（一）盗窃、损毁油气管道设施、电力电信设施、广播电视设施、水利防汛工程设施或者水文监测、测量、气象测报、环境监测、地质监测、地震监测等公共设施的；

（二）移动、损毁国家边境的界碑、界桩以及其他边境标志、边境设施或者领土、领海标志设施的；

（三）非法进行影响国（边）界线走向的活动或者修建有碍国（边）境管理的设施的。

第三十四条　【对妨害航空器飞行安全行为的处罚】盗窃、损坏、擅自移动使用中的航空设施，或者强行进入航空器驾驶舱的，处十日以上十五日以下拘留。

在使用中的航空器上使用可能影响导航系统正常功能的器具、工具，不听劝阻的，处五日以下拘留或者五百元以下罚款。

第三十五条　【对妨害铁路运行安全行为的处罚】有下列行为之一的，处五日以上十日以下拘留，可以并处五百元以下罚款；情节较轻的，处五日以下拘留或者五百元以下罚款：

（一）盗窃、损毁或者擅自移动铁路设施、设备、机车车辆配件或者安全标志的；

（二）在铁路线路上放置障碍物，或者故意向列车投掷物品的；

（三）在铁路线路、桥梁、涵洞处挖掘坑穴、采石取沙的；

（四）在铁路线路上私设道口或者平交过道的。

第三十六条　【对妨害列车行车安全行为的处罚】擅自进入铁路防护网或者火车来临时在铁路线路上行走坐卧、抢越铁路，影响行车安全的，处警告或者二百元以下罚款。

第三十七条　【对妨害公共道路安全行为的处罚】有下列行为之一的，处五日以下拘留或者五百元以下罚款；情节严重的，处五日以上十日以下拘留，可以并处五百元以下罚款：

（一）未经批准，安装、使用电网的，或者安装、使用电网不符合安全规定的；

（二）在车辆、行人通行的地方施工，对沟井坎穴不设覆盖物、防围和警示标志的，或者故意损毁、移动覆盖物、防围和警示标志的；

（三）盗窃、损毁路面井盖、照明等公共设施的。

第三十八条　【对违反规定举办大型活动行为的处罚】举办文化、体育等大型群众性活动，违反有关规定，有发生安全事故危险的，责令停止活动，立即疏散；对组织者处五日以上十日以下拘留，并处二百元以上五百元以下罚款；情节较轻的，处五日以下拘留或者五百元以下罚款。

第三十九条　【对违反公共场所安全规定行为的处罚】旅馆、饭店、影剧院、娱乐场、运动场、展览馆或者其他供社会公众活动的场所的经营管理人员，违反安全规定，致使该场所有发生安全事故危险，经公安机关责令改正，拒不改正的，处五日以下拘留。

第三节　侵犯人身权利、财产权利的行为和处罚

第四十条　【对恐怖表演、强迫劳动、限制人身自由行为的处罚】有下列行为之一的，处十日以上十五日以下拘留，并处五百元以上一千元以下罚款；情节较轻的，处五日以上十日以下拘留，并处二百元以上五百元以下罚款：

（一）组织、胁迫、诱骗不满十六周岁的人或者残疾人进行恐怖、残忍表演的；

（二）以暴力、威胁或者其他手段强迫他人劳动的；

（三）非法限制他人人身自由、非法侵入他人住宅或者非法搜查他人身体的。

第四十一条　【对胁迫利用他人乞讨和滋扰乞讨行为的处罚】胁迫、诱骗或者利用他人乞讨的，处十日以上十五日以下拘留，可以并处一千元以下罚款。

反复纠缠、强行讨要或者以其他滋扰他人的方式乞讨的，处五日以下拘留或者警告。

第四十二条　【对侵犯人身权利六项行为的处罚】有下列行为之一的，处五日以下拘留或者五百元以下罚款；情节较重的，处五日以上十日以下拘留，可以并处五百元以下罚款：

（一）写恐吓信或者以其他方法威胁他人人身安全的；

（二）公然侮辱他人或者捏造事实诽谤他人的；

（三）捏造事实诬告陷害他人，企图使他人受到刑事追究或者受到治安管理处罚的；

（四）对证人及其近亲属进行威胁、侮辱、殴打或者打击报复的；

（五）多次发送淫秽、侮辱、恐吓或者其他信息，干扰他人正常生活的；

（六）偷窥、偷拍、窃听、散布他人隐私的。

第四十三条　【对殴打或故意伤害他人身体行为的处罚】殴打他人的，或者故意伤害他人身体的，处五日以上十日以下拘留，并处二百元以上五百元以下罚款；情节较轻的，处五日以下拘留或者五百元以下罚款。

有下列情形之一的，处十日以上十五日以下拘留，并处五百元以上

一千元以下罚款：

（一）结伙殴打、伤害他人的；

（二）殴打、伤害残疾人、孕妇、不满十四周岁的人或者六十周岁以上的人的；

（三）多次殴打、伤害他人或者一次殴打、伤害多人的。

第四十四条 【对猥亵他人和在公共场所裸露身体行为的处罚】猥亵他人的，或者在公共场所故意裸露身体，情节恶劣的，处五日以上十日以下拘留；猥亵智力残疾人、精神病人、不满十四周岁的人或者有其他严重情节的，处十日以上十五日以下拘留。

第四十五条 【对虐待家庭成员、遗弃被扶养人行为的处罚】有下列行为之一的，处五日以下拘留或者警告：

（一）虐待家庭成员，被虐待人要求处理的；

（二）遗弃没有独立生活能力的被扶养人的。

第四十六条 【对强迫交易行为的处罚】强买强卖商品，强迫他人提供服务或者强迫他人接受服务的，处五日以上十日以下拘留，并处二百元以上五百元以下罚款；情节较轻的，处五日以下拘留或者五百元以下罚款。

第四十七条 【对煽动民族仇恨、民族歧视行为的处罚】煽动民族仇恨、民族歧视，或者在出版物、计算机信息网络中刊载民族歧视、侮辱内容的，处十日以上十五日以下拘留，可以并处一千元以下罚款。

第四十八条 【对侵犯通信自由行为的处罚】冒领、隐匿、毁弃、私自开拆或者非法检查他人邮件的，处五日以下拘留或者五百元以下罚款。

第四十九条 【对盗窃、诈骗、哄抢、抢夺、敲诈勒索、损毁公私财物行为的处罚】盗窃、诈骗、哄抢、抢夺、敲诈勒索或者故意损毁公私财物的，处五日以上十日以下拘留，可以并处五百元以下罚款；情节较重的，处十日以上十五日以下拘留，可以并处一千元以下罚款。

第四节 妨害社会管理的行为和处罚

第五十条 【对拒不执行紧急状态决定、命令和阻碍执行公务的处罚】有下列行为之一的，处警告或者二百元以下罚款；情节严重的，处五日以上十日以下拘留，可以并处五百元以下罚款：

（一）拒不执行人民政府在紧急状态情况下依法发布的决定、命令的；

（二）阻碍国家机关工作人员依法执行职务的；

（三）阻碍执行紧急任务的消防车、救护车、工程抢险车、警车等车辆通行的；

（四）强行冲闯公安机关设置的警戒带、警戒区的。

阻碍人民警察依法执行职务的，从重处罚。

第五十一条 【对招摇撞骗行为的处罚】冒充国家机关工作人员或者以其他虚假身份招摇撞骗的，处五日以上十日以下拘留，可以并处五百元以下罚款；情节较轻的，处五日以下拘留或者五百元以下罚款。

冒充军警人员招摇撞骗的，从重处罚。

第五十二条 【对伪造、变造、买卖公文、证件、票证行为的处罚】有下列行为之一的，处十日以上十五日以下拘留，可以并处一千元以下罚款；情节较轻的，处五日以上十日以下拘留，可以并处五百元以下罚款：

（一）伪造、变造或者买卖国家机关、人民团体、企业、事业单位或者其他组织的公文、证件、证明文件、印章的；

（二）买卖或者使用伪造、变造的国家机关、人民团体、企业、事业单位或者其他组织的公文、证件、证明文件的；

（三）伪造、变造、倒卖车票、船票、航空客票、文艺演出票、体育比赛入场券或者其他有价票证、凭证的；

（四）伪造、变造船舶户牌，买卖或者使用伪造、变造的船舶户牌，或者涂改船舶发动机号码的。

第五十三条 【对船舶擅自进入禁、限入水域或岛屿行为的处罚】船舶擅自进入、停靠国家禁止、限制进入的水域或者岛屿的，对船舶负责人及有关责任人员处五百元以上一千元以下罚款；情节严重的，处五日以下拘留，并处五百元以上一千元以下罚款。

第五十四条 【对违法设立社会团体行为的处罚】有下列行为之一的，处十日以上十五日以下拘留，并处五百元以上一千元以下罚款；情节较轻的，处五日以下拘留或者五百元以下罚款：

（一）违反国家规定，未经注册登记，以社会团体名义进行活动，被取缔后，仍进行活动的；

（二）被依法撤销登记的社会团体，仍以社会团体名义进行活动的；

（三）未经许可，擅自经营按照国家规定需要由公安机关许可的行业的。

有前款第三项行为的，予以取缔。

取得公安机关许可的经营者，违反国家有关管理规定，情节严重的，公安机关可以吊销许可证。

第五十五条　【对非法集会、游行、示威行为的处罚】煽动、策划非法集会、游行、示威，不听劝阻的，处十日以上十五日以下拘留。

第五十六条　【对旅馆工作人员违反规定行为的处罚】旅馆业的工作人员对住宿的旅客不按规定登记姓名、身份证件种类和号码的，或者明知住宿的旅客将危险物质带入旅馆，不予制止的，处二百元以上五百元以下罚款。

旅馆业的工作人员明知住宿的旅客是犯罪嫌疑人员或者被公安机关通缉的人员，不向公安机关报告的，处二百元以上五百元以下罚款；情节严重的，处五日以下拘留，可以并处五百元以下罚款。

第五十七条　【对违法出租房屋行为的处罚】房屋出租人将房屋出租给无身份证件的人居住的，或者不按规定登记承租人姓名、身份证件种类和号码的，处二百元以上五百元以下罚款。

房屋出租人明知承租人利用出租房屋进行犯罪活动，不向公安机关报告的，处二百元以上五百元以下罚款；情节严重的，处五日以下拘留，可以并处五百元以下罚款。

第五十八条　【对制造噪声干扰他人生活行为的处罚】违反关于社会生活噪声污染防治的法律规定，制造噪声干扰他人正常生活的，处警告；警告后不改正的，处二百元以上五百元以下罚款。

第五十九条　【对违法典当、收购行为的处罚】有下列行为之一的，处五百元以上一千元以下罚款；情节严重的，处五日以上十日以下拘留，并处五百元以上一千元以下罚款：

（一）典当业工作人员承接典当的物品，不查验有关证明、不履行登记手续，或者明知是违法犯罪嫌疑人、赃物，不向公安机关报告的；

（二）违反国家规定，收购铁路、油田、供电、电信、矿山、水利、测量和城市公用设施等废旧专用器材的；

（三）收购公安机关通报寻查的赃物或者有赃物嫌疑的物品的；

（四）收购国家禁止收购的其他物品的。

第六十条　【对妨害执法秩序行为的处罚】有下列行为之一的，处五日以上十日以下拘留，并处二百元以上五百元以下罚款：

（一）隐藏、转移、变卖或者损毁行政执法机关依法扣押、查封、冻结的财物的；

（二）伪造、隐匿、毁灭证据或者提供虚假证言、谎报案情，影响行政执法机关依法办案的；

（三）明知是赃物而窝藏、转移或者代为销售的；

（四）被依法执行管制、剥夺政治权利或者在缓刑、暂予监外执行中的罪犯或者被依法采取刑事强制措施的人，有违反法律、行政法规或者国务院有关部门的监督管理规定的行为。

第六十一条　【对协助组织、运送他人偷越国（边）境行为的处罚】协助组织或者运送他人偷越国（边）境的，处十日以上十五日以下拘留，并处一千元以上五千元以下罚款。

第六十二条　【对偷越国（边）境行为的处罚】为偷越国（边）境人员提供条件的，处五日以上十日以下拘留，并处五百元以上二千元以下罚款。

偷越国（边）境的，处五日以下拘留或者五百元以下罚款。

第六十三条　【对妨害文物管理行为的处罚】有下列行为之一的，处警告或者二百元以下罚款；情节较重的，处五日以上十日以下拘留，并处二百元以上五百元以下罚款：

（一）刻划、涂污或者以其他方式故意损坏国家保护的文物、名胜古迹的；

（二）违反国家规定，在文物保护单位附近进行爆破、挖掘等活动，危及文物安全的。

第六十四条　【对非法驾驶交通工具行为的处罚】有下列行为之一的，处五百元以上一千元以下罚款；情节严重的，处十日以上十五日以下拘留，并处五百元以上一千元以下罚款：

（一）偷开他人机动车的；

（二）未取得驾驶证驾驶或者偷开他人航空器、机动船舶的。

第六十五条　【对破坏他人坟墓、尸体和乱停放尸体行为的处罚】有下列行为之一的，处五日以上十日以下拘留；情节严重的，处十日以上十五日以下拘留，可以并处一千元以下罚款：

（一）故意破坏、污损他人坟墓或者毁坏、丢弃他人尸骨、骨灰的；

（二）在公共场所停放尸体或者因停放尸体影响他人正常生活、工作秩序，不听劝阻的。

第六十六条　【对卖淫、嫖娼行为的处罚】卖淫、嫖娼的，处十日以上十五日以下拘留，可以并处五千元以下罚款；情节较轻的，处五日以下拘留或者五百元以下罚款。

在公共场所拉客招嫖的，处五日以下拘留或者五百元以下罚款。

第六十七条　【对引诱、容留、介绍卖淫行为的处罚】引诱、容留、介绍他人卖淫的，处十日以上十五日以下拘留，可以并处五千元以下罚款；情节较轻的，处五日以下拘留或者五百元以下罚款。

第六十八条　【对传播淫秽信息行为的处罚】制作、运输、复制、出售、出租淫秽的书刊、图片、影片、音像制品等淫秽物品或者利用计算机信息网络、电话以及其他通讯工具传播淫秽信息的，处十日以上十五日以下拘留，可以并处三千元以下罚款；情节较轻的，处五日以下拘留或者五百元以下罚款。

第六十九条　【对组织、参与淫秽活动的处罚】有下列行为之一的，处十日以上十五日以下拘留，并处五百元以上一千元以下罚款：

（一）组织播放淫秽音像的；

（二）组织或者进行淫秽表演的；

（三）参与聚众淫乱活动的。

明知他人从事前款活动，为其提供条件的，依照前款的规定处罚。

第七十条　【对赌博行为的处罚】以营利为目的，为赌博提供条件的，或者参与赌博赌资较大的，处五日以下拘留或者五百元以下罚款；情节严重的，处十日以上十五日以下拘留，并处五百元以上三千元以下罚款。

第七十一条　【对涉及毒品原植物行为的处罚】有下列行为之一的，处十日以上十五日以下拘留，可以并处三千元以下罚款；情节较轻的，处五日以下拘留或者五百元以下罚款：

（一）非法种植罂粟不满五百株或者其他少量毒品原植物的；

（二）非法买卖、运输、携带、持有少量未经灭活的罂粟等毒品原植物种子或者幼苗的；

（三）非法运输、买卖、储存、使用少量罂粟壳的。

有前款第一项行为，在成熟前自行铲除的，不予处罚。

第七十二条　【对毒品违法行为的处罚】有下列行为之一的，处十日以上十五日以下拘留，可以并处二千元以下罚款；情节较轻的，处五日以下拘留或者五百元以下罚款：

（一）非法持有鸦片不满二百克、海洛因或者甲基苯丙胺不满十克或者其他少量毒品的；

（二）向他人提供毒品的；

（三）吸食、注射毒品的；

（四）胁迫、欺骗医务人员开具麻醉药品、精神药品的。

第七十三条　【对教唆、引诱、欺骗他人吸食、注射毒品行为的处罚】教唆、引诱、欺骗他人吸食、注射毒品的，处十日以上十五日以下拘留，并处五百元以上二千元以下罚款。

第七十四条　【对服务行业人员通风报信行为的处罚】旅馆业、饮食服务业、文化娱乐业、出租汽车业等单位的人员，在公安机关查处吸毒、赌博、卖淫、嫖娼活动时，为违法犯罪行为人通风报信的，处十日以上十五日以下拘留。

第七十五条　【对饲养动物违法行为的处罚】饲养动物，干扰他人正常生活的，处警告；警告后不改正的，或者放任动物恐吓他人的，处二百元以上五百元以下罚款。

驱使动物伤害他人的，依照本法第四十三条第一款的规定处罚。

第七十六条　【对屡教不改行为的处罚】有本法第六十七条、第六十八条、第七十条的行为，屡教不改的，可以按照国家规定采取强制性教育措施。

第四章　处罚程序

第一节　调　查

第七十七条　【受理治安案件须登记】公安机关对报案、控告、举报或者违反治安管理行为人主动投案，以及其他行政主管部门、司法机关移送的违反治安管理案件，应当及时受理，并进行登记。

第七十八条 【受理治安案件后的处理】公安机关受理报案、控告、举报、投案后,认为属于违反治安管理行为的,应当立即进行调查;认为不属于违反治安管理行为的,应当告知报案人、控告人、举报人、投案人,并说明理由。

第七十九条 【严禁非法取证】公安机关及其人民警察对治安案件的调查,应当依法进行。严禁刑讯逼供或者采用威胁、引诱、欺骗等非法手段收集证据。

以非法手段收集的证据不得作为处罚的根据。

第八十条 【公安机关的保密义务】公安机关及其人民警察在办理治安案件时,对涉及的国家秘密、商业秘密或者个人隐私,应当予以保密。

第八十一条 【关于回避的规定】人民警察在办理治安案件过程中,遇有下列情形之一的,应当回避;违反治安管理行为人、被侵害人或者其法定代理人也有权要求他们回避:

(一)是本案当事人或者当事人的近亲属的;
(二)本人或者其近亲属与本案有利害关系的;
(三)与本案当事人有其他关系,可能影响案件公正处理的。

人民警察的回避,由其所属的公安机关决定;公安机关负责人的回避,由上一级公安机关决定。

第八十二条 【关于传唤的规定】需要传唤违反治安管理行为人接受调查的,经公安机关办案部门负责人批准,使用传唤证传唤。对现场发现的违反治安管理行为人,人民警察经出示工作证件,可以口头传唤,但应当在询问笔录中注明。

公安机关应当将传唤的原因和依据告知被传唤人。对无正当理由不接受传唤或者逃避传唤的人,可以强制传唤。

第八十三条 【传唤后的询问期限与通知义务】对违反治安管理行为人,公安机关传唤后应当及时询问查证,询问查证的时间不得超过八小时;情况复杂,依照本法规定可能适用行政拘留处罚的,询问查证的时间不得超过二十四小时。

公安机关应当及时将传唤的原因和处所通知被传唤人家属。

第八十四条 【询问笔录、书面材料与询问不满十六周岁人的规定】询问笔录应当交被询问人核对;对没有阅读能力的,应当向其宣读。记载有遗漏或者差错的，被询问人可以提出补充或者更正。被询问人确认笔录无误后，应当签名或者盖章，询问的人民警察也应当在笔录上签名。

被询问人要求就被询问事项自行提供书面材料的，应当准许；必要时，人民警察也可以要求被询问人自行书写。

询问不满十六周岁的违反治安管理行为人，应当通知其父母或者其他监护人到场。

第八十五条　【询问被侵害人和其他证人的规定】人民警察询问被侵害人或者其他证人，可以到其所在单位或者住处进行；必要时，也可以通知其到公安机关提供证言。

人民警察在公安机关以外询问被侵害人或者其他证人，应当出示工作证件。

询问被侵害人或者其他证人，同时适用本法第八十四条的规定。

第八十六条　【询问中的语言帮助】询问聋哑的违反治安管理行为人、被侵害人或者其他证人，应当有通晓手语的人提供帮助，并在笔录上注明。

询问不通晓当地通用的语言文字的违反治安管理行为人、被侵害人或者其他证人，应当配备翻译人员，并在笔录上注明。

第八十七条　【检查时应遵守的程序】公安机关对与违反治安管理行为有关的场所、物品、人身可以进行检查。检查时，人民警察不得少于二人，并应当出示工作证件和县级以上人民政府公安机关开具的检查证明文件。对确有必要立即进行检查的，人民警察经出示工作证件，可以当场检查，但检查公民住所应当出示县级以上人民政府公安机关开具的检查证明文件。

检查妇女的身体，应当由女性工作人员进行。

第八十八条　【检查笔录的制作】检查的情况应当制作检查笔录，由检查人、被检查人和见证人签名或者盖章；被检查人拒绝签名的，人民警察应当在笔录上注明。

第八十九条　【关于扣押物品的规定】公安机关办理治安案件，对与案件有关的需要作为证据的物品，可以扣押；对被侵害人或者善意第三人合法占有的财产，不得扣押，应当予以登记。对与案件无关的物品，不得扣押。

对扣押的物品,应当会同在场见证人和被扣押物品持有人查点清楚,当场开列清单一式二份,由调查人员、见证人和持有人签名或者盖章,一份交给持有人,另一份附卷备查。

对扣押的物品,应当妥善保管,不得挪作他用;对不宜长期保存的物品,按照有关规定处理。经查明与案件无关的,应当及时退还;经核实属于他人合法财产的,应当登记后立即退还;满六个月无人对该财产主张权利或者无法查清权利人的,应当公开拍卖或者按照国家有关规定处理,所得款项上缴国库。

第九十条 【关于鉴定的规定】为了查明案情,需要解决案件中有争议的专门性问题的,应当指派或者聘请具有专门知识的人员进行鉴定;鉴定人鉴定后,应当写出鉴定意见,并且签名。

第二节 决 定

第九十一条 【处罚的决定机关】治安管理处罚由县级以上人民政府公安机关决定;其中警告、五百元以下的罚款可以由公安派出所决定。

第九十二条 【行政拘留的折抵】对决定给予行政拘留处罚的人,在处罚前已经采取强制措施限制人身自由的时间,应当折抵。限制人身自由一日,折抵行政拘留一日。

第九十三条 【违反治安管理行为人的陈述与其他证据的关系】公安机关查处治安案件,对没有本人陈述,但其他证据能够证明案件事实的,可以作出治安管理处罚决定。但是,只有本人陈述,没有其他证据证明的,不能作出治安管理处罚决定。

第九十四条 【陈述与申辩权】公安机关作出治安管理处罚决定前,应当告知违反治安管理行为人作出治安管理处罚的事实、理由及依据,并告知违反治安管理行为人依法享有的权利。

违反治安管理行为人有权陈述和申辩。公安机关必须充分听取违反治安管理行为人的意见,对违反治安管理行为人提出的事实、理由和证据,应当进行复核;违反治安管理行为人提出的事实、理由或者证据成立的,公安机关应当采纳。

公安机关不得因违反治安管理行为人的陈述、申辩而加重处罚。

第九十五条 【治安案件的处理】治安案件调查结束后,公安机关应当根据不同情况，分别作出以下处理：

（一）确有依法应当给予治安管理处罚的违法行为的，根据情节轻重及具体情况，作出处罚决定；

（二）依法不予处罚的，或者违法事实不能成立的，作出不予处罚决定；

（三）违法行为已涉嫌犯罪的，移送主管机关依法追究刑事责任；

（四）发现违反治安管理行为人有其他违法行为的，在对违反治安管理行为作出处罚决定的同时，通知有关行政主管部门处理。

第九十六条　【治安管理处罚决定书的内容】公安机关作出治安管理处罚决定的，应当制作治安管理处罚决定书。决定书应当载明下列内容：

（一）被处罚人的姓名、性别、年龄、身份证件的名称和号码、住址；

（二）违法事实和证据；

（三）处罚的种类和依据；

（四）处罚的执行方式和期限；

（五）对处罚决定不服，申请行政复议、提起行政诉讼的途径和期限；

（六）作出处罚决定的公安机关的名称和作出决定的日期。

决定书应当由作出处罚决定的公安机关加盖印章。

第九十七条　【宣告、送达、抄送】公安机关应当向被处罚人宣告治安管理处罚决定书，并当场交付被处罚人；无法当场向被处罚人宣告的，应当在二日内送达被处罚人。决定给予行政拘留处罚的，应当及时通知被处罚人的家属。

有被侵害人的，公安机关应当将决定书副本抄送被侵害人。

第九十八条　【听证】公安机关作出吊销许可证以及处二千元以上罚款的治安管理处罚决定前，应当告知违反治安管理行为人有权要求举行听证；违反治安管理行为人要求听证的，公安机关应当及时依法举行听证。

第九十九条　【期限】公安机关办理治安案件的期限，自受理之日起不得超过三十日；案情重大、复杂的，经上一级公安机关批准，可以延长三十日。

为了查明案情进行鉴定的期间，不计入办理治安案件的期限。

第一百条　【当场处罚】违反治安管理行为事实清楚，证据确凿，处警告或者二百元以下罚款的，可以当场作出治安管理处罚决定。

第一百零一条　【当场处罚决定程序】当场作出治安管理处罚决定的，人民警察应当向违反治安管理行为人出示工作证件，并填写处罚决定书。处罚决定书应当当场交付被处罚人；有被侵害人的，并将决定书副本抄送被侵害人。

前款规定的处罚决定书，应当载明被处罚人的姓名、违法行为、处罚依据、罚款数额、时间、地点以及公安机关名称，并由经办的人民警察签名或者盖章。

当场作出治安管理处罚决定的，经办的人民警察应当在二十四小时内报所属公安机关备案。

第一百零二条　【不服处罚提起的复议或诉讼】被处罚人对治安管理处罚决定不服的，可以依法申请行政复议或者提起行政诉讼。

第三节　执　　行

第一百零三条　【行政拘留处罚的执行】对被决定给予行政拘留处罚的人，由作出决定的公安机关送达拘留所执行。

第一百零四条　【当场收缴罚款范围】受到罚款处罚的人应当自收到处罚决定书之日起十五日内，到指定的银行缴纳罚款。但是，有下列情形之一的，人民警察可以当场收缴罚款：

（一）被处五十元以下罚款，被处罚人对罚款无异议的；

（二）在边远、水上、交通不便地区，公安机关及其人民警察依照本法的规定作出罚款决定后，被处罚人向指定的银行缴纳罚款确有困难，经被处罚人提出的；

（三）被处罚人在当地没有固定住所，不当场收缴事后难以执行的。

第一百零五条　【罚款交纳期限】人民警察当场收缴的罚款，应当自收缴罚款之日起二日内，交至所属的公安机关；在水上、旅客列车上当场收缴的罚款，应当自抵岸或者到站之日起二日内，交至所属的公安机关；公安机关应当自收到罚款之日起二日内将罚款缴付指定的银行。

第一百零六条　【罚款收据】人民警察当场收缴罚款的，应当向被处罚人出具省、自治区、直辖市人民政府财政部门统一制发的罚款收据；不出具统一制发的罚款收据的，被处罚人有权拒绝缴纳罚款。

第一百零七条 【暂缓执行行政拘留】被处罚人不服行政拘留处罚决定,申请行政复议、提起行政诉讼的,可以向公安机关提出暂缓执行行政拘留的申请。公安机关认为暂缓执行行政拘留不致发生社会危险的,由被处罚人或者其近亲属提出符合本法第一百零八条规定条件的担保人,或者按每日行政拘留二百元的标准交纳保证金,行政拘留的处罚决定暂缓执行。

第一百零八条 【担保人的条件】担保人应当符合下列条件:
(一)与本案无牵连;
(二)享有政治权利,人身自由未受到限制;
(三)在当地有常住户口和固定住所;
(四)有能力履行担保义务。

第一百零九条 【担保人的义务】担保人应当保证被担保人不逃避行政拘留处罚的执行。

担保人不履行担保义务,致使被担保人逃避行政拘留处罚的执行的,由公安机关对其处三千元以下罚款。

第一百一十条 【没收保证金】被决定给予行政拘留处罚的人交纳保证金,暂缓行政拘留后,逃避行政拘留处罚的执行的,保证金予以没收并上缴国库,已经作出的行政拘留决定仍应执行。

第一百一十一条 【退还保证金】行政拘留的处罚决定被撤销,或者行政拘留处罚开始执行的,公安机关收取的保证金应当及时退还交纳人。

第五章 执法监督

第一百一十二条 【执法原则】公安机关及其人民警察应当依法、公正、严格、高效办理治安案件,文明执法,不得徇私舞弊。

第一百一十三条 【禁止行为】公安机关及其人民警察办理治安案件,禁止对违反治安管理行为人打骂、虐待或者侮辱。

第一百一十四条 【社会监督】公安机关及其人民警察办理治安案件,应当自觉接受社会和公民的监督。

公安机关及其人民警察办理治安案件,不严格执法或者有违法违纪行为的,任何单位和个人都有权向公安机关或者人民检察院、行政监察机关检举、控告；收到检举、控告的机关，应当依据职责及时处理。

第一百一十五条　**【罚缴分离原则】**公安机关依法实施罚款处罚，应当依照有关法律、行政法规的规定，实行罚款决定与罚款收缴分离；收缴的罚款应当全部上缴国库。

第一百一十六条　**【公安机关及其民警的行政责任和刑事责任】**人民警察办理治安案件，有下列行为之一的，依法给予行政处分；构成犯罪的，依法追究刑事责任：

（一）刑讯逼供、体罚、虐待、侮辱他人的；

（二）超过询问查证的时间限制人身自由的；

（三）不执行罚款决定与罚款收缴分离制度或者不按规定将罚没的财物上缴国库或者依法处理的；

（四）私分、侵占、挪用、故意损毁收缴、扣押的财物的；

（五）违反规定使用或者不及时返还被侵害人财物的；

（六）违反规定不及时退还保证金的；

（七）利用职务上的便利收受他人财物或者谋取其他利益的；

（八）当场收缴罚款不出具罚款收据或者不如实填写罚款数额的；

（九）接到要求制止违反治安管理行为的报警后，不及时出警的；

（十）在查处违反治安管理活动时，为违法犯罪行为人通风报信的；

（十一）有徇私舞弊、滥用职权，不依法履行法定职责的其他情形的。

办理治安案件的公安机关有前款所列行为的，对直接负责的主管人员和其他直接责任人员给予相应的行政处分。

第一百一十七条　**【赔偿责任】**公安机关及其人民警察违法行使职权，侵犯公民、法人和其他组织合法权益的，应当赔礼道歉；造成损害的，应当依法承担赔偿责任。

第六章　附　　则

第一百一十八条　**【"以上、以下、以内"的含义】**本法所称以上、以下、以内，包括本数。

第一百一十九条　**【生效日期】**本法自 2006 年 3 月 1 日起施行。1986 年 9 月 5 日公布、1994 年 5 月 12 日修订公布的《中华人民共和国治安管理处罚条例》同时废止。

中华人民共和国国家赔偿法（节录）

（1994年5月12日第八届全国人民代表大会常务委员会第七次会议通过　根据2010年4月29日第十一届全国人民代表大会常务委员会第十四次会议《关于修改〈中华人民共和国国家赔偿法〉的决定》第一次修正　根据2012年10月26日第十一届全国人民代表大会常务委员会第二十九次会议《关于修改〈中华人民共和国国家赔偿法〉的决定》第二次修正）

第一章　总　　则

第一条　【立法目的】为保障公民、法人和其他组织享有依法取得国家赔偿的权利，促进国家机关依法行使职权，根据宪法，制定本法。

第二条　【依法赔偿】国家机关和国家机关工作人员行使职权，有本法规定的侵犯公民、法人和其他组织合法权益的情形，造成损害的，受害人有依照本法取得国家赔偿的权利。

本法规定的赔偿义务机关，应当依照本法及时履行赔偿义务。

第二章　行政赔偿

第一节　赔偿范围

第三条　【侵犯人身权的行政赔偿范围】行政机关及其工作人员在行使行政职权时有下列侵犯人身权情形之一的，受害人有取得赔偿的权利：

（一）违法拘留或者违法采取限制公民人身自由的行政强制措施的；

（二）非法拘禁或者以其他方法非法剥夺公民人身自由的；

（三）以殴打、虐待等行为或者唆使、放纵他人以殴打、虐待等行为造成公民身体伤害或者死亡的；

（四）违法使用武器、警械造成公民身体伤害或者死亡的；

（五）造成公民身体伤害或者死亡的其他违法行为。

第四条　【侵犯财产权的行政赔偿范围】行政机关及其工作人员在行使行政职权时有下列侵犯财产权情形之一的，受害人有取得赔偿的权利：

（一）违法实施罚款、吊销许可证和执照、责令停产停业、没收财物等行政处罚的；

（二）违法对财产采取查封、扣押、冻结等行政强制措施的；

（三）违法征收、征用财产的；

（四）造成财产损害的其他违法行为。

第五条　【行政侵权中的免责情形】属于下列情形之一的，国家不承担赔偿责任：

（一）行政机关工作人员与行使职权无关的个人行为；

（二）因公民、法人和其他组织自己的行为致使损害发生的；

（三）法律规定的其他情形。

第二节　赔偿请求人和赔偿义务机关

第六条　【行政赔偿请求人】受害的公民、法人和其他组织有权要求赔偿。

受害的公民死亡，其继承人和其他有扶养关系的亲属有权要求赔偿。

受害的法人或者其他组织终止的，其权利承受人有权要求赔偿。

第七条　【行政赔偿义务机关】行政机关及其工作人员行使行政职权侵犯公民、法人和其他组织的合法权益造成损害的，该行政机关为赔偿义务机关。

两个以上行政机关共同行使行政职权时侵犯公民、法人和其他组织的合法权益造成损害的，共同行使行政职权的行政机关为共同赔偿义务机关。

法律、法规授权的组织在行使授予的行政权力时侵犯公民、法人和其他组织的合法权益造成损害的，被授权的组织为赔偿义务机关。

受行政机关委托的组织或者个人在行使受委托的行政权力时侵犯公民、法人和其他组织的合法权益造成损害的，委托的行政机关为赔偿义务机关。

赔偿义务机关被撤销的，继续行使其职权的行政机关为赔偿义务机关；没有继续行使其职权的行政机关的，撤销该赔偿义务机关的行政机关为赔偿义务机关。

第八条　【经过行政复议的赔偿义务机关】经复议机关复议的，最初造成侵权行为的行政机关为赔偿义务机关，但复议机关的复议决定加重损害的，复议机关对加重的部分履行赔偿义务。

第三节　赔偿程序

第九条　【赔偿请求人要求行政赔偿的途径】赔偿义务机关有本法第三条、第四条规定情形之一的，应当给予赔偿。

赔偿请求人要求赔偿，应当先向赔偿义务机关提出，也可以在申请行政复议或者提起行政诉讼时一并提出。

第十条　【行政赔偿的共同赔偿义务机关】赔偿请求人可以向共同赔偿义务机关中的任何一个赔偿义务机关要求赔偿，该赔偿义务机关应当先予赔偿。

第十一条　【根据损害提出数项赔偿要求】赔偿请求人根据受到的不同损害，可以同时提出数项赔偿要求。

第十二条　【赔偿请求人递交赔偿申请书】要求赔偿应当递交申请书，申请书应当载明下列事项：

（一）受害人的姓名、性别、年龄、工作单位和住所，法人或者其他组织的名称、住所和法定代表人或者主要负责人的姓名、职务；

（二）具体的要求、事实根据和理由；

（三）申请的年、月、日。

赔偿请求人书写申请书确有困难的，可以委托他人代书；也可以口头申请，由赔偿义务机关记入笔录。

赔偿请求人不是受害人本人的，应当说明与受害人的关系，并提供相应证明。

赔偿请求人当面递交申请书的，赔偿义务机关应当当场出具加盖本行政机关专用印章并注明收讫日期的书面凭证。申请材料不齐全的，赔偿义务机关应当当场或者在五日内一次性告知赔偿请求人需要补正的全部内容。

第十三条　【行政赔偿义务机关作出赔偿决定】赔偿义务机关应当自收到申请之日起两个月内，作出是否赔偿的决定。赔偿义务机关作出赔偿决定，应当充分听取赔偿请求人的意见，并可以与赔偿请求人就赔偿方式、赔偿项目和赔偿数额依照本法第四章的规定进行协商。

赔偿义务机关决定赔偿的，应当制作赔偿决定书，并自作出决定之日起十日内送达赔偿请求人。

赔偿义务机关决定不予赔偿的，应当自作出决定之日起十日内书面通知赔偿请求人，并说明不予赔偿的理由。

第十四条 **【赔偿请求人向法院提起诉讼】**赔偿义务机关在规定期限内未作出是否赔偿的决定，赔偿请求人可以自期限届满之日起三个月内，向人民法院提起诉讼。

赔偿请求人对赔偿的方式、项目、数额有异议的，或者赔偿义务机关作出不予赔偿决定的，赔偿请求人可以自赔偿义务机关作出赔偿或者不予赔偿决定之日起三个月内，向人民法院提起诉讼。

第十五条 **【举证责任】**人民法院审理行政赔偿案件，赔偿请求人和赔偿义务机关对自己提出的主张，应当提供证据。

赔偿义务机关采取行政拘留或者限制人身自由的强制措施期间，被限制人身自由的人死亡或者丧失行为能力的，赔偿义务机关的行为与被限制人身自由的人的死亡或者丧失行为能力是否存在因果关系，赔偿义务机关应当提供证据。

第十六条 **【行政追偿】**赔偿义务机关赔偿损失后，应当责令有故意或者重大过失的工作人员或者受委托的组织或者个人承担部分或者全部赔偿费用。

对有故意或者重大过失的责任人员，有关机关应当依法给予处分；构成犯罪的，应当依法追究刑事责任。

……

第四章　赔偿方式和计算标准

第三十二条 **【赔偿方式】**国家赔偿以支付赔偿金为主要方式。

能够返还财产或者恢复原状的，予以返还财产或者恢复原状。

第三十三条 **【人身自由的国家赔偿标准】**侵犯公民人身自由的，每日赔偿金按照国家上年度职工日平均工资计算。

第三十四条 **【生命健康权的国家赔偿标准】**侵犯公民生命健康权

的，赔偿金按照下列规定计算：

（一）造成身体伤害的，应当支付医疗费、护理费，以及赔偿因误工减少的收入。减少的收入每日的赔偿金按照国家上年度职工日平均工资计算，最高额为国家上年度职工年平均工资的五倍；

（二）造成部分或者全部丧失劳动能力的，应当支付医疗费、护理费、残疾生活辅助具费、康复费等因残疾而增加的必要支出和继续治疗所必需的费用，以及残疾赔偿金。残疾赔偿金根据丧失劳动能力的程度，按照国家规定的伤残等级确定，最高不超过国家上年度职工年平均工资的二十倍。造成全部丧失劳动能力的，对其扶养的无劳动能力的人，还应当支付生活费；

（三）造成死亡的，应当支付死亡赔偿金、丧葬费，总额为国家上年度职工年平均工资的二十倍。对死者生前扶养的无劳动能力的人，还应当支付生活费。

前款第二项、第三项规定的生活费的发放标准，参照当地最低生活保障标准执行。被扶养的人是未成年人的，生活费给付至十八周岁止；其他无劳动能力的人，生活费给付至死亡时止。

第三十五条 【精神损害的国家赔偿标准】有本法第三条或者第十七条规定情形之一，致人精神损害的，应当在侵权行为影响的范围内，为受害人消除影响，恢复名誉，赔礼道歉；造成严重后果的，应当支付相应的精神损害抚慰金。

第三十六条 【财产权的国家赔偿标准】侵犯公民、法人和其他组织的财产权造成损害的，按照下列规定处理：

（一）处罚款、罚金、追缴、没收财产或者违法征收、征用财产的，返还财产；

（二）查封、扣押、冻结财产的，解除对财产的查封、扣押、冻结，造成财产损坏或者灭失的，依照本条第三项、第四项的规定赔偿；

（三）应当返还的财产损坏的，能够恢复原状的恢复原状，不能恢复原状的，按照损害程度给付相应的赔偿金；

（四）应当返还的财产灭失的，给付相应的赔偿金；

（五）财产已经拍卖或者变卖的，给付拍卖或者变卖所得的价款；变卖的价款明显低于财产价值的，应当支付相应的赔偿金；

（六）吊销许可证和执照、责令停产停业的，赔偿停产停业期间必要的经常性费用开支；

（七）返还执行的罚款或者罚金、追缴或者没收的金钱，解除冻结的存款或者汇款的，应当支付银行同期存款利息；

（八）对财产权造成其他损害的，按照直接损失给予赔偿。

第三十七条　【国家赔偿费用】赔偿费用列入各级财政预算。

赔偿请求人凭生效的判决书、复议决定书、赔偿决定书或者调解书，向赔偿义务机关申请支付赔偿金。

赔偿义务机关应当自收到支付赔偿金申请之日起七日内，依照预算管理权限向有关的财政部门提出支付申请。财政部门应当自收到支付申请之日起十五日内支付赔偿金。

赔偿费用预算与支付管理的具体办法由国务院规定。

第五章　其他规定

第三十八条　【民事、行政诉讼中的司法赔偿】人民法院在民事诉讼、行政诉讼过程中，违法采取对妨害诉讼的强制措施、保全措施或者对判决、裁定及其他生效法律文书执行错误，造成损害的，赔偿请求人要求赔偿的程序，适用本法刑事赔偿程序的规定。

第三十九条　【国家赔偿请求时效】赔偿请求人请求国家赔偿的时效为两年，自其知道或者应当知道国家机关及其工作人员行使职权时的行为侵犯其人身权、财产权之日起计算，但被羁押等限制人身自由期间不计算在内。在申请行政复议或者提起行政诉讼时一并提出赔偿请求的，适用行政复议法、行政诉讼法有关时效的规定。

赔偿请求人在赔偿请求时效的最后六个月内，因不可抗力或者其他障碍不能行使请求权的，时效中止。从中止时效的原因消除之日起，赔偿请求时效期间继续计算。

第四十条　【对等原则】外国人、外国企业和组织在中华人民共和国领域内要求中华人民共和国国家赔偿的，适用本法。

外国人、外国企业和组织的所属国对中华人民共和国公民、法人和其他组织要求该国国家赔偿的权利不予保护或者限制的，中华人民共和国与该外国人、外国企业和组织的所属国实行对等原则。

第六章 附　　则

第四十一条　【不得收费和征税】赔偿请求人要求国家赔偿的,赔偿义务机关、复议机关和人民法院不得向赔偿请求人收取任何费用。

对赔偿请求人取得的赔偿金不予征税。

第四十二条　【施行时间】本法自1995年1月1日起施行。

最高人民法院关于审理
行政赔偿案件若干问题的规定

(2022年3月20日　法释〔2022〕10号)

为保护公民、法人和其他组织的合法权益,监督行政机关依法履行行政赔偿义务,确保人民法院公正、及时审理行政赔偿案件,实质化解行政赔偿争议,根据《中华人民共和国行政诉讼法》(以下简称行政诉讼法)《中华人民共和国国家赔偿法》(以下简称国家赔偿法)等法律规定,结合行政审判工作实际,制定本规定。

一、受案范围

第一条　国家赔偿法第三条、第四条规定的"其他违法行为"包括以下情形:

(一) 不履行法定职责行为;

(二) 行政机关及其工作人员在履行行政职责过程中作出的不产生法律效果,但事实上损害公民、法人或者其他组织人身权、财产权等合法权益的行为。

第二条　依据行政诉讼法第一条、第十二条第一款第十二项和国家赔偿法第二条规定,公民、法人或者其他组织认为行政机关及其工作人员违法行使行政职权对其劳动权、相邻权等合法权益造成人身、财产损害的,可以依法提起行政赔偿诉讼。

第三条 赔偿请求人不服赔偿义务机关下列行为的，可以依法提起行政赔偿诉讼：

（一）确定赔偿方式、项目、数额的行政赔偿决定；

（二）不予赔偿决定；

（三）逾期不作出赔偿决定；

（四）其他有关行政赔偿的行为。

第四条 法律规定由行政机关最终裁决的行政行为被确认违法后，赔偿请求人可以单独提起行政赔偿诉讼。

第五条 公民、法人或者其他组织认为国防、外交等国家行为或者行政机关制定发布行政法规、规章或者具有普遍约束力的决定、命令侵犯其合法权益造成损害，向人民法院提起行政赔偿诉讼的，不属于人民法院行政赔偿诉讼的受案范围。

二、诉讼当事人

第六条 公民、法人或者其他组织一并提起行政赔偿诉讼中的当事人地位，按照其在行政诉讼中的地位确定，行政诉讼与行政赔偿诉讼当事人不一致的除外。

第七条 受害的公民死亡，其继承人和其他有扶养关系的人可以提起行政赔偿诉讼，并提供该公民死亡证明、赔偿请求人与死亡公民之间的关系证明。

受害的公民死亡，支付受害公民医疗费、丧葬费等合理费用的人可以依法提起行政赔偿诉讼。

有权提起行政赔偿诉讼的法人或者其他组织分立、合并、终止，承受其权利的法人或者其他组织可以依法提起行政赔偿诉讼。

第八条 两个以上行政机关共同实施侵权行政行为造成损害的，共同侵权行政机关为共同被告。赔偿请求人坚持对其中一个或者几个侵权机关提起行政赔偿诉讼，以被起诉的机关为被告，未被起诉的机关追加为第三人。

第九条 原行政行为造成赔偿请求人损害，复议决定加重损害的，复议机关与原行政行为机关为共同被告。赔偿请求人坚持对作出原行政行为机关或者复议机关提起行政赔偿诉讼，以被起诉的机关为被告，未被起诉的机关追加为第三人。

第十条 行政机关依据行政诉讼法第九十七条的规定申请人民法院强制执行其行政行为,因据以强制执行的行政行为违法而发生行政赔偿诉讼的,申请强制执行的行政机关为被告。

三、证　　据

第十一条 行政赔偿诉讼中,原告应当对行政行为造成的损害提供证据;因被告的原因导致原告无法举证的,由被告承担举证责任。

人民法院对于原告主张的生产和生活所必需物品的合理损失,应当予以支持;对于原告提出的超出生产和生活所必需的其他贵重物品、现金损失,可以结合案件相关证据予以认定。

第十二条 原告主张其被限制人身自由期间受到身体伤害,被告否认相关损害事实或者损害与违法行政行为存在因果关系的,被告应当提供相应的证据证明。

四、起诉与受理

第十三条 行政行为未被确认为违法,公民、法人或者其他组织提起行政赔偿诉讼的,人民法院应当视为提起行政诉讼时一并提起行政赔偿诉讼。

行政行为已被确认为违法,并符合下列条件的,公民、法人或者其他组织可以单独提起行政赔偿诉讼:

(一)原告具有行政赔偿请求资格;
(二)有明确的被告;
(三)有具体的赔偿请求和受损害的事实根据;
(四)赔偿义务机关已先行处理或者超过法定期限不予处理;
(五)属于人民法院行政赔偿诉讼的受案范围和受诉人民法院管辖;
(六)在法律规定的起诉期限内提起诉讼。

第十四条 原告提起行政诉讼时未一并提起行政赔偿诉讼,人民法院审查认为可能存在行政赔偿的,应当告知原告可以一并提起行政赔偿诉讼。

原告在第一审庭审终结前提起行政赔偿诉讼，符合起诉条件的，人民法院应当依法受理；原告在第一审庭审终结后、宣判前提起行政赔偿诉讼的，是否准许由人民法院决定。

原告在第二审程序或者再审程序中提出行政赔偿请求的，人民法院可以组织各方调解；调解不成的，告知其另行起诉。

第十五条 公民、法人或者其他组织应当自知道或者应当知道行政行为侵犯其合法权益之日起两年内，向赔偿义务机关申请行政赔偿。赔偿义务机关在收到赔偿申请之日起两个月内未作出赔偿决定的，公民、法人或者其他组织可以依照行政诉讼法有关规定提起行政赔偿诉讼。

第十六条 公民、法人或者其他组织提起行政诉讼时一并请求行政赔偿的，适用行政诉讼法有关起诉期限的规定。

第十七条 公民、法人或者其他组织仅对行政复议决定中的行政赔偿部分有异议，自复议决定书送达之日起十五日内提起行政赔偿诉讼的，人民法院应当依法受理。

行政机关作出有赔偿内容的行政复议决定时，未告知公民、法人或者其他组织起诉期限的，起诉期限从公民、法人或者其他组织知道或者应当知道起诉期限之日起计算，但从知道或者应当知道行政复议决定内容之日起最长不得超过一年。

第十八条 行政行为被有权机关依照法定程序撤销、变更、确认违法或无效，或者实施行政行为的行政机关工作人员因该行为被生效法律文书或监察机关政务处分确认为渎职、滥用职权的，属于本规定所称的行政行为被确认为违法的情形。

第十九条 公民、法人或者其他组织一并提起行政赔偿诉讼，人民法院经审查认为行政诉讼不符合起诉条件的，对一并提起的行政赔偿诉讼，裁定不予立案；已经立案的，裁定驳回起诉。

第二十条 在涉及行政许可、登记、征收、征用和行政机关对民事争议所作的裁决的行政案件中，原告提起行政赔偿诉讼的同时，有关当事人申请一并解决相关民事争议的，人民法院可以一并审理。

五、审理和判决

第二十一条 两个以上行政机关共同实施违法行政行为，或者行政机关及其工作人员与第三人恶意串通作出的违法行政行为，造成公民、法人或者其他组织人身权、财产权等合法权益实际损害的，应当承担连带赔偿责任。

一方承担连带赔偿责任后，对于超出其应当承担部分，可以向其他连带责任人追偿。

第二十二条　两个以上行政机关分别实施违法行政行为造成同一损害，每个行政机关的违法行为都足以造成全部损害的，各个行政机关承担连带赔偿责任。

两个以上行政机关分别实施违法行政行为造成同一损害的，人民法院应当根据其违法行政行为在损害发生和结果中的作用大小，确定各自承担相应的行政赔偿责任；难以确定责任大小的，平均承担责任。

第二十三条　由于第三人提供虚假材料，导致行政机关作出的行政行为违法，造成公民、法人或者其他组织损害的，人民法院应当根据违法行政行为在损害发生和结果中的作用大小，确定行政机关承担相应的行政赔偿责任；行政机关已经尽到审慎审查义务的，不承担行政赔偿责任。

第二十四条　由于第三人行为造成公民、法人或者其他组织损害的，应当由第三人依法承担侵权赔偿责任；第三人赔偿不足、无力承担赔偿责任或者下落不明，行政机关又未尽保护、监管、救助等法定义务的，人民法院应当根据行政机关未尽法定义务在损害发生和结果中的作用大小，确定其承担相应的行政赔偿责任。

第二十五条　由于不可抗力等客观原因造成公民、法人或者其他组织损害，行政机关不依法履行、拖延履行法定义务导致未能及时止损或者损害扩大的，人民法院应当根据行政机关不依法履行、拖延履行法定义务行为在损害发生和结果中的作用大小，确定其承担相应的行政赔偿责任。

第二十六条　有下列情形之一的，属于国家赔偿法第三十五条规定的"造成严重后果"：

（一）受害人被非法限制人身自由超过六个月；

（二）受害人经鉴定为轻伤以上或者残疾；

（三）受害人经诊断、鉴定为精神障碍或者精神残疾，且与违法行政行为存在关联；

（四）受害人名誉、荣誉、家庭、职业、教育等方面遭受严重损害，且与违法行政行为存在关联。

有下列情形之一的，可以认定为后果特别严重：

（一）受害人被限制人身自由十年以上；

（二）受害人死亡；

（三）受害人经鉴定为重伤或者残疾一至四级，且生活不能自理；

（四）受害人经诊断、鉴定为严重精神障碍或者精神残疾一至二级，生活不能自理，且与违法行政行为存在关联。

第二十七条　违法行政行为造成公民、法人或者其他组织财产损害，不能返还财产或者恢复原状的，按照损害发生时该财产的市场价格计算损失。市场价格无法确定，或者该价格不足以弥补公民、法人或者其他组织损失的，可以采用其他合理方式计算。

违法征收征用土地、房屋，人民法院判决给予被征收人的行政赔偿，不得少于被征收人依法应当获得的安置补偿权益。

第二十八条　下列损失属于国家赔偿法第三十六条第六项规定的"停产停业期间必要的经常性费用开支"：

（一）必要留守职工的工资；

（二）必须缴纳的税款、社会保险费；

（三）应当缴纳的水电费、保管费、仓储费、承包费；

（四）合理的房屋场地租金、设备租金、设备折旧费；

（五）维系停产停业期间运营所需的其他基本开支。

第二十九条　下列损失属于国家赔偿法第三十六条第八项规定的"直接损失"：

（一）存款利息、贷款利息、现金利息；

（二）机动车停运期间的营运损失；

（三）通过行政补偿程序依法应当获得的奖励、补贴等；

（四）对财产造成的其他实际损失。

第三十条　被告有国家赔偿法第三条规定情形之一，致人精神损害的，人民法院应当判决其在违法行政行为影响的范围内，为受害人消除影响、恢复名誉、赔礼道歉；消除影响、恢复名誉和赔礼道歉的履行方式，可以双方协商，协商不成的，人民法院应当责令被告以适当的方式履行。造成严重后果的，应当判决支付相应的精神损害抚慰金。

第三十一条　人民法院经过审理认为被告对公民、法人或者其他组织造成财产损害的，判决被告限期返还财产、恢复原状；无法返还财产、恢复原状的,判决被告限期支付赔偿金和相应的利息损失。

人民法院审理行政赔偿案件,可以对行政机关赔偿的方式、项目、标准等予以明确,赔偿内容确定的,应当作出具有赔偿金额等给付内容的判决;行政赔偿决定对赔偿数额的确定确有错误的,人民法院判决予以变更。

第三十二条 有下列情形之一的,人民法院判决驳回原告的行政赔偿请求:

(一)原告主张的损害没有事实根据的;
(二)原告主张的损害与违法行政行为没有因果关系的;
(三)原告的损失已经通过行政补偿等其他途径获得充分救济的;
(四)原告请求行政赔偿的理由不能成立的其他情形。

六、其　　他

第三十三条 本规定自2022年5月1日起施行。《最高人民法院关于审理行政赔偿案件若干问题的规定》(法发〔1997〕10号)同时废止。

本规定实施前本院发布的司法解释与本规定不一致的,以本规定为准。

罚款决定与罚款收缴分离实施办法

(1997年11月17日中华人民共和国国务院令第235号发布　自1998年1月1日起施行)

第一条 为了实施罚款决定与罚款收缴分离,加强对罚款收缴活动的监督,保证罚款及时上缴国库,根据《中华人民共和国行政处罚法》(以下简称行政处罚法)的规定,制定本办法。

第二条 罚款的收取、缴纳及相关活动,适用本办法。

第三条 作出罚款决定的行政机关应当与收缴罚款的机构分离;但是,依照行政处罚法的规定可以当场收缴罚款的除外。

第四条 罚款必须全部上缴国库，任何行政机关、组织或者个人不得以任何形式截留、私分或者变相私分。

行政机关执法所需经费的拨付，按照国家有关规定执行。

第五条 经中国人民银行批准有代理收付款项业务的商业银行、信用合作社（以下简称代收机构），可以开办代收罚款的业务。

具体代收机构由县级以上地方人民政府组织本级财政部门、中国人民银行当地分支机构和依法具有行政处罚权的行政机关共同研究，统一确定。海关、外汇管理等实行垂直领导的依法具有行政处罚权的行政机关作出罚款决定的，具体代收机构由财政部、中国人民银行会同国务院有关部门确定。依法具有行政处罚权的国务院有关部门作出罚款决定的，具体代收机构由财政部、中国人民银行确定。

代收机构应当具备足够的代收网点，以方便当事人缴纳罚款。

第六条 行政机关应当依照本办法和国家有关规定，同代收机构签订代收罚款协议。

代收罚款协议应当包括下列事项：

（一）行政机关、代收机构名称；

（二）具体代收网点；

（三）代收机构上缴罚款的预算科目、预算级次；

（四）代收机构告知行政机关代收罚款情况的方式、期限；

（五）需要明确的其他事项。

自代收罚款协议签订之日起15日内，行政机关应当将代收罚款协议报上一级行政机关和同级财政部门备案；代收机构应当将代收罚款协议报中国人民银行或者其当地分支机构备案。

第七条 行政机关作出罚款决定的行政处罚决定书应当载明代收机构的名称、地址和当事人应当缴纳罚款的数额、期限等，并明确对当事人逾期缴纳罚款是否加处罚款。

当事人应当按照行政处罚决定书确定的罚款数额、期限，到指定的代收机构缴纳罚款。

第八条 代收机构代收罚款，应当向当事人出具罚款收据。

罚款收据的格式和印制，由财政部规定。

第九条 当事人逾期缴纳罚款，行政处罚决定书明确需要加处罚款的，代收机构应当按照行政处罚决定书加收罚款。

当事人对加收罚款有异议的，应当先缴纳罚款和加收的罚款，再依法向作出行政处罚决定的行政机关申请复议。

第十条　代收机构应当按照代收罚款协议规定的方式、期限，将当事人的姓名或者名称、缴纳罚款的数额、时间等情况书面告知作出行政处罚决定的行政机关。

第十一条　代收机构应当按照行政处罚法和国家有关规定，将代收的罚款直接上缴国库。

第十二条　国库应当按照《中华人民共和国国家金库条例》的规定，定期同财政部门和行政机关对账，以保证收受的罚款和上缴国库的罚款数额一致。

第十三条　代收机构应当在代收网点、营业时间、服务设施、缴款手续等方面为当事人缴纳罚款提供方便。

第十四条　财政部门应当向代收机构支付手续费，具体标准由财政部制定。

第十五条　法律、法规授权的具有管理公共事务职能的组织和依法受委托的组织依法作出的罚款决定与罚款收缴，适用本办法。

第十六条　本办法由财政部会同中国人民银行组织实施。

第十七条　本办法自1998年1月1日起施行。

违反行政事业性收费和罚没收入收支两条线管理规定行政处分暂行规定

（2000年2月1日国务院第26次常务会议通过　2000年2月12日中华人民共和国国务院令第281号发布　自发布之日起施行）

第一条　为了严肃财经纪律，加强廉政建设，落实行政事业性收费和罚没收入"收支两条线"管理，促进依法行政，根据法律、行政法规和国家有关规定，制定本规定。

第二条　国家公务员和法律、行政法规授权行使行政事业性收费或者罚没职能的事业单位的工作人员有违反"收支两条线"管理规定行为的，依照本规定给予行政处分。

第三条　本规定所称"行政事业性收费"，是指下列属于财政性资金的收入：

（一）依据法律、行政法规、国务院有关规定、国务院财政部门与计划部门共同发布的规章或者规定以及省、自治区、直辖市的地方性法规、政府规章或者规定和省、自治区、直辖市人民政府财政部门与计划（物价）部门共同发布的规定所收取的各项收费；

（二）法律、行政法规和国务院规定的以及国务院财政部门按照国家有关规定批准的政府性基金、附加。

事业单位因提供服务收取的经营服务性收费不属于行政事业性收费。

第四条　本规定所称"罚没收入"，是指法律、行政法规授权的执行处罚的部门依法实施处罚取得的罚没款和没收物品的折价收入。

第五条　违反规定，擅自设立行政事业性收费项目或者设置罚没处罚的，对直接负责的主管人员和其他直接责任人员给予降级或者撤职处分。

第六条　违反规定，擅自变更行政事业性收费或者罚没范围、标准的，对直接负责的主管人员和其他直接责任人员给予记大过处分；情节严重的，给予降级或者撤职处分。

第七条　对行政事业性收费项目审批机关已经明令取消或者降低标准的收费项目，仍按原定项目或者标准收费的，对直接负责的主管人员和其他直接责任人员给予记大过处分；情节严重的，给予降级或者撤职处分。

第八条　下达或者变相下达罚没指标的，对直接负责的主管人员和其他直接责任人员给予降级或者撤职处分。

第九条　违反《收费许可证》规定实施行政事业性收费的，对直接负责的主管人员和其他直接责任人员给予警告处分；情节严重的，给予记过或者记大过处分。

第十条　违反财政票据管理规定实施行政事业性收费、罚没的，对直接负责的主管人员和其他直接责任人员给予降级或者撤职处分；以实施行政事业性收费、罚没的名义收取钱物，不出具任何票据的，给予开除处分。

第十一条　违反罚款决定与罚款收缴分离的规定收缴罚款的,对直接负责的主管人员和其他直接责任人员给予记大过或者降级处分。

第十二条　不履行行政事业性收费、罚没职责,应收不收、应罚不罚,经批评教育仍不改正的,对直接负责的主管人员和其他直接责任人员给予警告处分;情节严重的,给予记过或者记大过处分。

第十三条　不按照规定将行政事业性收费纳入单位财务统一核算、管理的,对直接负责的主管人员和其他直接责任人员给予记过处分;情节严重的,给予记大过或者降级处分。

第十四条　不按照规定将行政事业性收费缴入国库或者预算外资金财政专户的,对直接负责的主管人员和其他直接责任人员给予记大过处分;情节严重的,给予降级或者撤职处分。

不按照规定将罚没收入上缴国库的,依照前款规定给予处分。

第十五条　违反规定,擅自开设银行账户的,对直接负责的主管人员和其他直接责任人员给予降级处分;情节严重的,给予撤职或者开除处分。

第十六条　截留、挪用、坐收坐支行政事业性收费、罚没收入的,对直接负责的主管人员和其他直接责任人员给予降级处分;情节严重的,给予撤职或者开除处分。

第十七条　违反规定,将行政事业性收费、罚没收入用于提高福利补贴标准或者扩大福利补贴范围、滥发奖金实物、挥霍浪费或者有其他超标准支出行为的,对直接负责的主管人员和其他直接责任人员给予记大过处分;情节严重的,给予降级或者撤职处分。

第十八条　不按照规定编制预算外资金收支计划、单位财务收支计划和收支决算的,对直接负责的主管人员和其他直接责任人员给予记过处分;情节严重的,给予记大过或者降级处分。

第十九条　不按照预算和批准的收支计划核拨财政资金,贻误核拨对象正常工作的,对直接负责的主管人员和其他直接责任人员给予记过处分;情节严重的,给予记大过或者降级处分。

第二十条　对坚持原则抵制违法违纪的行政事业性收费、罚没行为的单位或者个人打击报复的,给予降级处分;情节严重的,给予撤职或者开除处分。

第二十一条　实施行政处分的权限以及不服行政处分的申诉,按照国家有关规定办理。

第二十二条 违反本规定，构成犯罪的，依法追究刑事责任。

第二十三条 本规定自发布之日起施行。

行政执法机关移送涉嫌犯罪案件的规定

（2001年7月9日中华人民共和国国务院令第310号公布 根据2020年8月7日《国务院关于修改〈行政执法机关移送涉嫌犯罪案件的规定〉的决定》修订）

第一条 为了保证行政执法机关向公安机关及时移送涉嫌犯罪案件，依法惩罚破坏社会主义市场经济秩序罪、妨害社会管理秩序罪以及其他罪，保障社会主义建设事业顺利进行，制定本规定。

第二条 本规定所称行政执法机关，是指依照法律、法规或者规章的规定，对破坏社会主义市场经济秩序、妨害社会管理秩序以及其他违法行为具有行政处罚权的行政机关，以及法律、法规授权的具有管理公共事务职能、在法定授权范围内实施行政处罚的组织。

第三条 行政执法机关在依法查处违法行为过程中，发现违法事实涉及的金额、违法事实的情节、违法事实造成的后果等，根据刑法关于破坏社会主义市场经济秩序罪、妨害社会管理秩序罪等罪的规定和最高人民法院、最高人民检察院关于破坏社会主义市场经济秩序罪、妨害社会管理秩序罪等罪的司法解释以及最高人民检察院、公安部关于经济犯罪案件的追诉标准等规定，涉嫌构成犯罪，依法需要追究刑事责任的，必须依照本规定向公安机关移送。

知识产权领域的违法案件，行政执法机关根据调查收集的证据和查明的案件事实，认为存在犯罪的合理嫌疑，需要公安机关采取措施进一步获取证据以判断是否达到刑事案件立案追诉标准的，应当向公安机关移送。

第四条 行政执法机关在查处违法行为过程中，必须妥善保存所收集的与违法行为有关的证据。

行政执法机关对查获的涉案物品，应当如实填写涉案物品清单，并按照国家有关规定予以处理。对易腐烂、变质等不宜或者不易保管的涉案物品，应当采取必要措施，留取证据；对需要进行检验、鉴定的涉案物品，应当由法定检验、鉴定机构进行检验、鉴定，并出具检验报告或者鉴定结论。

第五条 行政执法机关对应当向公安机关移送的涉嫌犯罪案件，应当立即指定 2 名或者 2 名以上行政执法人员组成专案组专门负责，核实情况后提出移送涉嫌犯罪案件的书面报告，报经本机关正职负责人或者主持工作的负责人审批。

行政执法机关正职负责人或者主持工作的负责人应当自接到报告之日起 3 日内作出批准移送或者不批准移送的决定。决定批准的，应当在 24 小时内向同级公安机关移送；决定不批准的，应当将不予批准的理由记录在案。

第六条 行政执法机关向公安机关移送涉嫌犯罪案件，应当附有下列材料：

（一）涉嫌犯罪案件移送书；
（二）涉嫌犯罪案件情况的调查报告；
（三）涉案物品清单；
（四）有关检验报告或者鉴定结论；
（五）其他有关涉嫌犯罪的材料。

第七条 公安机关对行政执法机关移送的涉嫌犯罪案件，应当在涉嫌犯罪案件移送书的回执上签字；其中，不属于本机关管辖的，应当在 24 小时内转送有管辖权的机关，并书面告知移送案件的行政执法机关。

第八条 公安机关应当自接受行政执法机关移送的涉嫌犯罪案件之日起 3 日内，依照刑法、刑事诉讼法以及最高人民法院、最高人民检察院关于立案标准和公安部关于公安机关办理刑事案件程序的规定，对所移送的案件进行审查。认为有犯罪事实，需要追究刑事责任，依法决定立案的，应当书面通知移送案件的行政执法机关；认为没有犯罪事实，或者犯罪事实显著轻微，不需要追究刑事责任，依法不予立案的，应当说明理由，并书面通知移送案件的行政执法机关，相应退回案卷材料。

第九条 行政执法机关接到公安机关不予立案的通知书后，认为依法应当由公安机关决定立案的，可以自接到不予立案通知书之日起 3 日内，提请作出不予立案决定的公安机关复议，也可以建议人民检察院依法进行立案监督。

作出不予立案决定的公安机关应当自收到行政执法机关提请复议的文件之日起3日内作出立案或者不予立案的决定,并书面通知移送案件的行政执法机关。移送案件的行政执法机关对公安机关不予立案的复议决定仍有异议的,应当自收到复议决定通知书之日起3日内建议人民检察院依法进行立案监督。

公安机关应当接受人民检察院依法进行的立案监督。

第十条 行政执法机关对公安机关决定不予立案的案件,应当依法作出处理;其中,依照有关法律、法规或者规章的规定应当给予行政处罚的,应当依法实施行政处罚。

第十一条 行政执法机关对应当向公安机关移送的涉嫌犯罪案件,不得以行政处罚代替移送。

行政执法机关向公安机关移送涉嫌犯罪案件前已经作出的警告,责令停产停业,暂扣或者吊销许可证、暂扣或者吊销执照的行政处罚决定,不停止执行。

依照行政处罚法的规定,行政执法机关向公安机关移送涉嫌犯罪案件前,已经依法给予当事人罚款的,人民法院判处罚金时,依法折抵相应罚金。

第十二条 行政执法机关对公安机关决定立案的案件,应当自接到立案通知书之日起3日内将涉案物品以及与案件有关的其他材料移交公安机关,并办结交接手续;法律、行政法规另有规定的,依照其规定。

第十三条 公安机关对发现的违法行为,经审查,没有犯罪事实,或者立案侦查后认为犯罪事实显著轻微,不需要追究刑事责任,但依法应当追究行政责任的,应当及时将案件移送同级行政执法机关,有关行政执法机关应当依法作出处理。

第十四条 行政执法机关移送涉嫌犯罪案件,应当接受人民检察院和监察机关依法实施的监督。

任何单位和个人对行政执法机关违反本规定,应当向公安机关移送涉嫌犯罪案件而不移送的,有权向人民检察院、监察机关或者上级行政执法机关举报。

第十五条 行政执法机关违反本规定,隐匿、私分、销毁涉案物品的,由本级或者上级人民政府,或者实行垂直管理的上级行政执法机关,对其正职负责人根据情节轻重,给予降级以上的处分;构成犯罪的,依法追究刑事责任。

对前款所列行为直接负责的主管人员和其他直接责任人员,比照前款的规定给予处分;构成犯罪的,依法追究刑事责任。

第十六条 行政执法机关违反本规定,逾期不将案件移送公安机关的,由本级或者上级人民政府,或者实行垂直管理的上级行政执法机关,责令限期移送,并对其正职负责人或者主持工作的负责人根据情节轻重,给予记过以上的处分;构成犯罪的,依法追究刑事责任。

行政执法机关违反本规定,对应当向公安机关移送的案件不移送,或者以行政处罚代替移送的,由本级或者上级人民政府,或者实行垂直管理的上级行政执法机关,责令改正,给予通报;拒不改正的,对其正职负责人或者主持工作的负责人给予记过以上的处分;构成犯罪的,依法追究刑事责任。

对本条第一款、第二款所列行为直接负责的主管人员和其他直接责任人员,分别比照前两款的规定给予处分;构成犯罪的,依法追究刑事责任。

第十七条 公安机关违反本规定,不接受行政执法机关移送的涉嫌犯罪案件,或者逾期不作出立案或者不予立案的决定的,除由人民检察院依法实施立案监督外,由本级或者上级人民政府责令改正,对其正职负责人根据情节轻重,给予记过以上的处分;构成犯罪的,依法追究刑事责任。

对前款所列行为直接负责的主管人员和其他直接责任人员,比照前款的规定给予处分;构成犯罪的,依法追究刑事责任。

第十八条 有关机关存在本规定第十五条、第十六条、第十七条所列违法行为,需要由监察机关依法给予违法的公职人员政务处分的,该机关及其上级主管机关或者有关人民政府应当依照有关规定将相关案件线索移送监察机关处理。

第十九条 行政执法机关在依法查处违法行为过程中,发现公职人员有贪污贿赂、失职渎职或者利用职权侵犯公民人身权利和民主权利等违法行为,涉嫌构成职务犯罪的,应当依照刑法、刑事诉讼法、监察法等法律规定及时将案件线索移送监察机关或者人民检察院处理。

第二十条 本规定自公布之日起施行。

国务院关于进一步推进相对集中行政处罚权工作的决定

(2002年8月22日 国发〔2002〕17号)

各省、自治区、直辖市人民政府,国务院各部委、各直属机构:

《中华人民共和国行政处罚法》(以下简称行政处罚法)第十六条规定:"国务院或者经国务院授权的省、自治区、直辖市人民政府可以决定一个行政机关行使有关行政机关的行政处罚权,但限制人身自由的行政处罚权只能由公安机关行使。"国务院对贯彻实施行政处罚法确立的相对集中行政处罚权制度十分重视,多次下发文件作出具体部署。自1997年以来,按照国务院有关文件的规定,23个省、自治区的79个城市和3个直辖市经批准开展了相对集中行政处罚权试点工作,并取得了显著成效,对深化行政管理体制改革、加强行政执法队伍建设、改进行政执法状况、提高依法行政水平,起到了积极的作用。实践证明,国务院确定试点工作的阶段性目标已经实现,进一步在全国推进相对集中行政处罚权工作的时机基本成熟。为此,依照行政处罚法的规定,国务院授权省、自治区、直辖市人民政府可以决定在本行政区域内有计划、有步骤地开展相对集中行政处罚权工作。为了进一步推进这项工作,特作如下决定:

一、开展相对集中行政处罚权工作的指导思想

(一)要以"三个代表"重要思想为指导,做好相对集中行政处罚权工作。

"三个代表"重要思想,是对马克思列宁主义、毛泽东思想、邓小平理论的新的发展,是新时期党的建设的指导方针,也是全面推进建设有中国特色社会主义伟大事业的行动指南。全面贯彻"三个代表"重要思想,关键在坚持与时俱进,核心在保持党的先进性,本质在坚持执政为民。行政处罚法确立相对集中行政处罚权制度的目的,是要解决多头执法、职责交叉、重复处罚、执法扰民和行政执法机构膨胀等问题,深化行政管理体制改革,探索建立与社会主义市场经济体制相适应的行政管理体制和行政执法机制,提高行政执法的效率和水平,保护公民、法人和其他组织的合法权益,保障和促进社会生产力的发展。要以"三个代表"重要思想为指导,做好相对集中行政处罚权工作。

各地区、各部门要从讲政治、讲大局的高度,按照"三个代表"重要思想的要求,进一步提高对做好相对集中行政处罚权工作重要性的认识,认真贯彻执行行政处罚法和国务院有关文件,研究解决相对集中行政处罚权工作中存在的问题,认真做好这项涉及广大人民群众切身利益的工作。

(二)严格依照行政处罚法的规定,开展相对集中行政处罚权工作。

相对集中行政处罚权是行政处罚法确立的一项重要制度。各省、自治区、直辖市人民政府开展相对集中行政处罚权工作,要严格执行行政处罚法的各项规定,保证全面、正确地实施行政处罚法,促进政府和政府各部门严格依法行政。

开展相对集中行政处罚权工作,要结合实施行政处罚法规定的行政处罚设定权制度、行政处罚主体资格制度、听证制度、罚款决定与罚款收缴相分离制度、政府对行政处罚的监督制度等,进一步规范行政执法行为,提高依法办事的能力和水平。

(三)把开展相对集中行政处罚权工作与继续深化行政管理体制改革有机地结合起来。

相对集中行政处罚权是深化行政管理体制改革的重要途径之一,最终目的是要建立符合社会主义市场经济发展要求的行政执法体制。必须把开展相对集中行政处罚权工作同继续深化行政管理体制改革紧密结合。要精简机构、精简人员,按照社会主义市场经济规律,进一步转变政府职能。要按照权力和利益彻底脱钩、权力和责任密切挂钩的原则,调整市、区政府有关执法部门的职责权限,明确划分有关部门之间的职能分工,推行行政执法责任制、评议考核制,防止政出多门、多头执法、执法扰民。

二、相对集中行政处罚权的范围

实行相对集中行政处罚权的领域,是多头执法、职责交叉、重复处罚、执法扰民等问题比较突出,严重影响执法效率和政府形象的领域,目前主要是城市管理领域。根据试点工作的经验,省、自治区、直辖市人民政府在城市管理领域可以集中行政处罚权的范围,主要包括:市容环境卫生管理方面法律、法规、规章规定的行政处罚权,强制拆除不符合城市容貌标准、环境卫生标准的建筑物或者设施;城市规划管理方面法律、法规、规章规定的全部或者部分行政处罚权；城市绿化管理方面法律、法规、规章规定的行政处罚权；市政管理方面法律、法规、规章规定的行政处罚权；环境保护管理方面法律、法规、规章规定的部分行政处罚权；工商行政管理方面法律、法规、规章规定的对无照商贩的行政处罚权；公安交通管理方面法律、法规、规章规定的对侵占城市道路行为的行政处罚权；省、自治区、直辖市人民政府决定调整的城市管理领域的其他行政处罚权。

需要在城市管理领域以外的其他行政管理领域相对集中行政处罚权的，省、自治区、直辖市人民政府依照行政处罚法第十六条的规定，也可以决定在有条件的地方开展这项工作。

对省、自治区、直辖市人民政府决定依法开展的相对集中行政处罚权工作，国务院有关业务主管部门和省、自治区、直辖市人民政府有关业务主管部门都要按照《中共中央办公厅国务院办公厅关于市县乡人员编制精简的意见》（中办发〔2000〕30号）和国务院有关文件的要求，切实予以支持，不得以任何借口进行干预、阻挠。

三、进一步做好相对集中行政处罚权工作的要求

（一）加强相对集中行政处罚权制度的宣传。

行政处罚法确立的相对集中行政处罚权制度，与行政机关关系重大，对行政管理体制改革和政府职能转变以及政府法制建设影响深远。各省、自治区、直辖市人民政府要按照本决定的要求，广泛、深入地宣传与相对集中行政处罚权工作有关的法律法规、方针政策、程序步骤，做到阶段性宣传和经常性宣传相结合，正面宣传和典型教育相结合，一般性宣传和疑难问题解答相结合，把思想认识真正统一到行政处罚法上来，统一到党和国家的有关方针政策上来，保证相对集中行政处罚权工作健康、有序进行。

各地区、各部门要加强宣传相对集中行政处罚权制度，各有关行政执法机关和执法人员要充分认识开展相对集中行政处罚权工作的重要性，熟悉相对集中行政处罚权制度和开展相对集中行政处罚权工作的原则、要求，特别要教育和督促被集中行政处罚权的有关部门增强政治意识、大局意识和责任意识，积极支持相对集中行政处罚权工作。

（二）抓紧建立省、自治区、直辖市人民政府决定开展相对集中行政处罚权工作的具体程序。

相对集中行政处罚权工作涉及有关部门行政处罚职权的调整和重新

配置，各省、自治区、直辖市人民政府要抓紧建立决定开展相对集中行政处罚权工作的具体程序。

省、自治区的有关城市人民政府在开展相对集中行政处罚权工作前，要深入研究本地区特定领域行政执法中的情况和问题，广泛听取各方面意见和建议，依法提出调整行政处罚权的具体方案（其中有关机构、编制方面的事宜，由编制部门按照国家有关法规的规定和程序办理）。相对集中行政处罚权工作方案必须由本级人民政府常务会议讨论决定，并形成会议纪要，以政府名义上报所在的省、自治区人民政府审批。有关城市政府法制工作机构要按照《国务院办公厅关于继续做好相对集中行政处罚权试点工作的通知》（国办发〔2000〕63号）的要求，发挥在法制工作方面的参谋和助手作用，协助本级人民政府依法积极稳妥地做好相对集中行政处罚权工作。省、自治区人民政府对有关城市人民政府报送的相对集中行政处罚权工作方案，要依照行政处罚法和本决定以及国务院其他有关文件的规定严格审查，对借机增设机构、增加行政编制或者有其他不符合规定情形的，一律不予批准。

直辖市人民政府决定开展相对集中行政处罚权工作，参照上述规定办理。

经省、自治区、直辖市人民政府批准的相对集中行政处罚权工作方案，自批准之日起30日内，由省、自治区、直辖市人民政府报送国务院法制办公室备案。

（三）总结经验，不断完善开展相对集中行政处罚权工作的配套制度。

省、自治区、直辖市人民政府开展相对集中行政处罚权工作，要注意总结本地区实行相对集中行政处罚权制度的经验，加强配套制度建设，巩固行政管理体制改革的成果。省、自治区、直辖市和有立法权的其他地方政府，可以按照规定程序适时制定地方政府规章；没有立法权的地方政府根据需要可以制定规范性文件。要通过各层次的配套制度建设，明确集中行使行政处罚权的行政机关与其他有关部门之间的职责权限，完善集中行使行政处罚权的行政机关与其他有关部门之间的协调配合机制。要结合相对集中行使行政处罚权的实践，推进电子政务的制度建设，实现集中行使行政处罚权的行政机关与有关部门之间行政管理信息的互通与共享，促进行政执法手段的现代化。

要明确市、区两级集中行使行政处罚权的行政机关的职能和责任，探索同一系统上下级部门之间合理分工、协调运作的新机制，解决目前行政执法中同一件事多头管理和各级执法部门职权大体相同，多层执法、重复管理问题。要按照行政职能配置科学化的要求，从制度上重新配置上下级部门职能，原则上层级较高的部门主要侧重于政策研究、监督指导和重大执法活动的协调，具体的执法活动主要由基层执法队伍承担。

在开展相对集中行政处罚权工作的同时，有关地方人民政府对原由有关行政机关行使的管理权，要根据需要进行调整和重新配置，防止职责重叠、权力交叉，实现政企分开、政事分开；对有关行政机关行使的审批权，要按照国务院行政审批制度改革的要求，该取消的要坚决取消，该归并的要坚决归并，以方便基层、方便群众。要理顺行政机关与专业服务组织的关系，对于目前行政机关内设或者下设的各类技术检测、检验、检疫机构，要创造条件将这类机构从有关行政机关中逐步剥离出来，面向社会广泛提供技术服务，成为依法独立从事技术检测、检验、检疫活动，并对其技术结论独立承担法律责任的专业服务组织。

（四）加强行政执法队伍建设。

各省、自治区、直辖市人民政府要按照《国务院办公厅关于继续做好相对集中行政处罚权试点工作的通知》的规定，规范集中行使行政处罚权的行政机关的设置，不得将集中行使行政处罚权的行政机关作为政府一个部门的内设机构或者下设机构，也不得将某个部门的上级业务主管部门确定为集中行使行政处罚权的行政机关的上级主管部门。集中行使行政处罚权的行政机关应作为本级政府直接领导的一个独立的行政执法部门，依法独立履行规定的职权，并承担相应的法律责任。行政处罚权相对集中后，有关部门如果仍然行使已被调整出的行政处罚权，所作出的行政处罚决定一律无效，还要依法追究该部门直接负责的主管人员和其他直接责任人员的法律责任。集中行使行政处罚权的行政机关所需经费，一律由财政予以保障，所有收费、罚没收入全部上缴财政，不得作为经费来源。对以暴力、威胁方法阻碍集中行使行政处罚权的执法人员依法执行职务的行为，公安机关要及时依法作出处理，直至依法追究刑事责任，不得作为民事纠纷进行处理。

集中行使行政处罚权的行政机关履行原由多个部门行使的职权，权力大，责任重，必须加强队伍建设，加强监督管理。集中行使行政处罚权的行政机关的执法人员，要按照《国家公务员暂行条例》和其他有关规定，采取考试、考核等办法从有关部门和社会符合条件的人员中择优录用。有关地方人民政府要采取有效措施，加强对集中行使行政处罚权的行政机关的领导和管理,推行执法责任制和评议考核制,强化对有关行政执法人员的政治教育和法律培训,努力提高依法行政水平。要健全对集中行使行政处罚权的行政机关以及执法人员的检查监督机制和纪律约束制度,教育、督促集中行使行政处罚权的行政机关自觉接受权力机关的监督、人民法院的司法监督以及行政机关的层级监督。对集中行使行政处罚权的行政机关作出的具体行政行为不服提出的行政复议申请,由本级人民政府依法受理;上一级人民政府设立集中行使行政处罚权的行政机关的,申请人也可以选择向上一级人民政府设立的集中行使行政处罚权的行政机关提出行政复议申请,由该行政机关依法受理。

各级行政执法机关和执法人员要高度重视作风建设,按照党的十五届六中全会的精神,切实加强和改进执法作风,确保严格执法、秉公执法、文明执法。

(五)切实加强对相对集中行政处罚权工作的组织领导。

相对集中行政处罚权,必然要求对有关部门的行政处罚权进行重新配置,涉及现行行政管理体制的改革。从试点工作的情况看,多数部门对相对集中行政处罚权制度认识明确,积极支持。但是有的部门原则上赞成相对集中行政处罚权,到涉及本部门的职权调整时就以种种理由表示反对;有的部门对集中行使行政处罚权的行政机关的执法活动不支持、不配合,甚至设置障碍,这是不符合行政处罚法规定和国务院文件要求的。各省、自治区、直辖市人民政府都要切实负起责任,加强对相对集中行政处罚权工作的领导,主要领导同志要亲自抓,把这项工作列入重要议事日程。各省、自治区、直辖市人民政府法制工作机构要按照《国务院关于贯彻实施〈中华人民共和国行政处罚法〉的通知》(国发〔1996〕13号)和《国务院办公厅关于继续做好相对集中行政处罚权试点工作的通知》的规定,继续加强对相对集中行政处罚权工作的协调和监督,密切关注开展相对集中行政处罚权工作的情况和问题,及时研究提出依法解决问题的意见和建议,协助本级人民政府做好相关工作,保证相对集中行政处罚权制度的顺利实施。国务院法制办公室要按照本决定的要求,加强对各省、自治区、直辖市开展相对集中行政处罚权工作的指导和监督,进一步加强和完善相对集中行政处罚权的制度建设,积极推进行政管理体制的改革。

各地区、各部门要按照本决定的规定,结合本地区、本部门的实际情况,认真研究、落实。有关开展相对集中行政处罚权工作的重要情况和问题，请及时报告国务院法制办公室，由国务院法制办公室汇总向国务院报告。

国务院办公厅关于全面推行行政执法公示制度执法全过程记录制度重大执法决定法制审核制度的指导意见

（2018年12月5日　国办发〔2018〕118号）

行政执法是行政机关履行政府职能、管理经济社会事务的重要方式。近年来，各地区、各部门不断加强行政执法规范化建设，执法能力和水平有了较大提高，但执法中不严格、不规范、不文明、不透明等问题仍然较为突出，损害人民群众利益和政府公信力。《中共中央关于全面推进依法治国若干重大问题的决定》和《法治政府建设实施纲要（2015—2020年）》对全面推行行政执法公示制度、执法全过程记录制度、重大执法决定法制审核制度（以下统称"三项制度"）作出了具体部署、提出了明确要求。聚焦行政执法的源头、过程、结果等关键环节，全面推行"三项制度"，对促进严格规范公正文明执法具有基础性、整体性、突破性作用，对切实保障人民群众合法权益，维护政府公信力，营造更加公开透明、规范有序、公平高效的法治环境具有重要意义。为指导各地区、各部门全面推行"三项制度"，经党中央、国务院同意，现提出如下意见。

一、总体要求

（一）指导思想。

以习近平新时代中国特色社会主义思想为指导，全面贯彻党的十九大和十九届二中、三中全会精神，着力推进行政执法透明、规范、合法、公正，不断健全执法制度、完善执法程序、创新执法方式、加强执法监督，全面提高执法效能，推动形成权责统一、权威高效的行政执法体系和职责明确、依法行政的政府治理体系，确保行政机关依法履行法定职责，切实维护人民群众合法权益，为落实全面依法治国基本方略、推进法治政府建设奠定坚实基础。

（二）基本原则。

坚持依法规范。全面履行法定职责，规范办事流程，明确岗位责任，确保法律法规规章严格实施，保障公民、法人和其他组织依法行使权利，不得违法增加办事的条件、环节等负担，防止执法不作为、乱作为。

坚持执法为民。牢固树立以人民为中心的发展思想，贴近群众、服务群众，方便群众及时获取执法信息、便捷办理各种手续、有效监督执法活动，防止执法扰民、执法不公。

坚持务实高效。聚焦基层执法实践需要，着力解决实际问题，注重措施的有效性和针对性，便于执法人员操作，切实提高执法效率，防止程序繁琐、不切实际。

坚持改革创新。在确保统一、规范的基础上，鼓励、支持、指导各地区、各部门因地制宜、更新理念、大胆实践，不断探索创新工作机制，更好服务保障经济社会发展，防止因循守旧、照搬照抄。

坚持统筹协调。统筹推进行政执法各项制度建设，加强资源整合、信息共享，做到各项制度有机衔接、高度融合，防止各行其是、重复建设。

（三）工作目标。

"三项制度"在各级行政执法机关全面推行，行政处罚、行政强制、行政检查、行政征收征用、行政许可等行为得到有效规范，行政执法公示制度机制不断健全，做到执法行为过程信息全程记载、执法全过程可回溯管理、重大执法决定法制审核全覆盖，全面实现执法信息公开透明、执法全过程留痕、执法决定合法有效，行政执法能力和水平整体大幅提升，行政执法行为被纠错率明显下降，行政执法的社会满意度显著提高。

二、全面推行行政执法公示制度

行政执法公示是保障行政相对人和社会公众知情权、参与权、表达权、监督权的重要措施。行政执法机关要按照"谁执法谁公示"的原则，明确公示内容的采集、传递、审核、发布职责，规范信息公示内容的标准、格式。建立统一的执法信息公示平台，及时通过政府网站及政务新媒体、办事大厅公示栏、服务窗口等平台向社会公开行政执法基本信息、结果信息。涉及国家秘密、商业秘密、个人隐私等不宜公开的信息，依法确需公开的，要作适当处理后公开。发现公开的行政执法信息不准确的，要及时予以更正。

（四）强化事前公开。行政执法机关要统筹推进行政执法事前公开与政府信息公开、权责清单公布、"双随机、一公开"监管等工作。全面准确及时主动公开行政执法主体、人员、职责、权限、依据、程序、救济渠道和随机抽查事项清单等信息。根据有关法律法规，结合自身职权职责，编制并公开本机关的服务指南、执法流程图，明确执法事项名称、受理机构、审批机构、受理条件、办理时限等内容。公开的信息要简明扼要、通俗易懂，并及时根据法律法规及机构职能变化情况进行动态调整。

（五）规范事中公示。行政执法人员在进行监督检查、调查取证、采取强制措施和强制执行、送达执法文书等执法活动时，必须主动出示执法证件，向当事人和相关人员表明身份，鼓励采取佩戴执法证件的方式，执法全程公示执法身份；要出具行政执法文书，主动告知当事人执法事由、执法依据、权利义务等内容。国家规定统一着执法服装、佩戴执法标识的，执法时要按规定着装、佩戴标识。政务服务窗口要设置岗位信息公示牌，明示工作人员岗位职责、申请材料示范文本、办理进度查询、咨询服务、投诉举报等信息。

（六）加强事后公开。行政执法机关要在执法决定作出之日起20个工作日内，向社会公布执法机关、执法对象、执法类别、执法结论等信息，接受社会监督，行政许可、行政处罚的执法决定信息要在执法决定作出之日起7个工作日内公开，但法律、行政法规另有规定的除外。建立健全执法决定信息公开发布、撤销和更新机制。已公开的行政执法决定被依法撤销、确认违法或者要求重新作出的，应当及时从信息公示平台撤下原行政执法决定信息。建立行政执法统计年报制度，地方各级行政执法机关应当于每年1月31日前公布本机关上年度行政执法总体情况有关数据，并报本级人民政府和上级主管部门。

三、全面推行执法全过程记录制度

行政执法全过程记录是行政执法活动合法有效的重要保证。行政执法机关要通过文字、音像等记录形式，对行政执法的启动、调查取证、审核决定、送达执行等全部过程进行记录，并全面系统归档保存，做到执法全过程留痕和可回溯管理。

（七）完善文字记录。文字记录是以纸质文件或电子文件形式对行政执法活动进行全过程记录的方式。要研究制定执法规范用语和执法文书制作指引，规范行政执法的重要事项和关键环节，做到文字记录合法规范、客观全面、及时准确。司法部负责制定统一的行政执法文书基本格式标准，国务院有关部门可以参照该标准，结合本部门执法实际，制定本部门、本系统统一适用的行政执法文书格式文本。地方各级人民政府可以在行政执法文书基本格式标准基础上，参考国务院部门行政执法文书格式，结合本地实际，完善有关文书格式。

（八）规范音像记录。音像记录是通过照相机、录音机、摄像机、执法记录仪、视频监控等记录设备，实时对行政执法过程进行记录的方式。各级行政执法机关要根据行政执法行为的不同类别、阶段、环节，采用相应音像记录形式，充分发挥音像记录直观有力的证据作用、规范执法的监督作用、依法履职的保障作用。要做好音像记录与文字记录的衔接工作，充分考虑音像记录方式的必要性、适当性和实效性，对文字记录能够全面有效记录执法行为的，可以不进行音像记录；对查封扣押财产、强制拆除等直接涉及人身自由、生命健康、重大财产权益的现场执法活动和执法办案场所，要推行全程音像记录；对现场执法、调查取证、举行听证、留置送达和公告送达等容易引发争议的行政执法过程，要根据实际情况进行音像记录。要建立健全执法音像记录管理制度，明确执法音像记录的设备配备、使用规范、记录要素、存储应用、监督管理等要求。研究制定执法行为用语指引，指导执法人员规范文明开展音像记录。配备音像记录设备、建设询问室和听证室等音像记录场所，要按照工作必需、厉行节约、性能适度、安全稳定、适量够用的原则，结合本地区经济发展水平和本部门执法具体情况确定，不搞"一刀切"。

（九）严格记录归档。要完善执法案卷管理制度，加强对执法台账和法律文书的制作、使用、管理，按照有关法律法规和档案管理规定归档保存执法全过程记录资料，确保所有行政执法行为有据可查。对涉及国家秘密、商业秘密、个人隐私的记录资料，归档时要严格执行国家有关规定。积极探索成本低、效果好、易保存、防删改的信息化记录储存方式，通过技术手段对同一执法对象的文字记录、音像记录进行集中储存。建立健全基于互联网、电子认证、电子签章的行政执法全过程数据化记录工作机制，形成业务流程清晰、数据链条完整、数据安全有保障的数字化记录信息归档管理制度。

（十）发挥记录作用。要充分发挥全过程记录信息对案卷评查、执法监督、评议考核、舆情应对、行政决策和健全社会信用体系等工作的积极作用，善于通过统计分析记录资料信息，发现行政执法薄弱环节，改进行政执法工作，依法公正维护执法人员和行政相对人的合法权益。建立健全记录信息调阅监督制度，做到可实时调阅，切实加强监督，确保行政执法文字记录、音像记录规范、合法、有效。

四、全面推行重大执法决定法制审核制度

重大执法决定法制审核是确保行政执法机关作出的重大执法决定合法有效的关键环节。行政执法机关作出重大执法决定前，要严格进行法制审核，未经法制审核或者审核未通过的，不得作出决定。

（十一）明确审核机构。各级行政执法机关要明确具体负责本单位重大执法决定法制审核的工作机构，确保法制审核工作有机构承担、有专人负责。加强法制审核队伍的正规化、专业化、职业化建设，把政治素质高、业务能力强、具有法律专业背景的人员调整充实到法制审核岗位，配强工作力量，使法制审核人员的配置与形势任务相适应，原则上各级行政执法机关的法制审核人员不少于本单位执法人员总数的5%。要充分发挥法律顾问、公职律师在法制审核工作中的作用，特别是针对基层存在的法制审核专业人员数量不足、分布不均等问题，探索建立健全本系统内法律顾问、公职律师统筹调用机制，实现法律专业人才资源共享。

（十二）明确审核范围。凡涉及重大公共利益，可能造成重大社会影响或引发社会风险，直接关系行政相对人或第三人重大权益，经过听证程序作出行政执法决定，以及案件情况疑难复杂、涉及多个法律关系的，都要进行法制审核。各级行政执法机关要结合本机关行政执法行为的类别、执法层级、所属领域、涉案金额等因素，制定重大执法决定法制审核目录清单。上级行政执法机关要对下一级执法机关重大执法决定法制审核目录清单编制工作加强指导，明确重大执法决定事项的标准。

（十三）明确审核内容。要严格审核行政执法主体是否合法，行政执法人员是否具备执法资格；行政执法程序是否合法；案件事实是否清楚，证据是否合法充分；适用法律、法规、规章是否准确，裁量基准运用是否适当；执法是否超越执法机关法定权限；行政执法文书是否完备、规范；违法行为是否涉嫌犯罪、需要移送司法机关等。法制审核机构完成审核后，要根据不同情形，提出同意或者存在问题的书面审核意见。行政执法承办机构要对法制审核机构提出的存在问题的审核意见进行研究，作出相应处理后再次报送法制审核。

（十四）明确审核责任。行政执法机关主要负责人是推动落实本机关重大执法决定法制审核制度的第一责任人,对本机关作出的行政执法决定负责。要结合实际,确定法制审核流程,明确送审材料报送要求和审核的方式、时限、责任,建立健全法制审核机构与行政执法承办机构对审核意见不一致时的协调机制。行政执法承办机构对送审材料的真实性、准确性、完整性,以及执法的事实、证据、法律适用、程序的合法性负责。法制审核机构对重大执法决定的法制审核意见负责。因行政执法承办机构的承办人员、负责法制审核的人员和审批行政执法决定的负责人滥用职权、玩忽职守、徇私枉法等,导致行政执法决定错误,要依纪依法追究相关人员责任。

五、全面推进行政执法信息化建设

行政执法机关要加强执法信息管理,及时准确公示执法信息,实现行政执法全程留痕,法制审核流程规范有序。加快推进执法信息互联互通共享,有效整合执法数据资源,为行政执法更规范、群众办事更便捷、政府治理更高效、营商环境更优化奠定基础。

(十五)加强信息化平台建设。依托大数据、云计算等信息技术手段,大力推进行政执法综合管理监督信息系统建设,充分利用已有信息系统和数据资源,逐步构建操作信息化、文书数据化、过程痕迹化、责任明晰化、监督严密化、分析可量化的行政执法信息化体系,做到执法信息网上录入、执法程序网上流转、执法活动网上监督、执法决定实时推送、执法信息统一公示、执法信息网上查询,实现对行政执法活动的即时性、过程性、系统性管理。认真落实国务院关于加快全国一体化在线政务服务平台建设的决策部署,推动政务服务"一网通办",依托电子政务外网开展网上行政服务工作,全面推行网上受理、网上审批、网上办公,让数据多跑路、群众少跑腿。

(十六)推进信息共享。完善全国行政执法数据汇集和信息共享机制,制定全国统一规范的执法数据标准,明确执法信息共享的种类、范围、流程和使用方式,促进执法数据高效采集、有效整合。充分利用全国一体化在线政务服务平台,在确保信息安全的前提下,加快推进跨地区、跨部门执法信息系统互联互通,已建设并使用的有关执法信息系统要加强业务协同,打通信息壁垒,实现数据共享互通,解决"信息孤岛"等问题。认真梳理涉及各类行政执法的基础数据,建立以行政执法主体信息、权责清单信息、办案信息、监督信息和统计分析信息等为主要内容的全国行政执法信息资源库,逐步形成集数据储存、共享功能于

213

一体的行政执法数据中心。

（十七）强化智能应用。要积极推进人工智能技术在行政执法实践中的运用，研究开发行政执法裁量智能辅助信息系统，利用语音识别、文本分析等技术对行政执法信息数据资源进行分析挖掘，发挥人工智能在证据收集、案例分析、法律文件阅读与分析中的作用，聚焦争议焦点，向执法人员精准推送办案规范、法律法规规定、相似案例等信息，提出处理意见建议，生成执法决定文书，有效约束规范行政自由裁量权，确保执法尺度统一。加强对行政执法大数据的关联分析、深化应用，通过提前预警、监测、研判，及时发现解决行政机关在履行政府职能、管理经济社会事务中遇到的新情况、新问题，提升行政立法、行政决策和风险防范水平，提高政府治理的精准性和有效性。

六、加大组织保障力度

（十八）加强组织领导。地方各级人民政府及其部门的主要负责同志作为本地区、本部门全面推行"三项制度"工作的第一责任人，要切实加强对本地区、本部门行政执法工作的领导，做好"三项制度"组织实施工作，定期听取有关工作情况汇报，及时研究解决工作中的重大问题，确保工作有方案、部署有进度、推进有标准、结果有考核。要建立健全工作机制，县级以上人民政府建立司法行政、编制管理、公务员管理、信息公开、电子政务、发展改革、财政、市场监管等单位参加的全面推行"三项制度"工作协调机制，指导协调、督促检查工作推进情况。国务院有关部门要加强对本系统全面推行"三项制度"工作的指导，强化行业规范和标准统一，及时研究解决本部门、本系统全面推行"三项制度"过程中遇到的问题。上级部门要切实做到率先推行、以上带下，充分发挥在行业系统中的带动引领作用，指导、督促下级部门严格规范实施"三项制度"。

（十九）健全制度体系。要根据本指导意见的要求和各地区、各部门实际情况，建立健全科学合理的"三项制度"体系。加强和完善行政执法案例指导、行政执法裁量基准、行政执法案卷管理和评查、行政执法投诉举报以及行政执法考核监督等制度建设，推进全国统一的行政执法资格和证件管理，积极做好相关制度衔接工作，形成统筹行政执法各个环节的制度体系。

（二十）开展培训宣传。要开展"三项制度"专题学习培训，加强业务交流。认真落实"谁执法谁普法"普法责任制的要求，加强对全面推行"三项制度"的宣传,通过政府网站、新闻发布会以及报刊、广播、电视、网络、新媒体等方式,全方位宣传全面推行"三项制度"的重要意义、主要做法、典型经验和实施效果,发挥示范带动作用,及时回应社会关切,合理引导社会预期,为全面推行"三项制度"营造良好的社会氛围。

(二十一)加强督促检查。要把"三项制度"推进情况纳入法治政府建设考评指标体系,纳入年底效能目标考核体系,建立督查情况通报制度,坚持鼓励先进与鞭策落后相结合,充分调动全面推行"三项制度"工作的积极性、主动性。对工作不力的要及时督促整改,对工作中出现问题造成不良后果的单位及人员要通报批评,依纪依法问责。

(二十二)保障经费投入。要建立责任明确、管理规范、投入稳定的执法经费保障机制,保障行政执法机关依法履职所需的执法装备、经费,严禁将收费、罚没收入同部门利益直接或者变相挂钩。省级人民政府要分类制定行政执法机关执法装备配备标准、装备配备规划、设施建设规划和年度实施计划。地方各级行政执法机关要结合执法实际,将执法装备需求报本级人民政府列入财政预算。

(二十三)加强队伍建设。高素质的执法人员是全面推行"三项制度"取得实效的关键。要重视执法人员能力素质建设,加强思想道德和素质教育,着力提升执法人员业务能力和执法素养,打造政治坚定、作风优良、纪律严明、廉洁务实的执法队伍。加强行政执法人员资格管理,统一行政执法证件样式,建立全国行政执法人员和法制审核人员数据库。健全行政执法人员和法制审核人员岗前培训和岗位培训制度。鼓励和支持行政执法人员参加国家统一法律职业资格考试,对取得法律职业资格的人员可以简化或免于执法资格考试。建立科学的考核评价体系和人员激励机制。保障执法人员待遇,完善基层执法人员工资政策,建立和实施执法人员人身意外伤害和工伤保险制度,落实国家抚恤政策,提高执法人员履职积极性,增强执法队伍稳定性。

各地区、各部门要于2019年3月底前制定本地区、本部门全面推行"三项制度"的实施方案,并报司法部备案。司法部要加强对全面推行"三项制度"的指导协调,会同有关部门进行监督检查和跟踪评估,重要情况及时报告国务院。

实用附录

《中华人民共和国行政处罚法》新旧对照[*]

（左栏黑体部分为增加的内容，右栏删除线部分为删除的内容，两栏下划线部分为修改的内容，右栏波浪线部分为移动的内容）

目　　录	目　　录
第一章　总　　则	第一章　总　　则
第二章　行政处罚的种类和设定	第二章　行政处罚的种类和设定
第三章　行政处罚的实施机关	第三章　行政处罚的实施机关
第四章　行政处罚的管辖和适用	第四章　行政处罚的管辖和适用
第五章　行政处罚的决定	第五章　行政处罚的决定
第一节　一般规定	第一节　简易程序
第二节　简易程序	第二节　一般程序
第三节　普通程序	第三节　听证程序
第四节　听证程序	第六章　行政处罚的执行
第六章　行政处罚的执行	第七章　法律责任
第七章　法律责任	第八章　附　　则
第八章　附　　则	
第一章　总　　则	**第一章　总　　则**
第一条　为了规范行政处罚的设定和实施，保障和监督行政机关有效实施行政管理，维护公共利益和社会秩序，保护公民、法人或者其他组织的合法权益，根据宪法，制定本法。	第一条　为了规范行政处罚的设定和实施，保障和监督行政机关有效实施行政管理，维护公共利益和社会秩序，保护公民、法人或者其他组织的合法权益，根据宪法，制定本法。

---

[*] 以下表格左栏为 2021 年 1 月 22 日第十三届全国人民代表大会常务委员会第二十五次会议修订公布的新《行政处罚法》，右栏为 1996 年 3 月 17 日通过、2009 年 8 月 27 日第一次修正、2017 年 9 月 1 日第二次修正的旧《行政处罚法》。

第二条 行政处罚是指行政机关依法对违反行政管理秩序的公民、法人或者其他组织，以减损权益或者增加义务的方式予以惩戒的行为。	新增条文
第三条 行政处罚的设定和实施，适用本法。	第二条 行政处罚的设定和实施，适用本法。
第四条 公民、法人或者其他组织违反行政管理秩序的行为，应当给予行政处罚的，依照本法由法律、法规、规章规定，并由行政机关依照本法规定的程序实施。	第三条 公民、法人或者其他组织违反行政管理秩序的行为，应当给予行政处罚的，依照本法由法律、法规<u>或者</u>规章规定，并由行政机关依照本法规定的程序实施。 没有法定依据或者不遵守法定程序的，行政处罚无效。（移至第三十八条修改）
第五条 行政处罚遵循公正、公开的原则。 设定和实施行政处罚必须以事实为依据，与违法行为的事实、性质、情节以及社会危害程度相当。 对违法行为给予行政处罚的规定必须公布；未经公布的，不得作为行政处罚的依据。	第四条 行政处罚遵循公正、公开的原则。 设定和实施行政处罚必须以事实为依据，与违法行为的事实、性质、情节以及社会危害程度相当。 对违法行为给予行政处罚的规定必须公布；未经公布的，不得作为行政处罚的依据。
第六条 实施行政处罚，纠正违法行为，应当坚持处罚与教育相结合，教育公民、法人或者其他组织自觉守法。	第五条 实施行政处罚，纠正违法行为，应当坚持处罚与教育相结合，教育公民、法人或者其他组织自觉守法。

第七条 公民、法人或者其他组织对行政机关所给予的行政处罚，享有陈述权、申辩权；对行政处罚不服的，有权依法申请行政复议或者提起行政诉讼。 公民、法人或者其他组织因行政机关违法给予行政处罚受到损害的，有权依法提出赔偿要求。	第六条 公民、法人或者其他组织对行政机关所给予的行政处罚，享有陈述权、申辩权；对行政处罚不服的，有权依法申请行政复议或者提起行政诉讼。 公民、法人或者其他组织因行政机关违法给予行政处罚受到损害的，有权依法提出赔偿要求。 <s>第三十五条 当事人对当场作出的行政处罚决定不服的，可以依法申请行政复议或者提起行政诉讼。</s>
第八条 公民、法人或者其他组织因违法**行为**受到行政处罚，其违法行为对他人造成损害的，应当依法承担民事责任。 违法行为构成犯罪，应当依法追究刑事责任**的**，不得以行政处罚代替刑事处罚。	第七条 公民、法人或者其他组织因违法受到行政处罚，其违法行为对他人造成损害的，应当依法承担民事责任。 违法行为构成犯罪，应当依法追究刑事责任，不得以行政处罚代替刑事处罚。
第二章 行政处罚的种类和设定	**第二章 行政处罚的种类和设定**
第九条 行政处罚的种类： （一）警告、**通报批评**； （二）罚款、**没收违法所得、没收非法财物**； （三）暂扣许可证件、**降低资质等级**、**吊销许可证件**； （四）**限制开展生产经营活动**、责令停产停业、**责令关闭**、**限制从业**； （五）行政拘留； （六）法律、行政法规规定的其他行政处罚。	第八条 行政处罚的种类： （一）警告； （二）罚款； <s>（三）</s>没收违法所得、没收非法财物； （四）责令停产停业； （五）暂扣或者吊销许可证、<s>暂扣或者吊销执照</s>； （六）行政拘留； （七）法律、行政法规规定的其他行政处罚。

第十条　法律可以设定各种行政处罚。 限制人身自由的行政处罚，只能由法律设定。	第九条　法律可以设定各种行政处罚。 限制人身自由的行政处罚，只能由法律设定。
第十一条　行政法规可以设定除限制人身自由以外的行政处罚。 法律对违法行为已经作出行政处罚规定，行政法规需要作出具体规定的，必须在法律规定的给予行政处罚的行为、种类和幅度的范围内规定。 **法律对违法行为未作出行政处罚规定，行政法规为实施法律，可以补充设定行政处罚。拟补充设定行政处罚的，应当通过听证会、论证会等形式广泛听取意见，并向制定机关作出书面说明。行政法规报送备案时，应当说明补充设定行政处罚的情况。**	第十条　行政法规可以设定除限制人身自由以外的行政处罚。 法律对违法行为已经作出行政处罚规定，行政法规需要作出具体规定的，必须在法律规定的给予行政处罚的行为、种类和幅度的范围内规定。
第十二条　地方性法规可以设定除限制人身自由、吊销营业执照以外的行政处罚。 法律、行政法规对违法行为已经作出行政处罚规定，地方性法规需要作出具体规定的，必须在法律、行政法规规定的给予行政处罚的行为、种类和幅度的范围内规定。 **法律、行政法规对违法行为未作出行政处罚规定，地方性法**	第十一条　地方性法规可以设定除限制人身自由、吊销~~企业~~营业执照以外的行政处罚。 法律、行政法规对违法行为已经作出行政处罚规定，地方性法规需要作出具体规定的，必须在法律、行政法规规定的给予行政处罚的行为、种类和幅度的范围内规定。

规为实施法律、行政法规，可以补充设定行政处罚。拟补充设定行政处罚的，应当通过听证会、论证会等形式广泛听取意见，并向制定机关作出书面说明。地方性法规报送备案时，应当说明补充设定行政处罚的情况。	
第十三条　国务院部门规章可以在法律、行政法规规定的给予行政处罚的行为、种类和幅度的范围内作出具体规定。 尚未制定法律、行政法规的，国务院部门规章对违反行政管理秩序的行为，可以设定警告、**通报批评**或者一定数额罚款的行政处罚。罚款的限额由国务院规定。	第十二条　国务院部、委员会制定的规章可以在法律、行政法规规定的给予行政处罚的行为、种类和幅度的范围内作出具体规定。 尚未制定法律、行政法规的，前款规定的国务院部、委员会制定的规章对违反行政管理秩序的行为，可以设定警告或者一定数量罚款的行政处罚。罚款的限额由国务院规定。 ~~国务院可以授权具有行政处罚权的直属机构依照本条第一款、第二款的规定，规定行政处罚。~~
第十四条　地方政府规章可以在法律、法规规定的给予行政处罚的行为、种类和幅度的范围内作出具体规定。 尚未制定法律、法规的，地方政府规章对违反行政管理秩序的行为，可以设定警告、**通报批评**或者一定数额罚款的行政处罚。罚款的限额由省、自治区、直辖市人民代表大会常务委员会规定。	第十三条　省、自治区、直辖市人民政府和省、自治区人民政府所在地的市人民政府以及经国务院批准的较大的市人民政府制定的规章可以在法律、法规规定的给予行政处罚的行为、种类和幅度的范围内作出具体规定。 尚未制定法律、法规的，~~前款规定的~~人民政府制定的规章对违反行政管理秩序的行为，可以

	设定警告或者一定数量罚款的行政处罚。罚款的限额由省、自治区、直辖市人民代表大会常务委员会规定。
第十五条 国务院部门和省、自治区、直辖市人民政府及其有关部门应当定期组织评估行政处罚的实施情况和必要性，对不适当的行政处罚事项及种类、罚款数额等，应当提出修改或者废止的建议。	新增条文
第十六条 除法律、法规、规章外，其他规范性文件不得设定行政处罚。	第十四条 除本法第九条、第十条、第十一条、第十二条以及第十三条的规定外，其他规范性文件不得设定行政处罚。
第三章 行政处罚的实施机关	**第三章 行政处罚的实施机关**
第十七条 行政处罚由具有行政处罚权的行政机关在法定职权范围内实施。	第十五条 行政处罚由具有行政处罚权的行政机关在法定职权范围内实施。
第十八条 **国家在城市管理、市场监管、生态环境、文化市场、交通运输、应急管理、农业等领域推行建立综合行政执法制度，相对集中行政处罚权。** 国务院或者省、自治区、直辖市人民政府可以决定一个行政机关行使有关行政机关的行政处罚权。 限制人身自由的行政处罚权只能由公安机关**和法律规定的其他机关**行使。	第十六条 国务院或者~~经国务院授权的~~省、自治区、直辖市人民政府可以决定一个行政机关行使有关行政机关的行政处罚权，~~但~~限制人身自由的行政处罚权只能由公安机关行使。

221

第十九条 法律、法规授权的具有管理公共事务职能的组织可以在法定授权范围内实施行政处罚。	第十七条 法律、法规授权的具有管理公共事务职能的组织可以在法定授权范围内实施行政处罚。
第二十条 行政机关依照法律、法规、规章的规定，可以在其法定权限内**书面**委托符合本法<u>第二十一条</u>规定条件的组织实施行政处罚。行政机关不得委托其他组织或者个人实施行政处罚。 **委托书应当载明委托的具体事项、权限、期限等内容。委托行政机关和受委托组织应当将委托书向社会公布。** 委托行政机关对受委托组织实施行政处罚的行为应当负责监督，并对该行为的后果承担法律责任。 受委托组织在委托范围内，以委托行政机关名义实施行政处罚；不得再委托其他组织或者个人实施行政处罚。	第十八条 行政机关依照法律、法规<u>或者</u>规章的规定，可以在其法定权限内委托符合本法<u>第十九条</u>规定条件的组织实施行政处罚。行政机关不得委托其他组织或者个人实施行政处罚。 委托行政机关对受委托的组织实施行政处罚的行为应当负责监督，并对该行为的后果承担法律责任。 受委托组织在委托范围内，以委托行政机关名义实施行政处罚；不得再委托其他<u>任何</u>组织或者个人实施行政处罚。
第二十一条 受委托组织必须符合以下条件： （一）依法成立<u>并具有</u>管理公共事务<u>职能</u>； （二）有熟悉有关法律、法规、规章和业务**并取得行政执法资格**的工作人员； （三）需要进行技术检查或者技术鉴定的，应当有条件组织进行相应的技术检查或者技术鉴定。	第十九条 受委托组织必须符合以下条件： （一）依法成立<u>的</u>管理公共事务的<u>事业组织</u>； （二）具有熟悉有关法律、法规、规章和业务的工作人员； （三）<u>对违法行为</u>需要进行技术检查或者技术鉴定的，应当有条件组织进行相应的技术检查或者技术鉴定。

第四章　行政处罚的管辖和适用	第四章　行政处罚的管辖和适用
第二十二条　行政处罚由违法行为发生地的行政机关管辖。法律、行政法规、部门规章另有规定的，从其规定。	第二十条　行政处罚由违法行为发生地的~~县级以上地方人民政府具有行政处罚权的~~行政机关管辖。法律、行政法规另有规定的除外。
第二十三条　行政处罚由县级以上地方人民政府具有行政处罚权的行政机关管辖。法律、行政法规另有规定的，从其规定。	新增条文
第二十四条　省、自治区、直辖市根据当地实际情况，可以决定将基层管理迫切需要的县级人民政府部门的行政处罚权交由能够有效承接的乡镇人民政府、街道办事处行使，并定期组织评估。决定应当公布。 　　承接行政处罚权的乡镇人民政府、街道办事处应当加强执法能力建设，按照规定范围、依照法定程序实施行政处罚。 　　有关地方人民政府及其部门应当加强组织协调、业务指导、执法监督，建立健全行政处罚协调配合机制，完善评议、考核制度。	新增条文
第二十五条　两个以上行政机关都有管辖权的，由最先立案的行政机关管辖。 　　对管辖发生争议的，应当协商解决，协商不成的，报请共同的上一级行政机关指定管辖；也可以直接由共同的上一级行政机关指定管辖。	第二十一条　对管辖发生争议的，报请共同的上一级行政机关指定管辖。

第二十六条 行政机关因实施行政处罚的需要，可以向有关机关提出协助请求。协助事项属于被请求机关职权范围内的，应当依法予以协助。	新增条文
第二十七条 违法行为<u>涉嫌</u>犯罪的，行政机关<u>应当及时</u>将案件移送司法机关，依法追究刑事责任。对依法不需要追究刑事责任或者免予刑事处罚，但应当给予行政处罚的，司法机关应当及时将案件移送有关行政机关。 行政处罚实施机关与司法机关之间应当加强协调配合，建立健全案件移送制度，加强证据材料移交、接收衔接，完善案件处理信息通报机制。	第二十二条 违法行为<u>构成</u>犯罪的，行政机关<u>必须</u>将案件移送司法机关，依法追究刑事责任。
第二十八条 行政机关实施行政处罚时，应当责令当事人改正或者限期改正违法行为。 当事人有违法所得，除依法应当退赔的外，应当予以没收。违法所得是指实施违法行为所取得的款项。法律、行政法规、部门规章对违法所得的计算另有规定的，从其规定。	第二十三条 行政机关实施行政处罚时，应当责令当事人改正或者限期改正违法行为。
第二十九条 对当事人的同一个违法行为，不得给予两次以上罚款的行政处罚。同一个违法行为违反多个法律规范应当给予罚款处罚的，按照罚款数额高的规定处罚。	第二十四条 对当事人的同一个违法行为，不得给予两次以上罚款的行政处罚。

第三十条 不满十四周岁的**未成年**人有违法行为的，不予行政处罚，责令监护人加以管教；已满十四周岁不满十八周岁的**未成年**人有违法行为的，**应当**从轻或者减轻行政处罚。	第二十五条 不满十四周岁的人有违法行为的，不予行政处罚，责令监护人加以管教；已满十四周岁不满十八周岁的人有违法行为的，从轻或者减轻行政处罚。
第三十一条 精神病人、**智力残疾人**在不能辨认或者不能控制自己行为时有违法行为的，不予行政处罚，但应当责令其监护人严加看管和治疗。间歇性精神病人在精神正常时有违法行为的，应当给予行政处罚。**尚未完全丧失辨认或者控制自己行为能力的精神病人、智力残疾人有违法行为的，可以从轻或者减轻行政处罚。**	第二十六条 精神病人在不能辨认或者不能控制自己行为时有违法行为的，不予行政处罚，但应当责令其监护人严加看管和治疗。间歇性精神病人在精神正常时有违法行为的，应当给予行政处罚。
第三十二条 当事人有下列情形之一，应当从轻或者减轻行政处罚： （一）主动消除或者减轻违法行为危害后果的； （二）受他人胁迫或者诱骗实施违法行为的； **（三）主动供述行政机关尚未掌握的违法行为的；** （四）配合行政机关查处违法行为有立功表现的； （五）法律、法规、规章规定其他应当从轻或者减轻行政处罚的。	第二十七条 当事人有下列情形之一的，应当依法从轻或者减轻行政处罚： （一）主动消除或者减轻违法行为危害后果的； （二）受他人胁迫有违法行为的； （三）配合行政机关查处违法行为有立功表现的； （四）其他依法从轻或者减轻行政处罚的。 违法行为轻微并及时纠正，没有造成危害后果的，不予行政处罚。（移至第三十三条修改）

225

第三十三条 违法行为轻微并及时改正，没有造成危害后果的，不予行政处罚。初次违法且危害后果轻微并及时改正的，可以不予行政处罚。 当事人有证据足以证明没有主观过错的，不予行政处罚。法律、行政法规另有规定的，从其规定。 对当事人的违法行为依法不予行政处罚的，行政机关应当对当事人进行教育。	第二十七条第二款 违法行为轻微并及时纠正，没有造成危害后果的，不予行政处罚。
第三十四条 行政机关可以依法制定行政处罚裁量基准，规范行使行政处罚裁量权。行政处罚裁量基准应当向社会公布。	新增条文
第三十五条 违法行为构成犯罪，人民法院判处拘役或者有期徒刑时，行政机关已经给予当事人行政拘留的，应当依法折抵相应刑期。 违法行为构成犯罪，人民法院判处罚金时，行政机关已经给予当事人罚款的，应当折抵相应罚金；**行政机关尚未给予当事人罚款的，不再给予罚款。**	第二十八条 违法行为构成犯罪，人民法院判处拘役或者有期徒刑时，行政机关已经给予当事人行政拘留的，应当依法折抵相应刑期。 违法行为构成犯罪，人民法院判处罚金时，行政机关已经给予当事人罚款的，应当折抵相应罚金。
第三十六条 违法行为在二年内未被发现的，不再给予行政处罚；**涉及公民生命健康安全、金融安全且有危害后果的，上述期限延长至五年。**法律另有规定的除外。 前款规定的期限，从违法行	第二十九条 违法行为在二年内未被发现的，不再给予行政处罚。法律另有规定的除外。 前款规定的期限，从违法行为发生之日起计算；违法行为有连续或者继续状态的，从行为终了之日起计算。

为发生之日起计算；违法行为有连续或者继续状态的，从行为终了之日起计算。	
第三十七条　实施行政处罚，适用违法行为发生时的法律、法规、规章的规定。但是，作出行政处罚决定时，法律、法规、规章已被修改或者废止，且新的规定处罚较轻或者不认为是违法的，适用新的规定。	新增条文
第三十八条　行政处罚没有依据或者实施主体不具有行政主体资格的，行政处罚无效。 违反法定程序构成重大且明显违法的，行政处罚无效。	第三条第二款　没有法定依据或者不遵守法定程序的，行政处罚无效。
第五章　行政处罚的决定	第五章　行政处罚的决定
第一节　一般规定	
第三十九条　行政处罚的实施机关、立案依据、实施程序和救济渠道等信息应当公示。	新增条文
第四十条　公民、法人或者其他组织违反行政管理秩序的行为，依法应当给予行政处罚的，行政机关必须查明事实；违法事实不清、证据不足的，不得给予行政处罚。	第三十条　公民、法人或者其他组织违反行政管理秩序的行为，依法应当给予行政处罚的，行政机关必须查明事实；违法事实不清的，不得给予行政处罚。
第四十一条　行政机关依照法律、行政法规规定利用电子技术监控设备收集、固定违法事实	

227

的，应当经过法制和技术审核，确保电子技术监控设备符合标准、设置合理、标志明显，设置地点应当向社会公布。 电子技术监控设备记录违法事实应当真实、清晰、完整、准确。行政机关应当审核记录内容是否符合要求；未经审核或者经审核不符合要求的，不得作为行政处罚的证据。 行政机关应当及时告知当事人违法事实，并采取信息化手段或者其他措施，为当事人查询、陈述和申辩提供便利。不得限制或者变相限制当事人享有的陈述权、申辩权。	新增条文
第四十二条 行政处罚应当由具有行政执法资格的执法人员实施。执法人员不得少于两人，法律另有规定的除外。 执法人员应当文明执法，尊重和保护当事人合法权益。	新增条文
第四十三条 执法人员与案件有直接利害关系或者有其他关系可能影响公正执法的，应当回避。 当事人认为执法人员与案件有直接利害关系或者有其他关系可能影响公正执法的，有权申请回避。 当事人提出回避申请的，行政机关应当依法审查，由行政机关负责人决定。决定作出之前，不停止调查。	第三十七条第三款 执法人员与当事人有直接利害关系的，应当回避。

第四十四条　行政机关在作出行政处罚决定之前，应当告知当事人**拟作出**的行政处罚**内容及**事实、理由<u>、</u>依据，并告知当事人依法享有的**陈述、申辩、要求听证等**权利。	第三十一条　行政机关在作出行政处罚决定之前，应当告知当事人作出行政处罚~~决定的~~事实、理由<u>及</u>依据，并告知当事人依法享有的权利。
第四十五条　当事人有权进行陈述和申辩。行政机关必须充分听取当事人的意见，对当事人提出的事实、理由和证据，应当进行复核；当事人提出的事实、理由或者证据成立的，行政机关应当采纳。 行政机关不得因当事人**陈述、**申辩而<u>给予更重的</u>处罚。	第三十二条　当事人有权进行陈述和申辩。行政机关必须充分听取当事人的意见，对当事人提出的事实、理由和证据，应当进行复核；当事人提出的事实、理由或者证据成立的，行政机关应当采纳。 行政机关不得因当事人申辩而<u>加重</u>处罚。
第四十六条　证据包括： （一）书证； （二）物证； （三）视听资料； （四）电子数据； （五）证人证言； （六）当事人的陈述； （七）鉴定意见； （八）勘验笔录、现场笔录。 证据必须经查证属实，方可作为认定案件事实的根据。 以非法手段取得的证据，不得作为认定案件事实的根据。	新增条文

第四十七条　行政机关应当依法以文字、音像等形式，对行政处罚的启动、调查取证、审核、决定、送达、执行等进行全过程记录，归档保存。	新增条文
第四十八条　具有一定社会影响的行政处罚决定应当依法公开。 公开的行政处罚决定被依法变更、撤销、确认违法或者确认无效的，行政机关应当在三日内撤回行政处罚决定信息并公开说明理由。	新增条文
第四十九条　发生重大传染病疫情等突发事件，为了控制、减轻和消除突发事件引起的社会危害，行政机关对违反突发事件应对措施的行为，依法快速、从重处罚。	新增条文
第五十条　行政机关及其工作人员对实施行政处罚过程中知悉的国家秘密、商业秘密或者个人隐私，应当依法予以保密。	新增条文
第二节　简易程序	第一节　简易程序
第五十一条　违法事实确凿并有法定依据，对公民处以<u>二百</u>元以下、对法人或者其他组织处以<u>三千</u>元以下罚款或者警告的行政处罚的，可以当场作出行政处罚决定。**法律另有规定的，从其规定。**	第三十三条　违法事实确凿并有法定依据，对公民处以<u>五十</u>元以下、对法人或者其他组织处以<u>一千</u>元以下罚款或者警告的行政处罚的，可以当场作出行政处罚决定。<u>当事人应当依照本法第四十六条、第四十七条、第四十八条的规定履行行政处罚决定。</u> （移至第五十三条修改）

第五十二条 执法人员当场作出行政处罚决定的，应当向当事人出示执法证件，填写预定格式、编有号码的行政处罚决定书，并当场交付当事人。当事人拒绝签收的，应当在行政处罚决定书上注明。 前款规定的行政处罚决定书应当载明当事人的违法行为，行政处罚的种类和依据、罚款数额、时间、地点，申请行政复议、提起行政诉讼的途径和期限以及行政机关名称，并由执法人员签名或者盖章。 执法人员当场作出的行政处罚决定，应当报所属行政机关备案。	第三十四条 执法人员当场作出行政处罚决定的，应当向当事人出示执法身份证件，填写预定格式、编有号码的行政处罚决定书。行政处罚决定书应当当场交付当事人。 前款规定的行政处罚决定书应当载明当事人的违法行为、行政处罚依据、罚款数额、时间、地点以及行政机关名称，并由执法人员签名或者盖章。 执法人员当场作出的行政处罚决定，必须报所属行政机关备案。
第五十三条 对当场作出的行政处罚决定，当事人应当依照本法第六十七条至第六十九条的规定履行。	第三十三条第二句 当事人应当依照本法第四十六条、第四十七条、第四十八条的规定履行行政处罚决定。
第三节 普通程序	**第二节 一般程序**
第五十四条 除本法第五十一条规定的可以当场作出的行政处罚外，行政机关发现公民、法人或者其他组织有依法应当给予行政处罚的行为的，必须全面、客观、公正地调查，收集有关证据；必要时，依照法律、法规的规定，可以进行检查。 符合立案标准的，行政机关应当及时立案。	第三十六条 除本法第三十三条规定的可以当场作出的行政处罚外，行政机关发现公民、法人或者其他组织有依法应当给予行政处罚的行为的，必须全面、客观、公正地调查，收集有关证据；必要时，依照法律、法规的规定，可以进行检查。

231

第五十五条 执法人员在调查或者进行检查时,应当**主动**向当事人或者有关人员出示**执法证件。当事人或者有关人员有权要求执法人员出示执法证件。执法人员不出示执法证件的,当事人或者有关人员有权拒绝接受调查或者检查。** 当事人或者有关人员应当如实回答询问,并协助调查或者检查,不得**拒绝或者**阻挠。询问或者检查应当制作笔录。	第三十七条 <u>行政机关</u>在调查或者进行检查时,~~执法人员不得少于两人~~,并应当向当事人或者有关人员出示证件。当事人或者有关人员应当如实回答询问,并协助调查或者检查,不得阻挠。询问或者检查应当制作笔录。 <u>行政机关在收集证据时,可以采取抽样取证的方法;在证据可能灭失或者以后难以取得的情况下,经行政机关负责人批准,可以先行登记保存,并应当在七日内及时作出处理决定,在此期间,当事人或者有关人员不得销毁或者转移证据。</u>(移至第五十六条修改) <u>执法人员与当事人有直接利害关系的,应当回避。</u>(移至第四十三条第一款修改)
第五十六条 行政机关在收集证据时,可以采取抽样取证的方法;在证据可能灭失或者以后难以取得的情况下,经行政机关负责人批准,可以先行登记保存,并应当在七日内及时作出处理决定,在此期间,当事人或者有关人员不得销毁或者转移证据。	第三十七条第二款 行政机关在收集证据时,可以采取抽样取证的方法;在证据可能灭失或者以后难以取得的情况下,经行政机关负责人批准,可以先行登记保存,并应当在七日内及时作出处理决定,在此期间,当事人或者有关人员不得销毁或者转移证据。
第五十七条 调查终结,行政机关负责人应当对调查结果进行审查,根据不同情况,分别作出如下决定:	第三十八条 调查终结,行政机关负责人应当对调查结果进行审查,根据不同情况,分别作出如下决定:

（一）确有应受行政处罚的违法行为的，根据情节轻重及具体情况，作出行政处罚决定； （二）违法行为轻微，依法可以不予行政处罚的，不予行政处罚； （三）违法事实不能成立的，<u>不予行政处罚</u>； （四）违法行为<u>涉嫌</u>犯罪的，移送司法机关。 对情节复杂或者重大违法行为给予行政处罚，行政机关负责人应当集体讨论决定。	（一）确有应受行政处罚的违法行为的，根据情节轻重及具体情况，作出行政处罚决定； （二）违法行为轻微，依法可以不予行政处罚的，不予行政处罚； （三）违法事实不能成立的，<u>不得给予行政处罚</u>； （四）违法行为<u>已构成</u>犯罪的，移送司法机关。 对情节复杂或者重大违法行为给予~~较重的~~行政处罚，行政机关~~的~~负责人应当集体讨论决定。 <u>在行政机关负责人作出决定之前，应当由从事行政处罚决定审核的人员进行审核。行政机关中初次从事行政处罚决定审核的人员，应当通过国家统一法律职业资格考试取得法律职业资格。</u> （移至第五十八条修改）
第五十八条　有下列情形之一，在行政机关负责人作出**行政处罚**的决定之前，应当由从事行政处罚决定**法制**审核的人员进行**法制**审核；未经法制审核或者审核未通过的，不得作出决定： （一）涉及重大公共利益的； （二）直接关系当事人或者第三人重大权益，经过听证程序的； （三）案件情况疑难复杂、涉及多个法律关系的；	第三十八条第三款　在行政机关负责人作出决定之前，应当由从事行政处罚决定审核的人员进行审核。行政机关中初次从事行政处罚决定审核的人员，应当通过国家统一法律职业资格考试取得法律职业资格。

（四）法律、法规规定应当进行法制审核的其他情形。 行政机关中初次从事行政处罚决定**法制**审核的人员，应当通过国家统一法律职业资格考试取得法律职业资格。	
第五十九条　行政机关依照本法<u>第五十七条</u>的规定给予行政处罚，应当制作行政处罚决定书。行政处罚决定书应当载明下列事项： （一）当事人的姓名或者名称、地址； （二）违反法律、法规<u>、</u>规章的事实和证据； （三）行政处罚的种类和依据； （四）行政处罚的履行方式和期限； （五）<u>申请行政复议、</u>提起行政诉讼的途径和期限； （六）作出行政处罚决定的行政机关名称和作出决定的日期。 行政处罚决定书必须盖有作出行政处罚决定的行政机关的印章。	第三十九条　行政机关依照本法<u>第三十八条</u>的规定给予行政处罚，应当制作行政处罚决定书。行政处罚决定书应当载明下列事项： （一）当事人的姓名或者名称、地址； （二）违反法律、法规<u>或者</u>规章的事实和证据； （三）行政处罚的种类和依据； （四）行政处罚的履行方式和期限； （五）~~不服行政处罚决定，~~申请行政复议<u>或者</u>提起行政诉讼的途径和期限； （六）作出行政处罚决定的行政机关名称和作出决定的日期。 行政处罚决定书必须盖有作出行政处罚决定的行政机关的印章。
第六十条　行政机关应当自行政处罚案件立案之日起九十日内作出行政处罚决定。法律、法规、规章另有规定的，从其规定。	新增条文

第六十一条 行政处罚决定书应当在宣告后当场交付当事人；当事人不在场的，行政机关应当在七日内依照《中华人民共和国民事诉讼法》的有关规定，将行政处罚决定书送达当事人。 **当事人同意并签订确认书的，行政机关可以采用传真、电子邮件等方式，将行政处罚决定书等送达当事人。**	第四十条 行政处罚决定书应当在宣告后当场交付当事人；当事人不在场的，行政机关应当在七日内依照民事诉讼法的有关规定，将行政处罚决定书送达当事人。
第六十二条 行政机关及其执法人员在作出行政处罚决定之前，未依照本法第四十四条、第四十五条的规定向当事人告知拟作出的行政处罚内容及事实、理由、依据，或者拒绝听取当事人的陈述、申辩，不得作出行政处罚决定；当事人明确放弃陈述或者申辩权利的除外。	第四十一条 行政机关及其执法人员在作出行政处罚决定之前，不依照本法第三十一条、第三十二条的规定向当事人告知给予行政处罚的事实、理由和依据，或者拒绝听取当事人的陈述、申辩，行政处罚决定不能成立；当事人放弃陈述或者申辩权利的除外。
第四节 听证程序	**第三节 听证程序**
第六十三条 行政机关拟作出下列行政处罚决定，应当告知当事人有要求听证的权利，当事人要求听证的，行政机关应当组织听证： （一）较大数额罚款； （二）没收较大数额违法所得、没收较大价值非法财物； （三）降低资质等级、吊销许可证件； （四）责令停产停业、责令关	第四十二条 行政机关作出责令停产停业、吊销许可证或者执照、较大数额罚款等行政处罚决定之前，应当告知当事人有要求举行听证的权利；当事人要求听证的，行政机关应当组织听证。当事人不承担行政机关组织听证的费用。听证依照以下程序组织： （一）当事人要求听证的，应当在行政机关告知后三日内提出；

235

闭、限制从业； （五）其他较重的行政处罚； （六）法律、法规、规章规定的其他情形。 　　当事人不承担行政机关组织听证的费用。	（二）行政机关应当在听证的七日前，通知当事人举行听证的时间、地点； 　　（三）除涉及国家秘密、商业秘密或者个人隐私外，听证公开举行； 　　（四）听证由行政机关指定的非本案调查人员主持；当事人认为主持人与本案有直接利害关系的，有权申请回避； 　　（五）当事人可以亲自参加听证，也可以委托一至二人代理； 　　（六）举行听证时，调查人员提出当事人违法的事实、证据和行政处罚建议；当事人进行申辩和质证； 　　（七）听证应当制作笔录；笔录应当交当事人审核无误后签字或者盖章。（移至第六十四条修改） 　　~~当事人对限制人身自由的行政处罚有异议的，依照治安管理处罚法有关规定执行。~~
第六十四条　听证**应当依**照以下程序组织： 　　（一）当事人要求听证的，应当在行政机关告知后<u>五日</u>内提出； 　　（二）行政机关应当在**举行**听证的七日前，通知当事人**及有关人员**听证的时间、地点；	第四十二条第一款第三句 听证依照以下程序组织： 　　（一）当事人要求听证的，应当在行政机关告知后<u>三日</u>内提出； 　　（二）行政机关应当在听证的七日前，通知当事人举行听证的时间、地点；

（三）除涉及国家秘密、商业秘密或者个人隐私**依法予以保密**外，听证公开举行； （四）听证由行政机关指定的非本案调查人员主持；当事人认为主持人与本案有直接利害关系的，有权申请回避； （五）当事人可以亲自参加听证，也可以委托一至二人代理； （六）**当事人及其代理人无正当理由拒不出席听证或者未经许可中途退出听证的，视为放弃听证权利，行政机关终止听证；** （七）举行听证时，调查人员提出当事人违法的事实、证据和行政处罚建议，当事人进行申辩和质证； （八）听证应当制作笔录。笔录应当交当事人**或者其代理人核**对无误后签字或者盖章。**当事人或者其代理人拒绝签字或者盖章的，由听证主持人在笔录中注明。**	（三）除涉及国家秘密、商业秘密或者个人隐私外，听证公开举行； （四）听证由行政机关指定的非本案调查人员主持；当事人认为主持人与本案有直接利害关系的，有权申请回避； （五）当事人可以亲自参加听证，也可以委托一至二人代理； （六）举行听证时，调查人员提出当事人违法的事实、证据和行政处罚建议；当事人进行申辩和质证； （七）听证应当制作笔录；笔录应当交当事人**审核**无误后签字或者盖章。
第六十五条　听证结束后，行政机关**应当根据听证笔录**，依照本法<u>第五十七条</u>的规定，作出决定。	第四十三条　听证结束后，行政机关依照本法<u>第三十八条</u>的规定，作出决定。
第六章　行政处罚的执行	**第六章　行政处罚的执行**
第六十六条　行政处罚决定依法作出后，当事人应当在行政处罚决定**书载明**的期限内，予以	第四十四条　行政处罚决定依法作出后，当事人应当在行政处罚决定的期限内，予以履行。

履行。 　　当事人确有经济困难，需要延期或者分期缴纳罚款的，经当事人申请和行政机关批准，可以暂缓或者分期缴纳。	第五十二条　当事人确有经济困难，需要延期或者分期缴纳罚款的，经当事人申请和行政机关批准，可以暂缓或者分期缴纳。
第六十七条　作出罚款决定的行政机关应当与收缴罚款的机构分离。 　　除依照本法第六十八条、第六十九条的规定当场收缴的罚款外，作出行政处罚决定的行政机关及其执法人员不得自行收缴罚款。 　　当事人应当自收到行政处罚决定书之日起十五日内，到指定的银行**或者通过电子支付系统**缴纳罚款。银行应当收受罚款，并将罚款直接上缴国库。	第四十六条　作出罚款决定的行政机关应当与收缴罚款的机构分离。 　　除依照本法第四十七条、第四十八条的规定当场收缴的罚款外，作出行政处罚决定的行政机关及其执法人员不得自行收缴罚款。 　　当事人应当自收到行政处罚决定书之日起十五日内，到指定的银行缴纳罚款。银行应当收受罚款，并将罚款直接上缴国库。 　　~~第六十三条　本法第四十六条罚款决定与罚款收缴分离的规定，由国务院制定具体实施办法。~~
第六十八条　依照本法第五十一条的规定当场作出行政处罚决定，有下列情形之一，执法人员可以当场收缴罚款： 　　（一）依法给予一百元以下罚款的； 　　（二）不当场收缴事后难以执行的。	第四十七条　依照本法第三十三条的规定当场作出行政处罚决定，有下列情形之一的，执法人员可以当场收缴罚款： 　　（一）依法给予二十元以下的罚款的； 　　（二）不当场收缴事后难以执行的。

第六十九条 在边远、水上、交通不便地区，行政机关及其执法人员依照本法第五十一条、第五十七条的规定作出罚款决定后，当事人到指定的银行或者通过电子支付系统缴纳罚款确有困难，经当事人提出，行政机关及其执法人员可以当场收缴罚款。	第四十八条 在边远、水上、交通不便地区，行政机关及其执法人员依照本法第三十三条、第三十八条的规定作出罚款决定后，当事人向指定的银行缴纳罚款确有困难，经当事人提出，行政机关及其执法人员可以当场收缴罚款。
第七十条 行政机关及其执法人员当场收缴罚款的，必须向当事人出具国务院财政部门或者省、自治区、直辖市人民政府财政部门统一制发的专用票据；不出具财政部门统一制发的专用票据的，当事人有权拒绝缴纳罚款。	第四十九条 行政机关及其执法人员当场收缴罚款的，必须向当事人出具省、自治区、直辖市财政部门统一制发的罚款收据；不出具财政部门统一制发的罚款收据的，当事人有权拒绝缴纳罚款。
第七十一条 执法人员当场收缴的罚款，应当自收缴罚款之日起二日内，交至行政机关；在水上当场收缴的罚款，应当自抵岸之日起二日内交至行政机关；行政机关应当在二日内将罚款缴付指定的银行。	第五十条 执法人员当场收缴的罚款，应当自收缴罚款之日起二日内，交至行政机关；在水上当场收缴的罚款，应当自抵岸之日起二日内交至行政机关；行政机关应当在二日内将罚款缴付指定的银行。
第七十二条 当事人逾期不履行行政处罚决定的，作出行政处罚决定的行政机关可以采取下列措施： （一）到期不缴纳罚款的，每日按罚款数额的百分之三加处罚款，加处罚款的数额不得超出罚款的数额； （二）根据法律规定，将查封、	第五十一条 当事人逾期不履行行政处罚决定的，作出行政处罚决定的行政机关可以采取下列措施： （一）到期不缴纳罚款的，每日按罚款数额的百分之三加处罚款； （二）根据法律规定，将查封、扣押的财物拍卖或者将冻结

扣押的财物拍卖、**依法处理**或者将冻结的存款、汇款划拨抵缴罚款； （三）根据法律规定，采取其他行政强制执行方式； （四）依照《中华人民共和国行政强制法》的规定申请人民法院强制执行。 行政机关批准延期、分期缴纳罚款的，申请人民法院强制执行的期限，自暂缓或者分期缴纳罚款期限结束之日起计算。	的存款划拨抵缴罚款； （三）申请人民法院强制执行。
第七十三条　当事人对行政处罚决定不服，申请行政复议或者提起行政诉讼的，行政处罚不停止执行，法律另有规定的除外。 当事人对限制人身自由的行政处罚决定不服，申请行政复议或者提起行政诉讼的，可以向作出决定的机关提出暂缓执行申请。符合法律规定情形的，应当暂缓执行。 当事人申请行政复议或者提起行政诉讼的，加处罚款的数额在行政复议或者行政诉讼期间不予计算。	第四十五条　当事人对行政处罚决定不服申请行政复议或者提起行政诉讼的，行政处罚不停止执行，法律另有规定的除外。
第七十四条　除依法应当予以销毁的物品外，依法没收的非法财物必须按照国家规定公开拍卖或者按照国家有关规定处理。 罚款、没收的违法所得或者	第五十三条　除依法应当予以销毁的物品外，依法没收的非法财物必须按照国家规定公开拍卖或者按照国家有关规定处理。 罚款、没收违法所得或者没

没收非法财物拍卖的款项，必须全部上缴国库，任何行政机关或者个人不得以任何形式截留、私分或者变相私分。 **罚款、没收的违法所得或者没收非法财物拍卖的款项，不得同作出行政处罚决定的行政机关及其工作人员的考核、考评直接或者变相挂钩。除依法应当退还、退赔的外**，财政部门不得以任何形式向作出行政处罚决定的行政机关返还罚款、没收的违法所得或者没收非法财物**拍卖**的款项。	收非法财物拍卖的款项，必须全部上缴国库，任何行政机关或者个人不得以任何形式截留、私分或者变相私分<u>；财政部门不得以任何形式向作出行政处罚决定的行政机关返还罚款、没收的违法所得或者</u>~~返还~~<u>没收非法财物</u>的拍卖款项。
第七十五条 行政机关应当建立健全对行政处罚的监督制度。县级以上人民政府应当**定期组织开展行政执法评议、考核**，加强对行政处罚的监督检查，**规范和保障行政处罚的实施**。 **行政机关实施行政处罚应当接受社会监督**。公民、法人或者其他组织对行政机关<u>实施行政处罚的行为</u>，有权申诉或者检举；行政机关应当认真审查，发现有错误的，应当主动改正。	第五十四条 行政机关应当建立健全对行政处罚的监督制度。县级以上人民政府应当加强对行政处罚的监督检查。 公民、法人或者其他组织对行政机关<u>作出的</u>行政处罚，有权申诉<u>或者检举</u>；行政机关应当认真审查，发现~~行政处罚~~有错误的，应当主动改正。
第七章 法律责任	**第七章 法律责任**
第七十六条 行政机关实施行政处罚，有下列情形之一，由上级行政机关或者有关<u>机关</u>责令改正，对直接负责的主管人员和其他<u>直接</u>责任人员依法给予处分：	第五十五条 行政机关实施行政处罚，有下列情形之一的，由上级行政机关或者有关<u>部门</u>责令改正，~~可以~~对直接负责的主管人员和其他直接责任人员依法给

241

（一）没有法定的行政处罚依据的； （二）擅自改变行政处罚种类、幅度的； （三）违反法定的行政处罚程序的； （四）违反本法<u>第二十条</u>关于委托处罚的规定的； **（五）执法人员未取得执法证件的。** **行政机关对符合立案标准的案件不及时立案的，依照前款规定予以处理。**	予<s>行政</s>处分： （一）没有法定的行政处罚依据的； （二）擅自改变行政处罚种类、幅度的； （三）违反法定的行政处罚程序的； （四）违反本法<u>第十八条</u>关于委托处罚的规定的。
第七十七条 行政机关对当事人进行处罚不使用罚款、没收财物单据或者使用非法定部门制发的罚款、没收财物单据的，当事人有权拒绝，并有权予以检举。<u>由</u>上级行政机关或者有关<u>机关</u>对使用的非法单据予以收缴销毁，对直接负责的主管人员和其他直接责任人员依法给予处分。	第五十六条 行政机关对当事人进行处罚不使用罚款、没收财物单据或者使用非法定部门制发的罚款、没收财物单据的，当事人有权拒绝处罚，并有权予以检举。<u>上</u>级行政机关或者有关<u>部门</u>对使用的非法单据予以收缴销毁，对直接负责的主管人员和其他直接责任人员依法给予<s>行政</s>处分。
第七十八条 行政机关违反本法<u>第六十七条</u>的规定自行收缴罚款的，财政部门违反本法<u>第七十四条</u>的规定向行政机关返还罚款、**没收的违法所得**或者拍卖款项的，由上级行政机关或者有关<u>机关</u>责令改正，对直接负责的主管人员和其他直接责任人员依法给予处分。	第五十七条 行政机关违反本法<u>第四十六条</u>的规定自行收缴罚款的，财政部门违反本法<u>第五十三条</u>的规定向行政机关返还罚款或者拍卖款项的，由上级行政机关或者有关<u>部门</u>责令改正，对直接负责的主管人员和其他直接责任人员依法给予<s>行政</s>处分。

第七十九条 行政机关截留、私分或者变相私分罚款、没收的违法所得或者财物的，由财政部门或者有关机关予以追缴，对直接负责的主管人员和其他直接责任人员依法给予处分；情节严重构成犯罪的，依法追究刑事责任。 执法人员利用职务上的便利，索取或者收受他人财物、将收缴罚款据为己有，构成犯罪的，依法追究刑事责任；情节轻微不构成犯罪的，依法给予处分。	第五十八条 行政机关将罚款、没收的违法所得或者财物截留、私分或者变相私分的，由财政部门或者有关部门予以追缴，对直接负责的主管人员和其他直接责任人员依法给予~~行政~~处分；情节严重构成犯罪的，依法追究刑事责任。 执法人员利用职务上的便利，索取或者收受他人财物、收缴罚款据为己有，构成犯罪的，依法追究刑事责任；情节轻微不构成犯罪的，依法给予~~行政~~处分。
第八十条 行政机关使用或者损毁查封、扣押的财物，对当事人造成损失的，应当依法予以赔偿，对直接负责的主管人员和其他直接责任人员依法给予处分。	第五十九条 行政机关使用或者损毁扣押的财物，对当事人造成损失的，应当依法予以赔偿，对直接负责的主管人员和其他直接责任人员依法给予~~行政~~处分。
第八十一条 行政机关违法实施检查措施或者执行措施，给公民人身或者财产造成损害、给法人或者其他组织造成损失的，应当依法予以赔偿，对直接负责的主管人员和其他直接责任人员依法给予处分；情节严重构成犯罪的，依法追究刑事责任。	第六十条 行政机关违法实行检查措施或者执行措施，给公民人身或者财产造成损害、给法人或者其他组织造成损失的，应当依法予以赔偿，对直接负责的主管人员和其他直接责任人员依法给予行政处分；情节严重构成犯罪的，依法追究刑事责任。
第八十二条 行政机关对应当依法移交司法机关追究刑事责任的案件不移交，以行政处罚代替刑事处罚，由上级行政机关或	第六十一条 行政机关~~为牟取本单位私利~~，对应当依法移交司法机关追究刑事责任的不移交，以行政处罚代替刑罚，由上

243

者有关机关责令改正，对直接负责的主管人员和其他直接责任人员依法给予处分；情节严重构成犯罪的，依法追究刑事责任。	级行政机关或者有关部门责令纠正，拒不纠正的，对直接负责的主管人员给予行政处分；徇私舞弊、包庇纵容违法行为的，依照刑法有关规定追究刑事责任。
第八十三条 行政机关对应当予以制止和处罚的违法行为不予制止、处罚，致使公民、法人或者其他组织的合法权益、公共利益和社会秩序遭受损害的，对直接负责的主管人员和其他直接责任人员依法给予处分；情节严重构成犯罪的，依法追究刑事责任。	第六十二条 执法人员玩忽职守，对应当予以制止和处罚的违法行为不予制止、处罚，致使公民、法人或者其他组织的合法权益、公共利益和社会秩序遭受损害的，对直接负责的主管人员和其他直接责任人员依法给予行政处分；情节严重构成犯罪的，依法追究刑事责任。
第八章 附 则	第八章 附 则
第八十四条 外国人、无国籍人、外国组织在中华人民共和国领域内有违法行为，应当给予行政处罚的，适用本法，法律另有规定的除外。	新增条文
第八十五条 本法中"二日""三日""五日""七日"的规定是指工作日，不含法定节假日。	新增条文
第八十六条 本法自2021年7月15日起施行。	第六十四条 本法自1996年10月1日起施行。 本法公布前制定的法规和规章关于行政处罚的规定与本法不符合的，应当自本法公布之日起，依照本法规定予以修订，在1997年12月31日前修订完毕。

行政处罚听证流程图

听证的告知、申请和受理

拟作出下列行政处罚决定：（一）较大数额罚款；（二）没收较大数额违法所得、没收较大价值非法财物；（三）降低资质等级、吊销许可证件；（四）责令停产停业、责令关闭、限制从业；（五）其他较重的行政处罚；（六）法律、法规、规章规定的其他情形。

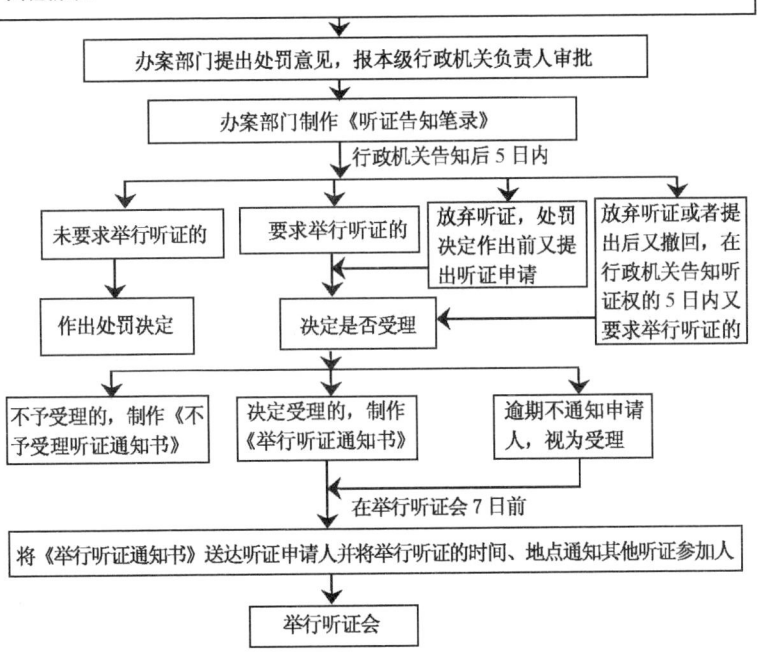

↓

办案部门提出处罚意见，报本级行政机关负责人审批

↓

办案部门制作《听证告知笔录》

行政机关告知后5日内

- 未要求举行听证的 → 作出处罚决定
- 要求举行听证的 → 决定是否受理
- 放弃听证，处罚决定作出前又提出听证申请 → 决定是否受理
- 放弃听证或者提出后又撤回，在行政机关告知听证权的5日内又要求举行听证的

决定是否受理：
- 不予受理的，制作《不予受理听证通知书》
- 决定受理的，制作《举行听证通知书》
- 逾期不通知申请人，视为受理

在举行听证会7日前

将《举行听证通知书》送达听证申请人并将举行听证的时间、地点通知其他听证参加人

↓

举行听证会

听证的举行

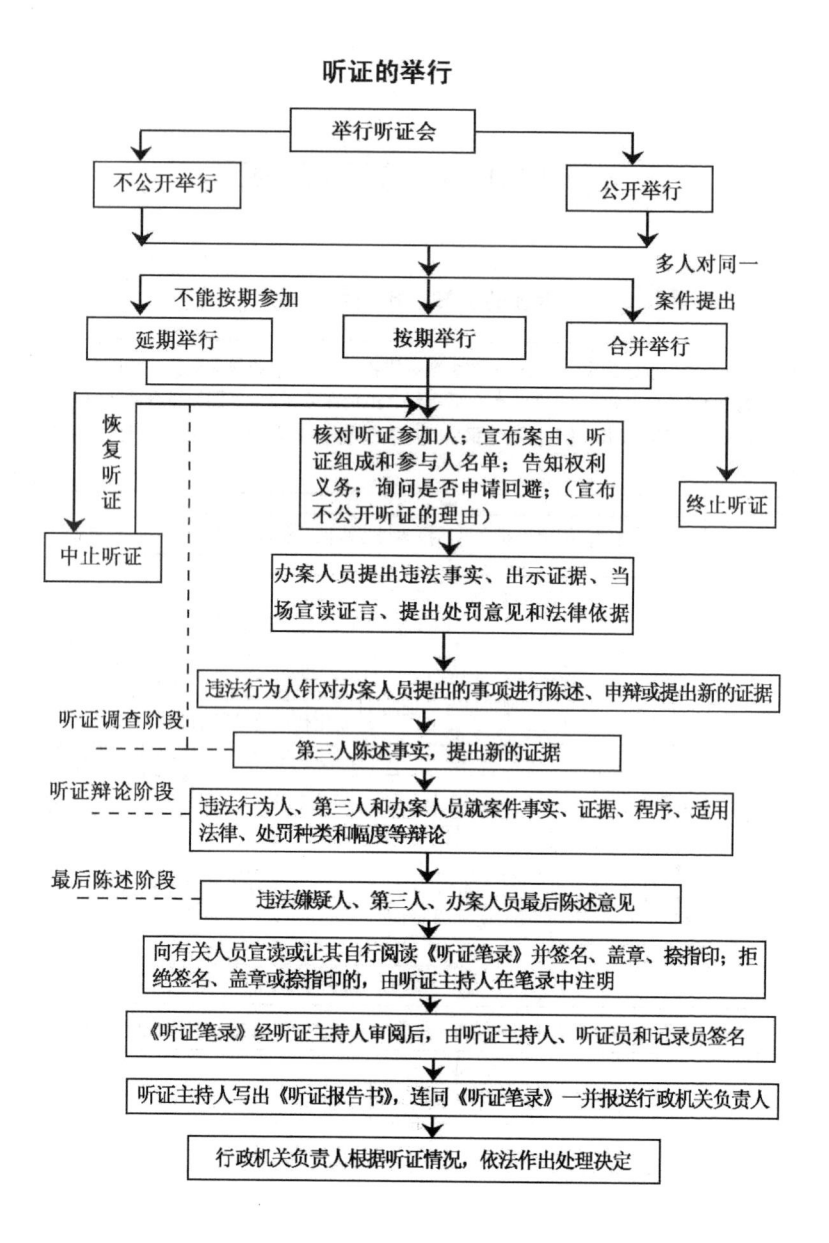

```
                           举行听证会
                               │
        ┌──────────────────────┼──────────────────────┐
        ▼                      │                      ▼
    不公开举行                  │                  公开举行
        │                      │                      │
        │                      │              多人对同一案件提出
        │                      │                      │
        ▼              不能按期参加                    ▼
    延期举行  ◄──────── 按期举行 ────────►      合并举行
        │                      │                      │
        │ 恢复听证             │                      ▼
        │                      ▼                  终止听证
        ▼         核对听证参加人；宣布案由、听证
    中止听证      组成和参与人名单；告知权利义
                  务；询问是否申请回避；（宣布
                  不公开听证的理由）
                               │
                               ▼
                  办案人员提出违法事实、出示证据、当
                  场宣读证言、提出处罚意见和法律依据
                               │
                               ▼
  听证调查阶段 —— 违法行为人针对办案人员提出的事项进行陈述、申辩或提出新的证据
                               │
                               ▼
              ┌── 第三人陈述事实，提出新的证据
              │
  听证辩论阶段 —— 违法行为人、第三人和办案人员就案件事实、证据、程序、适用
                  法律、处罚种类和幅度等辩论
                               │
  最后陈述阶段 —— 违法嫌疑人、第三人、办案人员最后陈述意见
                               │
                               ▼
            向有关人员宣读或让其自行阅读《听证笔录》并签名、盖章、捺指印；拒
            绝签名、盖章或捺指印的，由听证主持人在笔录中注明
                               │
                               ▼
            《听证笔录》经听证主持人审阅后，由听证主持人、听证员和记录员签名
                               │
                               ▼
            听证主持人写出《听证报告书》，连同《听证笔录》一并报送行政机关负责人
                               │
                               ▼
                行政机关负责人根据听证情况，依法作出处理决定
```

当场收缴罚款流程图

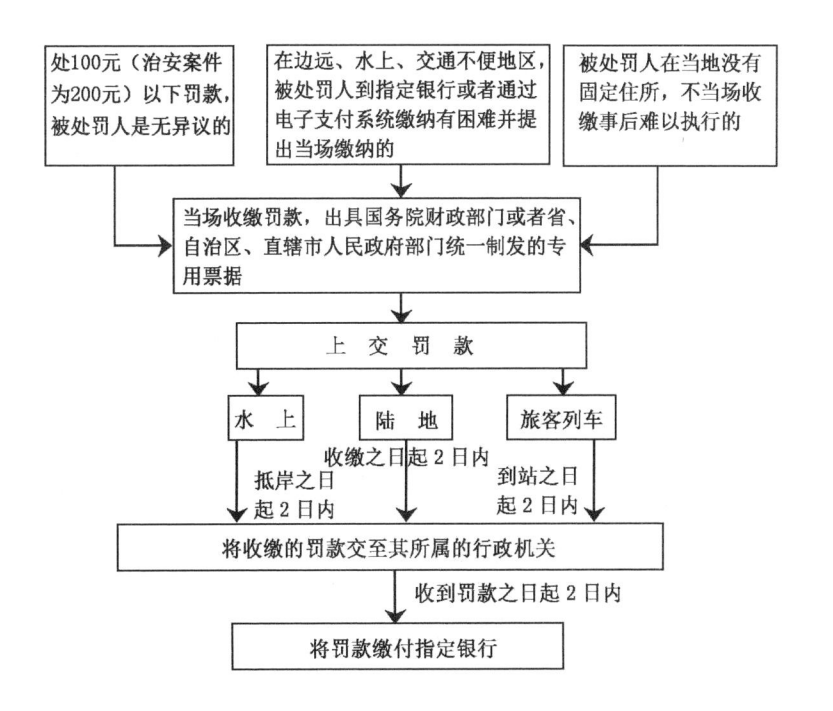

```
┌─────────────────┐  ┌─────────────────────┐  ┌─────────────────┐
│处100元（治安案件 │  │在边远、水上、交通不便地区，│  │被处罚人在当地没有│
│为200元）以下罚款，│  │被处罚人到指定银行或者通过│  │固定住所，不当场收│
│被处罚人是无异议的│  │电子支付系统缴纳有困难并提│  │缴事后难以执行的 │
│                 │  │出当场缴纳的          │  │                 │
└────────┬────────┘  └──────────┬──────────┘  └────────┬────────┘
         │                      ▼                      │
         │     ┌─────────────────────────────────────┐ │
         └────▶│当场收缴罚款，出具国务院财政部门或者省、│◀┘
               │自治区、直辖市人民政府部门统一制发的专 │
               │用票据                                │
               └──────────────────┬──────────────────┘
                                  ▼
                        ┌───────────────┐
                        │  上  交  罚  款  │
                        └───────────────┘
                   ┌────────┬────────┬────────┐
                   ▼        ▼        ▼
                ┌─────┐  ┌─────┐  ┌───────┐
                │水 上│  │陆 地│  │旅客列车│
                └──┬──┘  └──┬──┘  └───┬───┘
             抵岸之日  收缴之日起2日内  到站之日
             起2日内                  起2日内
                   ▼        ▼        ▼
               ┌───────────────────────────┐
               │将收缴的罚款交至其所属的行政机关│
               └──────────────┬────────────┘
                   收到罚款之日起2日内
                              ▼
                  ┌──────────────────────┐
                  │  将罚款缴付指定银行    │
                  └──────────────────────┘
```

247

图书在版编目（CIP）数据

中华人民共和国行政处罚法：实用版／中国法制出版社编 . —3 版 . —北京：中国法制出版社，2021.3（2023.8 重印）
ISBN 978 - 7 - 5216 - 1732 - 0

Ⅰ. ①中… Ⅱ. ①中… Ⅲ. ①行政处罚法 - 中国 Ⅳ. ①D922. 112

中国版本图书馆 CIP 数据核字（2021）第 046084 号

责任编辑：刘晓霞	封面设计：杨泽江

中华人民共和国行政处罚法（实用版）
ZHONGHUA RENMIN GONGHEGUO XINGZHENG CHUFAFA (SHIYONGBAN)

经销／新华书店
印刷／北京海纳百川印刷有限公司

开本／850 毫米×1168 毫米　32 开	印张／8.5　字数／210 千
版次／2021 年 3 月第 3 版	2023 年 8 月第 7 次印刷

中国法制出版社出版

书号 ISBN 978 - 7 - 5216 - 1732 - 0	定价：23.00 元

北京市西城区西便门西里甲 16 号西便门办公区

邮政编码：100053	传真：010 - 63141600
网址：http：//www.zgfzs.com	编辑部电话：010 - 63141664
市场营销部电话：010 - 63141612	印务部电话：010 - 63141606

（如有印装质量问题，请与本社印务部联系。）